40대에 다시 쓰는
인생 스타팅노트

40 DAI KARA NO STARTING NOTE
Copyright © Shinji Seki, 2011
All rights reserved.
Original Japanese edition published by Nikkei Publishing Inc.
Korean translation rights arranged with Nikkei Publishing Inc.
through Timo Associates Inc., Japan and PLS Agency, Korea
Korean edition published in 2013 by MAEKYUNG PUBLISHING Inc.

이 책의 한국어판 저작권은 PLS를 통한 저작권자와의 독점계약으로 매경출판㈜가 소유합니다.
신저작권법에 의해 한국어판의 저작권 보호를 받는 서적이므로 무단 전재와 복제를 금합니다.

40대에 다시 쓰는
인생 스타팅 노트

세키 신지 지음　박상준 감역

매일경제신문사

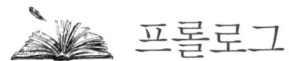 프롤로그

　전기(轉機)는 갑자기 찾아온다. 환경 변화로 인해 지금까지 해오던 생활이 완전히 바뀌는 경우도 있고, 우연한 '만남'으로 새로운 길을 걷기 시작하는 일도 있을 수 있다. 아름다운 경관이나 험준한 풍경을 만나고, 그림이나 음악 같은 예술과 만나서 감동을 받게 되면, 지금까지는 볼 수 없었던 새로운 길이 보이기도 한다. 그러나 무엇보다 '사람'과의 만남이 인생에서 가장 큰 영향을 미친다. 사람을 만나고 대화를 나눠 공감대가 형성되면 더 큰 화학변화가 일어나기 때문이다. 지금부터 이야기할 한 노신사와의 만남은 그렇게 나에게 인생의 전기를 마련해 주었다.

　옆자리에 한 노신사가 맥주잔을 앞에 놓고 홀로 앉아 있었다. 반 정도 먹은 햄, 치즈, 얇게 썬 프랑스 빵이 함께 놓여 있었다. 회색 바지에 연분홍색 와이셔츠, 넥타이는 매지 않았고, 그 위에 짙은 감색 겉옷을 걸치고 있다. 하얗게 센 콧수염과 턱수염은 말끔히 손질되어 있었다. 오른손을 테이블 위에 올려놓고선 검지손가락을 작고 규칙적으로 위아래로 흔들고 있었다. 자세히 보니 두 발끝도 번갈아가며 움직였는데, 가볍게 눈을 감고 미소를 띠고 있었다.

'뭐하는 걸까?'

주의 깊게 노신사를 살펴보니 귀에 꽂은 이어폰이 보였다.

'음악을 듣는 거군.'

영문을 알게 된 나는 읽고 있던 책으로 눈길을 돌렸다.

일이 어려움에 봉착했을 때, 나는 이 가게에 와서 맥주를 마시며 기력을 충전하곤 한다. 딱히 이렇다 할 특징이 있는 가게는 아니다. 하지만 늘 가게 안에서 흘러나오는 보사노바 음악이 내 마음을 안정시켜 쉽게 집중할 수 있는 것이 마음에 들었다.

나는 글 쓰는 일을 하고 있다. 하지만 내 이름이 실린 책이 나온 적은 한 번도 없고, 의뢰를 받아서 잡지나 기업신문에 기고한다. 또는 저명한 학자, 실업가의 인터뷰를 토대로 저자 대신 원고를 완성하는 이른바 '고스트라이터'이다. 그래서 자기소개에서도 '활자 심부름꾼'이라고 적곤 했다.

대학을 졸업하기 전까지는 어떤 일을 하게 될지 한 번도 진지하게 고민해본 적이 없었다. 때마침 학교 게시판에 붙어있던, 제지업계를 대상으로 하는 업계 신문사의 채용공고를 보고 지원했더니 거기에

떡하니 합격한 것이다. 그래봤자 기자직 3명 모집에 4명밖에 지원하지 않았기에, 합격했다 해도 그리 자랑할 만한 일은 아니었다.

그래도 취업 후 20년 가까이 그 신문사를 다녔다. 〈주간신문〉 외에도 〈계간리포트〉라는 계간지가 수입원인 회사였기에, 취재나 원고 집필, 원고 의뢰, 편집업무, 구성 등 활자에 관한 일은 거의 대부분 익힐 수 있었다. 또 카메라맨, 디자이너 조수로 일하면서 편집이라는 일에 대해서도 많은걸 배울 수 있었다. '서당개 3년'이라고나 할까? 일의 흐름을 웬만큼 알기 전까지는 매일 새로운 일을 해야 했다. 나름대로 재미도 있었지만 어느 정도 상황에 익숙해지자, 일은 '돈벌이를 위한 것'으로 전락했고, 그 이상의 의미를 찾지 못한 채 몇 년을 보냈다.

그러던 중에 간염으로 1개월 정도 입원치료를 받게 되었다. 처음 1주일 정도는 병세가 나아지질 않아 침대에만 누워 지냈다. 치료에 효과가 나타나기 시작한 뒤로는 그저 지루한 시간이 흘렀다. 그런 내게 있어 '무엇을 목표로 회사에 계속 다닐지'를 고민하는 것은 지루함을 삭여주는 가장 큰 위안거리였다. 이런저런 선택지가 머릿속에 떠올랐지만 퇴원 후 프리랜서로 독립하는 것이 마음이 끌렸다. 29살에 결혼을 했지만 아이도 없었다. 아내도 미용사로 자립한 상태였기에 어떤 결단을 해도 문제가 없을 터였다.

다행히도 그전까지 업무 관계로 알고 지내던 사람이 많아서 일감은 순조롭게 들어왔다. 수입은 월급의 70% 정도로 줄었지만, 인간관계로 인한 스트레스가 격감한 것, 출퇴근 전쟁에서 해방된 것은 나에게 엄청난 수확이었다. 하지만 애당초 프리랜서 작가라던가 편집자로서 특별히 하고 싶은 게 있던 건 아니다. 하고 싶은 일을 찾으려는 적극적인 노력도 하지 않았다.

"아쉽지 않게 먹고 살면서 1년에 한두 번 집사람이랑 여행이나 갈 수 있으면 됐지 뭐!"

이렇게 '활자 심부름꾼'이라는 생업을 덤덤히 이어가고 있었다. 그러던 중에 술친구인 한 출판사 편집장이 '큰 일'을 맡겨주었다.

"'엔딩노트'라는 거 들어본 적 있냐? 인생이 끝나갈 즈음에 장례식은 어떻게 할 것인지, 유산은 어떻게 할 것인지를 써두는 거 말야. 다른 출판사에서도 책이 몇 권 나와서 좀 화제가 된 기획이야. 그래서 말인데 내 생각엔 '엔딩노트'는 이미 나와 있으니까 '스타팅 노트'를 한 번 해보면 어떨까 해. 이것저것 알아봤지만 딱 와 닿는 게 없어. 정년 후 제2의 인생을 의식해서 쓴 재무설계 책이나 노후의 삶을 일러주는 책은 산더미처럼 나와 있어. 그 책들을 읽어봤는데 나름대로는 잘 만든 책들이더라고. 하지만 '이제 정년이니 준비합시다'와 같은 느낌이었어. 내가 생각한 건 '자, 이제 나다운 인생을 시작해보자!'와 같은 힘찬 거였거든. 나도 좀 더 생각은 해볼 거지만 네가 기획서를 좀 써줬으면 해. 회사에서 일했던 경험도 있고 자립한 경험도 있으니까 나보다 시야도 넓잖아. 좋은 기획서가 나오면 편집회의에 올려서 네 이름으로 출판해줄게. 이제 슬슬 그런 일을 해봐야지?"

정말 고마운 제안이었다. 하지만 한편으론 "정말이지 엄청난 일이군!"이라는 생각도 들었다. 편집장이 빌려준 책들을 읽고, 친구나 지인들을 만나 이야기도 듣고 인터넷에서 정보를 찾아보았다. 하지만 생각이 분산될 뿐, 어떻게 해야 좋을지 알 수 없었다. 그래서 기분전환도 할 겸 즐겨 오는 가게를 찾게 된 것이다.

갑자기 오른쪽 어깨에 강한 충격이 느껴졌다. 그와 동시에 테이블 끝에 쌓아두었던 책들이 바닥으로 쏟아졌다.
"어이쿠 이런, 정말 죄송합니다. 발을 삐끗해서……."
깜짝 놀라 올려다보니 옆자리에 있던 노신사가 내 어깨에 오른손을 짚고 서 있었다. 노신사는 어깨에서 손을 떼고는 급히 바닥에 널브러진 책들을 주우려고 했다. 나도 일어서서 노신사를 말리며 쪼그려 앉았다.
"괜찮습니다. 제가 할게요."
"이거 너무 죄송합니다. 오, 퇴직 후 세컨드 라이프, 연금……. 벌써 정년이십니까? 그렇게 안 보이시는데."

"아닙니다. 작업하려고 자료를 보는 중이에요."

"작업이라. 꽤 흥미로운 제목들이네요. 무슨 일을 하십니까?"

대답 대신 명함을 내밀자 노신사는 오른손을 내저으며 말했다.

"명함은 됐습니다. 여긴 가볍게 마시는 곳이니까요. 저도 소개는 하지 않겠습니다. 그보다는 이런 주제에 대해 이야기를 나눠보고 싶군요. 저도 굉장히 관심이 있거든요. 이야기를 하다보면 두뇌회전도 좀 되리라 생각합니다."

나는 노신사에 대해 조금 궁금해졌다. 말쑥한 차림새는 물론이거니와, 그가 듣고 있던 음악에 대해 이야기하고 싶었기 때문이다. 나의 유일하다고 할 수 있는 취미가 재즈 감상이었다. 도쿄 시내에서 재즈를 들을 수 있는 공연장은 거의 다 가봤다. 음반도 200장 정도 모아놓고 좋아하는 곡들만 아이팟에 수록해서 듣는다.

"좋습니다. 저도 이야기 상대가 필요하거든요. 이쪽으로 오시죠. 자리를 정리해 드리겠습니다."

노신사는 싱글벙글 웃으며 맥주가 거의 비운 잔을 들고 와서 내 앞에 앉았다. 그러고는 점원을 불러 남은 안주를 옮겨달라고 부탁했다.

각자 주문한 맥주로 가볍게 건배를 나눴다. 인사 대신 시작한 음악 이야기는 단숨에 노신사와의 거리를 좁혀주었다.

"재즈를 좋아하시는군요. 전 독서로 치면 난독, 음악은 난청입니다. 재즈도 좋아하지만 클래식이나 컬트뮤직, 제3세계 음악 같은 것도 듣습니다. 이래 보여도 록음악도 좋아합니다. 좀 전에는 에릭 클랩튼의 라이브 앨범을 듣고 있었어요."

"꽤 폭이 넓으시네요."

"옛날에 클래식의 거장 레너드 번스타인(Leonard Bernstein)이 뮤지컬영화 〈웨스트 사이드 스토리(*West Side Story*)〉의 음악을 담당했을 때였습니다. '클래식의 거장이 왜 뮤지컬 음악을 할까?'라는 기자의 질문에 '음악에 클래식이다 재즈다 록이다 하는 구별은 없다. 나에게는 좋은 음악과 나쁜 음악이 있을 뿐'이라고 대답하더군요. 그 말에 대단히 공감했습니다. 그 후로는 이것저것 다 듣게 되었죠. 그럼, 이제 슬슬 책 이야기로 들어갈까요?"

나는 좀 더 음악 이야기를 하고 싶었지만, 이번 일의 개요를 설명해 주었다. 한차례 이야기가 끝나자 신사가 말했다.

"재미있는 주제네요. 회사를 대기업으로 성장시킨 창업가 중에는 20대에 인생 시나리오를 결정했다는 사람도 있지만, 보통은 회사나 일에 적응하는 데에 급급해서 인생 시나리오를 쓸 겨를이 없어요. 정년이 가까워져서야 겨우 생각하기 시작하지 않습니까? 하지만 모두가 막연하게, 어떻게든 될 거라고 생각할 뿐, 제대로 계획을 세우는 사람은 없어요. 인생 선배로서, 좋은 힌트를 하나 드리지요. 정년 전과 정년 후를 비교해서 각각 플러스, 마이너스를 써보는 겁니다. 돈, 친구, 체력 같은 것들을요. 그리고 그걸 축으로 퇴임 후의 인생설계를 해보는 건 어떻습니까? 한 번 해보세요. 직접 쓰면서 작업하면 아이디어가 떠오를 겁니다. 퇴직하기 전과 후는 어떻게 달라졌습니까? 예를 들어, 수입이나 저금은 어땠습니까?"

"그건 뭐……. 수입은 확실히 줄었죠. 저금도 물론 대폭 줄었지요. 그러나 스트레스는 압도적으로 줄었습니다."

"늘어난 건 뭘까요?"

"늘어난 건……. 음, 의욕은 늘었어요. 자립하고 의욕마저 없으면 큰일이죠. 그리고 친구가 늘었네요. 업무적으로 만나는 친구뿐 아니라 취미나 재즈 모임 같은 데서도 꽤 친한 친구들을 만들었습니다. 나이와 상관없이 폭넓게 친구를 사귈 수 있어서 좋았지요."

더하기 빼기 게임을 계속하는 사이에, 나는 점점 대화에 빠져들었다. 노신사의 말은 정말 그럴 듯했다. 나는 나도 모르게 몸을 앞으로 내밀고 물었다.

"정말 좋은 방법이군요. 정말 그럴 듯합니다. 좀 더 힌트를 주시지 않겠습니까?"

가슴 속에서 무언가가 소용돌이치기 시작했다. 지금까지는 한 번도 느껴본 적 없는 기분 좋은 흥분이 점점 커지고 있었다.

신사는 말을 이었다.

"알겠습니다. 그렇게 말씀하신다면. 좀 길어질지 모르는데 시간은 괜찮으십니까?"

"네. 시간은 얼마든지 있습니다. 아, 기대되네요."

"그럼 천천히 이야기하지요. 친구의 이야기가 당신에게 도움이 될 것 같군요. 아니, 정말 딱 맞을지도 모릅니다. 친구는 다른 사람에게 말하지 말라고 했지만, 도움이 될 것 같으니 말씀해드리죠. 게다가, 슬슬 시효도 다 된 것 같고……

그 친구는 여전히 건강하게 잘 살고 있으니까 제가 좀 각색을 해서 이야기하겠습니다. 그래도 큰 줄기는 같습니다. 그가 전부 실제로 겪고 생각하고 이야기했던 것들입니다."

그런 다음 노신사는 두 시간 반 동안 쉬지 않고 무척 신기한 이야기를 들려주었다. 이야기를 다 듣고 난 후, 나는 이것을 이번 기획의 골자로 삼아야겠다고 마음먹었다. 들은 이야기를 가능한 한 충실하게 소개하겠지만, 신사와 약속한 것도 있고 해서, 내 나름대로 색칠을 해서 소설처럼 엮어보려고 한다. 다양한 사람들의 다양한 '인생 스타팅 스토리'를 엿볼 수 있을 것이다.

그리고 그것은 나 자신의 새로운 스타팅 이야기이기도 하다.

세키 신지

Contents

목차

프롤로그 4

PART 1. 과거의 자신에게 '똑바로 해!'라고 말하고 싶다

발단 • 20

뜻밖의 해후 • 27

첫 'F' • 38

잠이 오지 않는 밤 • 47

Hint of Starting Note ① Finale

"먼저 '인생의 목표'를 머릿속에 그려본다" • 56

PART 2 부부 관계를 고무줄 2개로 표현한다면 어떻게 놓을 것인가?

패미의 사정 • 62

iNote의 비밀 • 74

아베마리아 • 83

Hint of Starting Note ② Family

"부부가 서로의 가치관을 다시 한 번 확인해 본다" • 95

PART 3 '뭘 하고 싶은지?', '뭘 할 수 있는지?'를 생각해 본다

인생의 재고조사 • 98

평균과 드래고 • 111

원숭이의 카니발 • 119

악동 5인방 • 129

원숭이의 퇴직 • 138

Hints of Starting Note ③ Field & Faculty
"'지금 할 수 있는 일'과 '하고 싶은 일'을 생각해 보자" • 143

PART 4 꿈을 그리던 시절로 '잃어버린 걸' 되찾으러 돌아가다

5인방의 연금 • 148

교수의 회한 • 161

패미의 분노 • 170

무지개 저편에 • 179

Hints of Starting Note ④ Finance

"돈은 얼마나 있어야 할까? 20년 계획을 세워본다" • 188

PART 5 일을 그만두면 진정한 친구가 누군지 알게 된다

START 클럽 • 192

시공간을 초월한 채팅 • 202

아사마카쿠시 산 • 208

5 빼기 4 • 220

Hints of Starting Note ⑤ Friends

"친구·지인 등 나의 인맥지도를 그려보자" • 231

PART 6 재생 가능한 가장 훌륭한 에너지는 '인간력'이다

가구야마 정밀기계 • 236

에디슨들 • 248

부인들의 연대 • 261

뮤즈넷 • 269

신년회 • 279

육교 그리고 눈 • 288

Hints of Starting Note ⑥ Fight & Forget

"꿈을 품는 것, 과거를 잊는 것" • 295

PART 7 마음먹은 때가 시작할 때다

귀환 • 300

재회 • 311

예감 • 324

아베 레이지에게 쓰는 편지 • 333

에필로그 • 339

PART 1

과거의 자신에게 '똑바로 해!'라고 말하고 싶다

 발단

남자는 석양을 헤매고 있었다.

목적지도 없이 그저 헤매고 있었다.

머릿속에서는 좀 전에 들은 의사의 말이 되풀이되고 있었다. 그 소리에 맞춰 힘없이 걸음을 내딛고 있었다.

"악성림프종, 앞으로 반년……."
"악성림프종, 앞으로 반년……."

머리를 스치는 사람들의 얼굴은 모두 무표정한 기계인형처럼 똑같아 보였다. 크게 웃는 소리, 화내는 소리, 도로를 달리는 자동차의 엔진 소리와 클랙션 소리……. 모든 것이 투명한 막으로 분리된 듯 다른 세상처럼 느껴졌다. 마치 자신만이 다른 세계로 들어와, 조금씩 현실 세계와 단절되어가는 듯한 기분이 들었다.

"이제 다 끝이야. 앞으로 반년이면 모든 게……."
문득 정신을 차리고 보니 익숙한 출근길 위에 서 있었다.

"안 돼!"
남자는 왼쪽 작은 골목을 돌아서 곧장 앞으로 나아갔다.

해는 이미 저물었고 화려한 네온사인이 점멸하기 시작했다.
남자는 겨우 목적지를 정한 다음 네온사인이 빛나는 바다로 향했다. 철교 아래로 난 좁은 골목 한 가운데, 왼쪽에 자리한 낡은 목제 문에 '로고스'라고 쓰여 있다. 남자는 그저 그리스어의 '말, 이론'이라는 뜻일 거라고 멋대로 생각했다. 하지만 마스터에게 직접 물어보지는 않았다.

손잡이를 잡고 힘주어 당겼다. '끼익'하고 삐걱거리는 소리와 함께 문이 열렸다.

어슴프르한 조명, 기다란 카운터뿐인 바(Bar)가 눈에 들어왔다. 카운터에 있던 남자가 미소를 지었다. 그는 하얀 와이셔츠 소매를 걷어 올리고 검정 조끼를 입고 있었다. 그가 이 바의 마스터다. 오랫동안 드나들었지만 다들 '마스터'라고만 부를 뿐, 그의 이름을 들어본 적이 없다. 잘 다듬은 콧수염과 턱수염, 긴 머리카락을 뒤로 묶은 헤어스타일은, 옛날부터 변함이 없었다. 30년 이상 온 바인데도 마스터는 전혀 나이를 먹는 것 같지 않았다. 처음 봤을 때도 중년 아저씨, 지금도 중년 아저씨 그대로다. 마스터는 과묵했다. 인사를 할 때와 주문을 받을 때 말고는 필요 없는 말은 거의 하지 않았다. 그럼에도 불구하고 붙임성 있는 미소가 내 집처럼 편안하게 해주었다.

 남자는 고민거리가 있을 때나 기분전환이 필요할 때 자주 이 바를 찾았다. 편안한 분위기에서 혼자 잔을 기울이며 이런저런 생각에 빠지곤 했다. 남자는 쓸데없는 잡담도 전혀 하지 않고, 온전히 혼자만의 시간을 보낸 다음 바를 나섰다. 이 바를 찾는 손님들 모두가 같은 기분일 것이다. 그리고 대부분의 손님들이 혼자 찾아온다. 손님들이 대화를 나누는 일은 거의 없었다. 친근함 섞인 가벼운 인사만이 오갔다. 함께 사는 가족처럼, 시간과 공간만을 공유할 뿐인데도, 왠지 그게 마음을 편하게 해주는 신기한 바였다.

 "어서 오세요! 오랜만이네요."

 마스터의 미소와 밝은 인사는 항상 같았다. 남자도 늘 하던 대로 안쪽에서 두 번째 카운터 자리에 앉았다.

 "버번 더블. 물도 줘요."

 "네. 늘 드시던 포어 로제스(Four Roses)도 드릴까요?"

 "네."

 짧은 대화가 오간 후 다시 침묵이 이어졌다. 트럼펫의 부드러운 선율만이 조용히 흐르고 있었다.

"마스터, 한 잔 더."

"네."

글라스에 버번이 채워지고 있을 때였다. 카운터 끝에 한 남자가 서 있었다.

"엇, 깜짝이야!"

남자는 자리에서 솟구치기라도 한 것처럼 갑자기 나타났다. 여태껏 만난 적이 없는 중년 남자였다. 회색 쓰리피스 정장을 깔끔하게 차려입고 있었다. 하지만 왠지 모르게 회사원과는 다른 분위기를 풍겼다.

"어서 오세요!"

손님은 말없이 눈길만 마스터를 향한 채 가볍게 고개를 숙였다. 카운터는 12자리뿐. 그런데 곧장 안쪽으로 들어가더니 제일 안쪽 의자, 즉 남자의 왼쪽 옆자리에 앉았다. 나중에 온 손님이 이런 자리를 잡는 건 처음이었다. 보통은 한두 자리를 비우고 앉아 서로간의 거리를 유지하는 것이 암묵적인 규칙이었다. 남자는 조금 이상했다.

"옆에 앉아도 되겠죠? 이야기를 좀 나누고 싶군요. 마스터, 나도 같은 걸로……."

손님은 남자의 대답을 들으려고 하지도 않고 명함을 쑥 내밀었다.

「재단법인 꿈을 이루는 극장 운영이사 노리토 사치오」

"도대체 뭡니까? 혼자 생각 좀 하게 내버려 두세요."
"압니다. 오늘 당신이 무슨 생각을 하고 있는지."
"무슨 소릴 하는 겁니까. 당신이 뭘 안다고 그래요."
"악성림프종, 앞으로 반년. 아닌가요?"
"어, 어떻게 그걸……. 당신 누구세요!"
"놀라지 마세요. 천천히 설명할 테니까요."
"분명 오늘, 의사가 그랬죠. 그런데 어떻게 당신이 그걸 알고 있는 거죠!"
"자세한 경위는 말할 수 없습니다. 이 재단의 규칙이니까요. 우리는 고민이 있는 사람들에게 꿈과 희망을 주는 목적을 갖고 있는 재단입니다. 당신은 지금 불치병을 선고받고 곤혹스러울 테지요. 당신에게 조금이라도 희망을 드리고 싶어 이렇게 찾아왔습니다. 어찌됐든 당신은 선택받은 겁니다. 모든 조건에 맞기 때문에 제가 온 것이고요."
"머리가 어떻게 된 것 아냐? 악덕 의사에 신흥종교구만. 그 무슨 불상을 사면 병이 다 낫는다는 그거 아네요? 흥, 당신 얼굴에 다 쓰여 있어. 그런, 사람의 약점을 잡는 자들이랑 이야기하고 싶지 않아. 가세요! 한 대 얻어맞기 전에 꺼지세요!"
"저는 신흥종교 신자도 아니고, 불상을 팔러 온 사람도 아닙니다. 이성적으로 생각해주시면 좋겠군요. 당신의 소원을 하나 들어드리는 것, 그것뿐입니다."

"그럼 지금 당장 내 악성림프종을 없애 보시지. 지금 나에게 고민거리는 그것 하나뿐이니까. 오늘 의사한테서 죽는 날을 선고받았어. 좀 더 많이 인생을 즐기고 싶었는데. 마누라도 여기저기로 여행을 가고 싶어 한다고. 아들딸이랑 손주랑 좋은 시간을 보내고 싶었어. 그런데 갑자기 반년밖에 못산다는 소리를 들었다고! 당신이 내 기분을 어떻게 알아! 소원은 하나, 딱 하나야. 병을 낫게 해줘! 건강한 몸을 돌려줘! 그것밖에 없다는 걸 몰라!"

"자자, 소리 지르지 마시고요. 유감이지만 사람의 생사에 관련된 소원이나 이해타산에 관련된 소원은 무효합니다. 그게 재단의 규칙입니다. 다른 소원은 없으신가요?"

"하, 그러셔! 당연히 그렇겠지! 그럼 썩 내 눈 앞에서 꺼지쇼! 그게 내 소원입니다!"

"그린……. 좀 진정하고 생각해보세요. 제가 여기서 사라지는 건 간단합니다. 하지만 그럼 당신은 아무 것도 얻지 못해요. 반년 후에 쓸쓸히 세상을 떠나게 될 뿐입니다. 하지만 반년 동안 소원이 하나라도 이뤄진다면 당신의 인생도 납득할만한 막을 내릴 수 있지 않겠습니까? 당신과 가족들, 친구들 모두가 행복해질 수 있는 그런 소원을 하나만 생각해보세요. 지금 당장 대답하라곤 말하지 않겠습니다. 일주일 후, 같은 시간에 다시 한 번 이 자리에서 뵙지요. 그때 당신의 소원을 하나 들려주세요. 그 꿈은 반드시 이뤄질 겁니다. 그것만은 약속하죠. 만약 다음주에 당신이 오지 않는다면 이 이야기는 없었던 걸로 할게요. 그럼 다음주에 뵙겠습니다."

남자는 당황했다. 이상한 재단에서 왔다는 남자의 당황스러운 제안에 영문을 알 수 없었다. "앞으로 반년……"이라는 말에 낙담했다. 그러던 차에 영문을 알 수 없는 말을 듣게 되니, 더 이상 지탱하지 못하고 쓰러질 것만 같았다.

"단 하나의…… 소원이라……."

 뜻밖의 해후

"아베 씨, 그럼 먼저 가보겠습니다."

하시모토 히토미가 밝은 표정으로 인사를 하고 방을 나갔다. 아베 레이지는 그녀의 뒷모습을 바라보다 시계로 눈을 돌렸다. 8시에 볶음밥과 군만두를 시켜먹고 한바탕 일을 하고 나니, 벌써 시간이 이렇게 지나있었다. 도매상을 대상으로 하는 신제품 설명회가 가까워지면서 요즘은 매일같이 잔업을 하고 있다.

"앞으로 2개월 동안은 계속 이렇겠지? 어쩔 수 없지. 그래도 오늘은 이쯤에서 그만할까."

아베 레이지, 50세. 사립대학 상학부를 졸업하고 상장기업이며 중견 전기기구 회사인 가구야마전기에 입사해서 초지일관 영업의 길을 걸어왔다. 근속 27년째인 지금은 영업 제2과장으로 바쁜 날을 보내고 있다. 1~2년 사이에 영업부장으로 승진할 거라는 소문도 있었다. 하지만 때마침 닥친 불황에 성과도 급전직하했다. 일부 공장들이 가동을 멈췄고, 인원삭감, 임금삭감, 퇴직금과 기업연금제도 재검토, 55살 이상 승진제한 등의 강도 높은 구조 조정안이 노사 간 협의 안건에 들어있었다. 지금 준비 중인 신제품은 사운을 건 프로젝트였다.

"아베 씨도 퇴근하세요? 같이 한 잔 어떠세요? 신제품 설명회 이야기도 하고 싶고, 한숨 돌리고 싶기도 하네요."

옆에서 돌아갈 채비를 하고 있던 영업 제1과장인 이소베 켄타로가 말했다.

"미안해요. 오늘은 좀……. 집사람한테 부탁받은 게 있어서요. 다음에 같이 가죠."

"아쉽네요. 그럼 다음에 같이 가요. 그럼 먼저 가겠습니다."

가구야마전기에서는 과장, 부장이라는 호칭을 쓰지 않는다. 모든 직원을 '누구누구 씨'라고 '씨'를 붙여 불렀다. 선대 창업자가 정한 규칙이다. 자유롭고 활발한 분위기에서 일하고 싶다는 바람으로 거북스러운 직함 호칭을 금지시켰다. 따라서 상사가 부하를 부를 때는 물론이고, 부하가 상사를 부를 때도 모두 '누구누구 씨'였다. 선대가 세상을 떠나고 2대 사장이 취임한 뒤부터, 사장만은 직함으로 부르게 되었다. 39살, 아직 젊은 사장인지라 자기보다 나이가 많은 부장, 과장들과 함께 있어도 '사장'이라는 것을 명확히 하기 위함이었다. 그래도 아베는 창업 초기처럼 자유롭게 발언할 수 있는 사풍이 좋았다.

그런 회사 분위기가 불황의 영향으로 조금씩 바뀌고 있었다. 왠지 스산한 분위기가 맴돌았고, 석연치 않은 대화도 늘고 있었다.

"모두가 살아남으려고 필사적이니 조금 껄끄러워지는 건 어쩔 수 없지……."

아베는 언제나 이런 식이었다. "뭐, 어쩔 수 없지"가 그의 말버릇이었다. 부하를 큰소리로 혼낸 적은 단 한 번도 없고 늘 "뭐, 어쩔 수 없지"로 넘어가곤 했다. 그 덕분에 부하들에게 나쁜 인상을 준 적은 없을 거라고 자부한다. 하지만 그렇다고 부하를 진지하게 단련시켜준 기억도 없다. 그것도 아베가 늘 말하는 '뭐, 어쩔 수 없는' 일인 것이다.

옷걸이에서 겉옷을 꺼내 단정히 입고 안주머니에서 편지봉투를 꺼내 다시 한 번 훑었다. 어제 도착한 옛 친구의 편지다. 고교 친구인 다치바나 후지요시는 식품회사 홍보부장으로 활약하고 있다. 최근 몇 년간은 서로 바빠 연하장만 주고받고 있었다.

여러분, 모두 건강히 지내고 계신지요. 이번에 저는 회사를 조기퇴직하고 줄곧 꿈꾸었던 자연생활을 시작하기로 했습니다. 고향인 나가노 현에 가까운 카루이자와에 펜션을 지어, 청경우독하며 살아가려고 합니다. 펜션 이름은 '원숭이의 카니발'입니다.

자연 속에서 그림을 그리고 음악을 연주하고, 저마다 마음을 풍성하게 할 수 있는 시간을 보내기를 바라며 지은 이름입니다.

유유자적하게 지내고 싶기도 하지만, 퇴직금을 펜션에 몽땅 쏟아 부은 탓에 당장 쓸 생활비를 벌어야 합니다. 뭐, 펜션 아저씨로, 땀 흘리면서 살려고 합니다. 그러니 친하게 지내주셨던 여러분이 힘을 보태주시면 하늘을 펄쩍 뛸 정도로 고마울 것 같습니다. 부디 자연 속으로 휴일을 즐기러 와주세요.

그런 이유로, 여러분을 오픈 전에 체험단으로 초대하려고 합니다. 뭐, 굳이 말하면 오픈 전에 시험대에 올라 주십사 하는 거죠. 숙박과 식사는 모두 제가 준비하겠습니다. 여러분은 교통비만 부담하시고, 마음에 드시면 부디 단골손님이 되어주세요~ 체험 날짜는 6월 24일~6월 26일, 금요일 저녁부터 일요일까지입니다. 꼭 와주세요. 기다리겠습니다.

컴퓨터로 인쇄한 문장 끝에는 다치바나의 깔끔한 자필로 "악동 5인방이 모였으면 좋겠어! 만사를 물리치고 와주게, 원숭이"라고 쓰여 있었다.

아베는 감개무량한 듯 편지를 읽어 내려갔다. 고등학교 때부터 친한 친구였던 다치바나는 다른 업종에서 일했다. 하지만 비슷한 규모의 중견회사에서 일했고 30대까지는 한 달에 한 번 정도 꼭 함께 술을 마시며 정보를 나누곤 했다. 올해 받은 연하장에는 회사를 그만둔다는 말도, 펜션을 시작한다는 말도 없었다.

"그런데 '근하신년, 신기일전(謹賀新年, 新機一轉)'이라고 쓴 게 이런 거였나? 집사람이랑 술 마시면서 심기일전이라는 한자도 제대로 못쓴다고 웃었다. 그 네 글자가 결의를 나타내는 뜻이었나 보군. 그림 그리는 걸 좋아했었지. 산꼭대기에 올라가서 스케치를 하는 게 더없는 즐거움이라고 했었는데. 회사에 계속 다녔으면 임원으로 승진할 수 있었을 텐데…… . 드디어 저질러버렸군! 원숭이다워."

'아쉽다'는 생각과 '부럽다'는 생각이 뒤섞여 이상한 기분에 휩싸였다.

"이봐, 잠깐만…… ."
다치바나가 초대한 날은 아직도 2개월이나 남았지만, 하필이면 신제품 설명회날인 6월 29일 직전이었다.

"주말에도 준비를 하느라 바쁠 텐데. 이번에는 못 가겠네. 일단 좀 정리가 되고 나면 집사람이랑 함께 가봐야지. 하지만 '악동 5인방'이 모인다는 건 사쿠라다 가즈토, 류자키 야스오, 도나리 유에게도 초대장을 보냈다는 건데. 그 녀석들도 못 본 지 한참 됐군. 보고 싶네. 그 녀석들도 역시 어려우려나……."

회사를 뒤로하고 신바시 철교 아래 골목의 익숙한 바를 향해 걸었다.

아베는 생각할 일이 있을 때나 기분전환이 필요할 때, 고민이 있을 때, 자주 이 바를 찾았다. 편안한 분위기 속에서 혼자 잔을 기울이면서 이런저런 생각에 빠지곤 했다. 쓸데없는 잡담도 하지 않고, 온전히 혼자만의 시간을 보내다가 바를 나서곤 했다. 이 바를 찾는 손님들 모두가 같은 기분일 것이다. 그래서 대부분의 손님들이 혼자 찾아온다. 손님들이 대화를 나누는 일도 거의 없다. 친근함 섞인 가벼운 인사만 나눌 뿐이다. 함께 사는 가족처럼, 시간과 공간을 공유할 뿐인데도, 왠지 그게 마음 편한 신비로운 바였다.

이름은 '로고스'. 아베는 그리스어의 '언어, 논리'라는 뜻이라고 멋대로 생각하고 있었다. 하지만 마스터에게 물어본 적은 한 번도 없다.

하얀 와이셔츠 소매를 걷어 올리고 검정 조끼를 입은 마스터는 늘 같은 복장을 하고 있다. 아마도 같은 옷을 몇 벌씩 갖고 있으리라. 늘 단정한 차림새였다. 오랫동안 드나들었지만 다들 그저 '마스터'라고 부를 뿐, 그의 이름을 들어본 적은 없다. 잘 손질한 콧수염과 턱수염, 긴 머리카락을 뒤로 묶은 헤어스타일도 옛날부터 변함이 없다. 20년 가까이 찾는 바인데도 마스터는 전혀 나이를 먹는 것 같지 않았다. 처음 봤을 때도 중년 아저씨, 지금도 중년 아저씨다. 마스터는 과묵했다. 인사를 나눌 때와 주문을 받을 때 외에는 필요 없는 말은 거의 하지 않았다. 그럼에도 불구하고 붙임성 있는 미소가 내 집처럼 편안한 분위기를 자아냈다.

"어서 오세요!"
"어라, 오늘은 아무도 없네요."
"방금 전에 한 분이 왔다 가신 참입니다."
"아, 그렇군요. 버번 더블, 물도 좀 줘요."
"알겠습니다. 포어 로제스시죠?"
"네, 늘 마시던 걸로 줘요."

간단한 대화가 오가고 다시 침묵이 찾아왔다. 트럼펫의 부드러운 선율만 조용히 흘렀다.
아베는 다치바나의 편지를 꺼내 다시 한 번 읽으며 생각에 잠겼다.

"그냥 회사에 계속 다닐까? 다치바나처럼 큰맘 먹고 조기퇴직 할까? 회사를 그만두고 뭘 해야 하지? 다른 회사에서 영업담당 임원 자리를 제안해 오기도 했었지. 하지만 술자리에서 나온 이야기라 어디까지가 진심인지는 몰라. 회사에 남아서 영업부장, 임원으로 승진할 수 있으면 좋겠지만, 지금 상태로는 구조조정이나 안 당하면 다행이고. 계속 다닌다 해도 승진을 못하면 급여가 줄어들 텐데……."

문득 정신을 차리고 보니 이미 잔이 비어있었다. 마스터가 싱글싱글 웃으며 잔에 버번을 따라 주었다.

"저쪽 손님이 내시는 겁니다."

마스터가 가리키는 쪽을 보니 초로의 신사가 미소를 짓고 있었다. 분명 아무도 없었는데 언제 나타난 거지? 아베와 눈이 마주치자 신사는 목례를 하면서 다가왔다.

"같이 한 잔해도 되겠습니까?"

아베가 대답을 하기도 전에 신사는 옆자리에 앉았다.

"실례인 줄은 알지만 꼭 하고 싶은 말이 있어서……. 저는 이런 사람입니다."

신사가 건네는 명함을 보고 아베는 순간 숨을 삼켰다.

직함이 없는 명함에는 '아베 레이지'라고 쓰여 있었다.

"저랑 이름이 같으시군요. 이런 걸 기우라고 해야 하나요."

"기우가 아닙니다. 나는 '당신'입니다."

"무슨 뜻입니까? 당신이 나라니요."

"그래요. 나는 당신입니다. 14년 후의 당신이지요. 오늘 당신과 꼭 이야기를 하고 싶어서 시간을 거슬러 찾아온 겁니다."

"무슨 엉뚱한 소리를 하시는 거죠. 어떻게 그런 일이 있을 수 있습니까? 혼자 생각할 게 있으니 자리 좀 비켜주시죠."

벌컥 하는 아베를 무시하고 신사는 웃으며 말을 이었다.

"내가 여기서 당신과 만나고 있는 것 자체가, 제일 좋다는 증거입니다. 당신은 중학교 때부터 일기를 쓰고 있지요? 저도 계속 거르지 않고 일기를 쓰고 있습니다. 오늘 일기를 보면 이 시간에 로고스에서 버번을 마시며 생각하고 있었다고 쓰여 있습니다."

"그, 그런. 말도 안 되는 소리 마세요!"

"부인 이름은 마리아지요. 1남 1녀, 리카와 유스케. 주소는 히노시 3-7-8……."

"응? 어떻게 그런 것까지 아시죠?"

신사는 질문에 대답하지 않고 계속 말했다.

"어제 당신은 다치바나 후지요시, 원숭이의 편지를 받았을 겁니다. 조기퇴직을 하고 펜션을 한다는 내용이었지요. 그리고 지금 당신은 자신의 장래에 대해 고민하고 있습니다."

"어떻게 그걸 알죠?"

"14년 전 어제, 나도 다치바나 후지요시의 편지를 받았기 때문입니다."

아베는 점점 혼란스러워졌다.

"14년 전, 이렇게 나는 당신이 앉아있는 자리에서 버번 록을 마시면서 미래에 대해 생각했습니다. 딱 지금 당신처럼요. 다른 점은, 나에게는 말을 걸어줄 내가 없었다는 거죠. 이렇게 미래의 내가 와주었다면 나도 좀 더 좋은 인생을 살았을지도 모르지요. 14년 전 오늘 내가 생각했던 것, 그리고 당신이 내린 결론, 지금까지의 내 인생을 당신에게 전해주고 싶습니다. 내가 하지 못하고 나중에 후회한 것들, 하길 잘했다고 생각한 것들, 실패한 것들, 잘 된 것들 모두를. 당신은 나보다 조금 더 좋은 인생을 보냈으면 좋겠습니다. 오늘 이 날이 당신의 제2의 시작이 되었으면 합니다."

아베는 머리를 감싸 쥐고 카운터에 엎드려 고개를 좌우로 흔들었다.

머리가 지끈지끈 아파왔다. 마치 주변이 빙글빙글 도는 것 같았다.

"도대체 무슨 소릴 하는 겁니까. 머리가 어떻게 될 것 같습니다!"

술도 별로 마시지 않았는데 왜 이럴까. 혹시, 꿈인가?

현기증은 점점 심해졌고, 아베의 의식은 점점 희미해져 갔다.

얼마나 시간이 흘렀을까? 고개를 들자 마스터의 웃는 얼굴이 보였다.

"깨셨습니까? 피곤할 때는 금방 취하지요. 자, 물 좀 드세요."

"고마워요. 그런데, 아까 그 남자는?"

"조금 전에 가셨습니다."

"도대체 그 사람 누구요?"

"글쎄요, 처음 오신 분이라서요. 참, 이걸 맡기고 가셨어요. 집에 있을 때 빼고는 언제 어딜 가든 가지고 계시라고요. 그리고 반드시 혼자 있을 때 사용하라고 하셨습니다."

마스터가 내민 건 작은 노트처럼 생긴 판이었다. A5정도 크기에 두께는 1㎝정도였다.

앞면에는 '50살부터의 20년 계획서, 아베 레이지'라고 인쇄되어 있었다.

 첫 'F'

밤늦게 집에 돌아오니 식구들은 모두 잠을 자고 있었다. 아베는 아무도 없는 조용한 거실 소파에 앉았다. 하지만 예전처럼 텔레비전을 켜거나 냉장고에서 캔 맥주를 꺼내진 않았다. 대신 조심조심 〔아베 레이지〕라는 남자가 남기고 간 물건을 꺼내들었다.

A5크기의 노트처럼 생긴 판은 플라스틱으로 만들어진 것이었다. 촉감은 마치 두꺼운 종이 같았다. 하늘색 판에 '50살부터의 20년 계획서, 아베 레이지'라는 감색 글자가 인쇄되어 있었다. 아무리 봐도 대학 노트처럼 보였다. 왼쪽 끝에는 'iNote'라는 글자가 인쇄되어 있었다. 바탕색과 타이틀 색의 중간색이다. 대충 보니 50페이지 정도 두께의 노트처럼 보였다. 하지만 실제로는 앞판 가운데를 펼치는 형태였다. 판을 펼치자 접혔던 곳이 어디인지 알 수도 없게 완전한 1장의 액정판으로 변신했다. 지금까지 본 적이 없는 신기한 물건이었다. 최근 사용하는 iPad와도 비슷하게 생겼지만 전혀 다

른 대물이었다.

 어떻게 사용해야 할지 몰라 위아래로 돌려보았지만 아무 변화도 없었다. 액정 패널을 자세히 들여다보니 오른쪽 하단에 네모상자가 쳐진 'TO'라는 글자가 보였다. 별 생각 없이 검지손가락을 대자 갑자기 액정이 점멸하면서 글자들이 나타났다.

 아베? 레이지? 뭐라고 불러야 할지 모르겠어. 성도 이름도 나랑 똑같아서 좀 쑥스럽군. '자네'라고 부르는 걸 용서해주게. 만났을 때 말했던 것처럼, 나는 자네고, 자네는 나니까.
 14년 후의 미래에서 갑자기 나타났으니 자네도 오죽이나 놀랐을까. 나도 이런 일이 가능할 거라고는 생각하지 못했어.
 내가 있는 세계와 자네의 세계는 얇은 막을 사이에 두고 서로 등을 맞대고 접해있는 '평행세계'라네. 서로 각자의 삶을 살지만 미묘하게 간섭하는 일도 있지. 완전히 똑같은 사람이 거의 비슷하게 생활하고 있어. 하지만 다른 세계의 자극을 받으면 조금은 예정과 다른 길을 가게 되기도 한다네. 내가 자네를 만남으로써 앞으로 자네의 인생도, 내 인생도 조금씩 변할지도 몰라. 그래서 필요 이상의 정보를 주지는 않으려 하네. 특히, 지금부터의 자네의 인생이 어떻게 될지에 대해서는 최소한의 정보만 알려줄 거야. 다시 말하면, 사고방식이나 사는 방식에 대한 힌트는 줄 수 있지만 뭐가 어떻게 될 거라는 '사실정보'는 자세히 말하지 않겠다는 걸세.

'TO'를 터치하면 다음 글이 나타날 거야.

그의 말대로 'TO'를 터치하니 화면이 바뀌었다.

자네와 나의 인생에 괜한 스트레스가 가지 않도록 주의해서 쓰고 있다네. 또, 나와 만난 건 다른 사람에게 말하지 말게. 이 노트에 쓰여 있는 것들을 자네의 이야기로 각색해서 말하는 건 상관없지만, '미래'의 내 존재가 사람들에게 알려지면 안 돼. 가족들에게도 마찬가지야. 만약 그렇게 된다면 이 노트는 작동하지 않을 걸세. 약속을 꼭 지켜줄 거라 믿고 본론으로 들어가지.

얼마 전에, 아, 자네에게는 14년 후의 일이겠지만 나한테는 얼마 전이었다네. 헷갈릴 것 같으니 앞으로는 이쪽 시간으로 이야기하지. 얼마 전에, 어떤 남자를 만났어. 당신은 어떤 단체의 선택을 받아 소원을 한 가지 이룰 수 있는 기회를 얻었지. 명함에는 '재단법인 꿈을 이뤄 주는 극장, 사무이사 노리토 사치오'라고 쓰여 있었어. 아무리 봐도 사기꾼 같지? 그런데 그 사람이 보여준 ID카드나 면허증도 다 같은 이름이더군. 돈을 요구하는 것도 아니고, 무리하게 강요하는 것 같지도 않아서 끝까지 이야기를 들어보기로 했다네.

그 사람들 말로는 '꿈을 이뤄 주는 극장재단'에는 선임(選任)위원이 몇 명 있다고 해. 그 위원들이 선택한 사람을 1년에 한 번 이사회에서 심사한 후, 몇 명을 골라 꿈을 이루게 해준다는 거야. 그러고 보니 몇 개월 전에 길에서 꿈이 뭐냐는 설문조사를 한 적이 있었어. 술도 마셨겠다, 적당히……"

'옛날의 나에게 '좀 더 제대로 해! 열심히 살지 않으면 나처럼 어정쩡하게 살게 될 거야!'라고 말해주고 싶다고 썼어. 그런 술주정뱅이의 농지거리가 맘에 들었나 보더군.

자세한 내용은 생략하고, 이게 내가 자네와 만나게 된 이유라네. 사실, 술기운이라곤 하지만 사실은 60살이 되기 전부터 계속 생각하고 있었던 거지.

짧게, 정말 간략하게 내 인생을 설명하지. 자네가 앞으로 보낼 인생과도 비슷할 거야. 우리 둘이 서로 만나버렸으니 완전히 똑같다고는 할 순 없겠지만, 나에게는 과거의 사실이니 참고삼아 들어 주게.

나는 60살에 가구야마전기를 정년퇴임하고 62살까지 2년 동안 일주일에 3일, 고문으로 일했어. 영업부장으로 승진도 했다네. 그게 정년 몇 년 전의 일이었지. 어떻게 정년까지 버티긴 했는데 50살 때 일어난 개혁 이후로 회사는 인심도, 에너지도 없는 곳으로 변해버렸어. 개혁이라곤 해도 제대로 바뀐 건 없었지. 잘리지 않은 것만으로도 운이 좋았던 거라고 나 자신을 납득시키며 지내왔어. 그런데 58살 생일부터였나, 퇴임 후에 어떻게 살고 싶은지를 생각하게 됐지. 하지만 이렇다 할 방향조차 정하지 못하고 결국 정년을 2년 연장했어. 고문으로 일하는 2년 동안 정말 열심히 생각했어. 그리고 지금은, 지금까지는 나름대로 즐겁다네. 내가 선택한 길을 자세히 설명하진 않을 거야. 그러니 자네도 쓸데없는 상상은 관두게.

하나만 말하자면, 미래를 준비하기 시작한 시기가 너무 늦었던 게 후회가 돼. '나름대로 즐겁게 지낸다'고 했지만, 내가 선택할 수 있는 게 별로 없었어. 만약 50살 때부터 이런 생각을 했다면 준비도 오래 할 수 있었고, 선택지도 더 많았을 거야. 내가 자네를 찾아간 가장 큰 이유지. 내가 이런 선택을 하기까지 생각했던 것들을 자네에게 힌트로 전해 주려고 해. 그걸 어떻게 생각할지, 어떻게 행동할지는 자네 자유야. 자네 인생은 자네만의 것이니까."

지금까지 한 이야기가 이해되면 'TO'를 터치해주게. 'TO'는 턴 오버(Turn over), 페이지를 넘긴다는 뜻이야. 노트를 닫으면 자동으로 꺼지고, 전원을 켤 때는 그 부분을 터치하면 된다네. 이 노트는 지문인식 시스템이라서 다른 사람은 절대 전원을 켤 수 없지. 내 지문으로 등록했기 때문에 자네만이 열 수 있는 거라네.

레이지는 그의 말대로 'TO'를 터치했다.
그러자 새로운 문장들이 나타나기 시작했다.

놀랐나? 그렇겠지. 이 노트는 자네가 숙제를 하나 해결하면 다음 장이 나타나게 되어 있어. 멋지지 않은가! 이번에는 터치만으

Part 1 과거의 자신에게 '똑바로 해!'라고 말하고 싶다 **43**

로 다음 장으로 넘어갔지만 앞으로는 다를 걸세. 각 장마다 내가 낸 힌트를 참고로 자네가 행동하고, 그게 끝난 후에 'TO'를 터치해야 다음 장으로 넘어갈 거야. 좀 집요하지만 나와 만났다는 걸 다른 사람에게 이야기하면, 그 시점에서 노트는 작동하지 않게 돼. 자네와 나의 관계도 끝이야.

그럼, 첫 번째 숙제를 주겠네.
지금부터 내가 제2의 인생을 준비하면서 필요하다고 생각했던 키워드를 알려줄 거야. 모든 키워드는 'F'로 시작하지. 내가 워낙 갖다 붙이기를 좋아하거든. 키워드는 이 노트를 통해 매번 조금씩 알려주겠네. 하나뿐일 때도 있고 연관된 단어를 같이 주기도 할 거야. 그리고 그것과 관련된 숙제를 낼 걸세. 자네가 그 숙제를 해결해서 자네 나름의 답을 찾아내면 다음 장으로 넘어갈 거야. 앞으로 자네가 인생을 준비하면서 그 키워드를 주춧돌로 삼아 주게. 주춧돌을 어떻게 쌓을 건지, 그 위에 어떤 구조물을 올릴지, 즉 앞으로의 인생을 어떻게 계획할 지는 자네 스스로가 생각해야겠지.

첫 번째 'F'는 피날레(Finale), 인생의 최종 악장이라는 뜻이야. 최종 악장이라곤 해도 거기서 끝나는 게 아니라 어디까지나 '가상'

의 목표지점일 뿐이야. 더 장수할 수도 있는 거고. 최종 악장의 연주가 끝나지 않고 계속될지도 몰라. 어쨌든 목표라는 걸세.

하지만 보통, 심신이 건강하고, 하고 싶은 걸 자유롭게 할 수 있는 건 70살까지. 그때까지 어떻게 지내느냐에 따라 그 후는 완전히 달라질 거야. 그러니 우선은 70살의 자신이 어떻게 살고 있을지에 대해 생각해야 해.

나는 이런 사실을 너무 늦게 알았어. 58살 때였지. 그전까지의 인생을 되돌아보고 그 연장선상에서 생각할 수밖에 없었네. 하지만 60살이 되고, 10년 후의 생활을 상상하니 좀 쉬워지더군. 10년 계획인데 기력이나 체력, 환경적으로도 선택지가 별로 없었어. 10년만 일찍 알게 되었더라면 좋았을 거라고 후회했지. 자네는 지금부터 20년 계획을 세워 보게. 20년이라면 새로운 일에 도전하기에 충분할 거야.

70살이 되었을 때 어떻게 살고 싶은지 스스로에게 물어보게나. 막연한 상상이라도 괜찮아.

그리고 70살에서 지금으로 거슬러 내려와 보게. 그러면서 언제, 무엇이 필요할지를 생각해보면 20년 계획의 밑그림이 대충 그려질 걸세.

첫 번째 숙제는 이렇게 대강의 계획을 세우는 거야.

이 단계에서는 진짜 대강이어도 괜찮네. 숙제를 진행하면서 계속 고쳐 쓰면 되니까. 최종 목표는 그걸 실현가능한 계획으로 완성하는 거야.

혼자서만 생각하고 고민할 필요는 없어. 친구나 가족들의 이야기도 들어보고, 의논을 해보는 것도 좋겠지. 어느 정도 계획서가 완성되면 'TO'를 터치해주게. 내말대로 제대로 했다면 새로운 숙제가 나타날 거야.

그렇군, 중요한 걸 잊을 뻔 했네. 다치바나네 펜션에는 무슨 일이 있어도 꼭 가게. 나는 신제품 설명회를 준비하느라 당일에는 못 갔지만 자네는 꼭 가야해. 악동 5인방이 모이면 새로운 인생도 시작될 거야. 내 숙제를 완수할 수 있는 좋은 기회이기도 하고.

그럼, 그때 다시 만나지. 행운을 비네!

여기까지 읽자 글자가 스르륵 사라졌다. 노트를 닫았다가 다시 열어 'TO'를 터치해보았지만 화면에는 아무 것도 나타나지 않았다.

아베는 조용히 노트를 닫아 서재의 책장 구석에 끼워 두고 침실로 향했다.

 잠이 오지 않는 밤

    침대에 눕기는 했지만 정신은 말똥말똥했다. 전혀 잠이 오지 않았다.
    '20년 후, 70살……. 아직 생각해본 적이 없었다. 60살에 정년을 맞고 정년 연장으로 몇 년 더 일하고, 퇴직금이랑 연금으로 어떻게든 살 거라는 생각은 했지만 다른 건……. 애들이 독립하면 집사람이랑 둘이서 어떻게든 살기는 하겠지만…….'
    구체적인 이미지는 떠오르지 않고 생각은 매암돌기만 했다.
    급기야 아베는 침대를 빠져나와 냉장고에서 캔맥주를 꺼내 들었다.
    '인생이 뭘까? 산다는 건 어떤 의미가 있을까?'
    자문하면서 맥주를 한 모금 삼켰다.

    아베는 무사시노시에서 태어났다. 옛날에는 '도쿄도 아래 무사시노시'라고 불렸다. 중앙선 미타카역 남쪽 출구를 나와 이노카시라 공원으로 향하는 길에서 작은 골목으로 들어오면 아베가 태어난 값싼 아파트가 나온다. 지금은 '저택'이라는 뜻의 고텐야마로 바뀌었지만, 당시엔 저택이 한 채도 없었다. 작은 주택과 값싼 아파트들만 모여 있을 뿐이다.

전쟁이 끝나고 얼마 되지 않았을 때라 밭이 많았다고 하는데, 아베가 어느 정도 자랐을 땐 조금씩 밭 대신 주택이 들어서고 있었다. 가까운 대륙에서 온 인양업자들을 위한 아파트가 있어서 아이들이 굉장히 많았다. 베이비붐 세대인 윗세대에 비하면 적은 편이었지만. 아이들은 학교가 끝나면 골목마다 무리지어 뛰어놀곤 했다. 6학년인 형이 대장, 그 밑으로 초등학생부터 유치원에 갓 들어간 꼬맹이들까지 모두가 한 무리가 되어 놀곤 했다.

아베가 기억하는 무사시노 시는 그 무리에 처음 들어갔을 때부터 초등학교에 들어가 조금씩 사회적 위치가 올라가 중견 단원이 되었을 때까지다. 숨바꼭질이나 술래잡기, 말뚝박기, 깡통차기, 딱지치기, 구슬치기, 팽이, 칼싸움 놀이 등 모든 놀이를 형들에게 배웠다. 가끔은 전쟁에 나가기도 했다. 옆 골목 '군단'과의 전쟁이었다. 밭을 전쟁터로, 대나무를 칼, 총 삼아 '빵- 빵빵!'하고 입으로 소리를 내며 돌격했다. 총은 맞는 상대의 기분에 따라 맞기도 하고 빗나가기도 했다. 상대가 '으악!'하고 쓰러지면 맞은 셈이었다. 서로가 '으악!'하고 쓰러져서 비기는 경우도 많았다. 겨울이 되면 전쟁은 눈싸움으로 바뀌었다. 눈싸움이 보다 전략적인 싸움이긴 했지만 애들 전쟁이 승패가 어디 있으랴. 놀다 지치거나 날이 저물면 자동적으로 전쟁 끝이었다.

방과 후에는 다른 '군단'에 속한 '적'이지만 유치원, 학교에서는 다들 사이좋은 친구였다. 골목에서 생겨난 또래 집단은 학교에서는 배울 수 없는 것들을 학습하는 장소이자 자신을 단련시키는 훈련도장이기도 했다.

어린 시절을 생각하다보니 요즘 방에서 통 나오지 않는 고등학생 아들, 유스케가 걱정이 됐다. 중학교 때까지는 동네 소년 축구클럽에서 수비로 활약했는데 고등학생이 되고 겨우 3개월 만에 축구부를 그만두었다. 학교에서 돌아오면 방에만 틀어박혀 있었다. 잔업 때문에 귀가가 늦은 아베와는 저녁식사를 할 기회도 별로 없었고, 휴일에도 거의 대화가 없었다. 뭘 물어봐도 '응', '아니', '알아', '들었어', '별로' 같은 단답형 대답만이 돌아왔다.

"무슨 생각인지 도무지 모르겠어요. 어떻게 하긴 해야겠는데 어떻게 해야 좋을지. 당신도 뭐라고 이야기 좀 해봐요."
아내는 곤란한 표정으로 말했다. 아베도 아들과 대화하는 시간을 더 많이 만들고 싶었다. 하지만 일이 너무 바빠 좀처럼 시간을 내기가 힘들었다.

"신제품 설명회가 끝나면 산에라도 데려가야겠어. 마침 여름방학일 테니까. 그러고 보니 아버지랑 산에 간지도 오래 됐네."

생각이 꼬리에 꼬리를 물고 이어졌다. 아베는 한숨을 내쉬고 맥주를 한 모금 더 마셨다.

"아버지……."

아베의 아버지는 초등학교 때 가족과 함께 이바라키현에서 도쿄로 이사를 왔다. 사립대학 법학부를 졸업하고 도쿄 시청 총무과에 취직해 두 아들을 대학까지 보내고, 정년까지 한 번도 직장을 옮기지 않았다. 정년 후에는 과수원을 하는 형님을 돕겠다며 어머니와 함께 고향으로 돌아갔다. 특별한 사건 없이 평범한 인생을 보내온 부모님이, 지금은 땡볕 아래에서 얼굴을 태워가며 일을 하고 계신다. 부모님은 어쩌면, 지금이 가장 당신들답다고 느낄지도 모르겠다.

어렸을 때, 아베네 집은 경제적으로 별로 넉넉하지 않았다. 여가 활동도 조촐할 수밖에 없었다. 대개는 돈이 들지 않는 활동이었는데, 입장료 없는 작은 산에 온가족이 함께 오르기도 했다. 아버지가 월급을 받으면 한 달에 한 번 시내에 나가 영화를 보고, 백화점 식당에서 밥을 먹은 뒤에 서점에 가서 1시간 정도 책을 보곤 했다. 돌아올 땐 덤으로 마음에 드는 책을 한 권씩 살 수 있었다. 하지만 아버지는 자식들 교육에는 도통 관심이 없어 보였다. 공부하라는 잔소리를 들은 기억도 없다. 성적표를 받아와도 칭찬도 꾸중도 하지 않았다.

"그러냐, 알겠다. 공부하면서 뭐 재밌는 거 있었냐? 하나라도 있었으면 그게 네 수확이다."

그런 말만 매번 되풀이하셨을 뿐이다.

초등학교 4학년이 되었을 때 공단주택 추첨에 당첨되어 다치카와시로 이사를 왔다. 공단주택 아이들은 '군단' 놀이나 '전쟁' 놀이를 하지 않았다. 그 대신 마음이 맞는 몇몇 친구들과 자전거를 타고 서로의 집에 가서 텔레비전을 보고 만화책을 읽으며 놀았다. 학교 성적은 '중상'. 학년이 바뀌어도 아베의 성적은 거의 변화가 없었다.

변화가 일어난 것은 중학생이 되었을 때였다. 영어시간에 등장한 '애버리지(Average)'라는 단어 때문이었다. 선생님이 '애버리지'라고 큰 소리로 발음한 순간, 학급 전원이 아베를 가리키며 배를 움켜쥐고 웃어재꼈다.

"애버리지, 애버리지, 아베 레이지!"

그 이후로 아베의 별명은 '평균'이 되었다. '애버리지=평균'이라는 단순한 별명이었다.

　악의로 그런 건 아니었지만 반 친구들이 '평균!'이라고 부를 때마다 아베는 야유당하는 것 같은 기분이 들었다. 마치 따돌림을 당하는 것 같은 답답한 기분에 처음에는 별명이 너무 싫었다. 그러던 어느 날, 친하게 지내던 토모의 한 마디가 그를 구원해 주었다.

　"레이지, 평균이란 건 한 가운데라는 거잖아. 멋지지 않아! 그래프로 그리면 가장 가운데잖아. 양 옆에 부하들이 서있는 것처럼 보여!"

　그의 한 마디에 갑자기 눈앞이 밝아졌다.

　"평균은 멋있는 거야. 맘에 드는데······."

　그날 후로 아베는 늘 '평균'을 유지하려고 애를 썼다. 성적도 '중간'이었다. 잘하는 과목도, 못하는 과목도 딱히 없는 균형 잡힌 '평균'이 아베의 위치가 된 것이다. 이렇게 '평균'은 점차 아베의 라이프스타일로 자리를 잡게 되었다.

　당연한 결과였다. 고등학교도 극히 평균치인 도립고등학교에 입학했다. 1학년 때는 다치바나, 류자키와 같은 반이었다. 처음 자기소개에서 아베가 남긴 말이 모두의 인상에 남아, 지금까지도 옛 친구들 사이에서 두고두고 이야깃거리가 되고 있다.

　"○○중학교에서 온 아베 레이지입니다. 애,버,리,지, 애버리지.

맞아요, 제 이름은 평균입니다. 평균이라고 불러주세요."

교실이 왁자지껄해졌다. 모두가 아베의 이름을 기억하게 되었다.

"이제 됐어. 이제 안심해도 될 것 같군."

그리고 아베의 '평균적'인 고등학교 생활이 시작되었다.

학년이 바뀌어 새로운 친구들이 생길 때마다 아베는 반드시 그렇게 인사했다. 2학년 때는 도나리와 류자키가 한 반이었고, 3학년 때는 사쿠라다, 다치바나, 류자키가 같은 반이었다. 류자키와는 3년 동안 같은 반인 셈이었다. 다치바나의 펜션에 초대받은 악동 5인방은 '평균'을 주축으로 결성되었다고 해도 과언이 아니었다.

대학생, 사회인이 되어 각자 다른 길을 걷게 된 후에도 5인방의 우정은 계속되었다. 여름방학, 겨울방학이 되면 꼭 1박, 2박 여행을 떠나 옛정을 확인했다. 사회인이 되어서도 몇 년 동안은 이 행사가 계속 되었지만, 사쿠라다가 결혼하고 도나리가 전근으로 도쿄를 떠나면서부터, 5인방이 다 모이는 일은 눈에 띄게 줄었다. 1년에 몇 번 만나 한잔 할 때도 꼭 누구 하나는 빠지곤 했다.

아베가 가구야마전기에 들어간 건, 특별히 하고 싶은 장래의 목표가 있어서가 아니었다. 학생과 게시판에 붙어있던 회사 몇 군데를 찾아가보고, 괜찮을 것 같은 회사 5곳에 별 생각 없이 이력서를 넣은 것이다. 전기회사뿐만 아니라 신용금고, 다다미 판매점, 제약 판매회사, 식품회사 등에 이력서를 넣었는데 전혀 일관성이 없었다. 처음 내정을 받은 곳이 마침 가구야마전기였기 때문에 그대로 입사했을 뿐이다. 딱히 어떤 일을 하고 싶다는 희망도 없이, 연수가 끝난 뒤 인사부의 지시대로 영업부에서 일하기 시작했다.

영업부에서의 첫인사도 학생시절과 같았다.

"○○대학 상학부를 졸업한 아베 레이지입니다. 도쿄 출신입니다. 에이, 브이, 이, 알, 이, 지, 이, 애버리지. 평균이 제 이름입니다. '평균'이라고 불러주세요."

사무실이 왁자지껄해졌다. 언제나처럼 모두가 아베의 이름을 기억할 수 있었고, 아베의 직장 목표 역시 '평균'이었다. 하지만 학창시절과는 달리 직장에서는 '평균'이라고 부르는 사람이 없었다. '아베', 아니 '레이지'도 아니었다. '아베 씨'. 낯간지러운 '씨'가 따라왔다. 갓 입사한 신입사원으로써 몸 둘 바를 몰랐지만, 그게 회사의 방침이라는 걸 알고 나서는 그럭저럭 참을만했다. 하지만 뒤에서는 '평균과장'이나 '평균맨'이라고 불릴지도 모른다는 생각도 했다.

주임, 계장, 과장으로 승진한 것은 빠르지도 않고, 느리지도 않은 매우 평균적인 속도였다. 앞으로 몇 년 안에 부장이 될지 모른다는 소문도 극히 평균적인 것이었다.

그런데 요즘 불황의 여파로 사정이 크게 바뀌었다. 대규모 구조조정에 지신도 포함될 가능성이 있었다. 신제품 설명회에 아베가 각별히 공을 들이는 것도 '평균'으로 살아남기 위한 발버둥이었다.

"그러고 보니, 결혼도 정말 평균 나이에 했군. 내가 29살, 마리아가 26살. 당시 평균 결혼연령이랑 딱 맞았으니. 확실히 그땐 좀 쑥스럽기도 했지만."

캔에 남은 맥주를 한꺼번에 마시고, 아베는 침실로 돌아왔다.

장래의 목표를 생각하라는 〔아베 레이지〕의 숙제는 미완성인 채였다.

Hint of Starting Note ① **Finale**

> **먼저 '인생의 목표'를 머릿속에 그려본다**

목표를 알고 시작한다 vs 어디로 가는지 모르고 시작한다
둘 중에 어느 쪽이 더 스트레스를 많이 받을까?

정상이 보이는 산이라면 조금만 더 가면 된다고 힘을 낼 수 있을 것이다. 하지만 정상이 보이지 않을 때는 불안과 노력이 배로 들어간다. 이럴 때 지도가 있다면? 그러면 목적지까지의 거리, 산의 경사를 파악할 수 있고 대강의 도달 시각을 추측할 수 있어서 더 쉽게 오를 수 있을 것이다.

제2의 인생에 대한 계획을 세우는 일은 아직 겪어보지 못한 '미래'를 상상하는 가상의 지도와도 같다. 지도가 있으면 제2의 인생을 보다 알차게 설계할 수 있을 것이다. 실제 지도와 다른 점이 있다면, 나아가면서 수정을 해야 한다는 점이다. 귀찮기는 하지만 나름대로 즐거운 일이 될 것이다.

목표를 설정하고 지름길을 파악하는 방법은 백이면 백, 모두 다를 것이다. 정답은 없다. 어떻게 정하든 모두 자유다. 평가는 오로지 자기 자신만이 할 수 있고, 유일한 척도는 '자신의 만족'이다. 인생 시나리오는 '온리 원(Only One)'인 것이다.

하지만 시나리오를 몇 가지 패턴으로 구분해 볼 수는 있을 것이다. 예를 들면

다음과 같다.

- 지금까지의 경험과 기술을 살려 독립 또는 창업을 한다.
- 지금까지와는 전혀 다른 일로 창업을 한다.
- 지금까지의 경험과 기술을 살려 다른 회사로 이직한다.
- 지금까지와는 전혀 다른 업종으로 이직한다.
- 생업을 위한 자격을 공부한다.
- 사회인 교실, 문화센터에서 무언가를 배운다.
- 취미생활을 마음껏 즐긴다.
- 지역사회활동에 적극적으로 참가한다.
- 사회에 공헌할 수 있는 일이나 활동을 한다. 등등

이 외에도 어디에 거점을 마련할 것인지도 고려해야 한다.

- 지금까지와 마찬가지로 집에서 계속 산다(주택대출 납부 등의 문제도 고려).
- 같은 생활권 내의 다른 집으로 이사한다.
- 다른 생활권, 경우에 따라서는 해외로 옮긴다.

가족의 상황에 따른 제약 또한 중요하게 생각해야 할 문제다.

- 자신과 배우자의 부모는 건강한가? 병 구환을 해야 하는 상황인가?
- 자녀들은 완전히 독립했는가? 학비 등을 지원해야 하지는 않은가?

정년퇴직이나 조기퇴직 등의 큰 변화를 맞이하기 전에 이런 것들을 고려해 보자. 자신이 원하는 20년 후의 모습을 그려보고, 그렇게 되기 위한 가상의 일정표를 만들어 보면 어떨까? 당신이 지금 50살이고 60살에 정년을 맞이한다고 가정해보자. 그러면 당신이 그려야 할 시나리오의 전반 10년은 회사(조직)를 떠나기까지 열심히 달려야 할 기간이다. 후반 10년의 생활을 더욱 알차게 보내기 위한 단계를 착실히 밟아야 하는 것이다. 이렇게 정년 후에서부터 거슬러 올라가면서 생각하면, 회사(조직)를 보는 눈, 일을 하는 방식도 분명히 달라질 것이다.

당신이 '조직 사회를 벗어날 때', 당신이 원하든 원하지 않든 전기는 찾아온다. 그래서 이를 준비하기 위한 인생 시나리오 작성은 가능하면 빨리 시작할수록 좋다. 빠르면 빠를수록 후반 10년 동안 할 수 있는 일들이 많아질 테니 말이다.

시나리오의 밑그림을 그리기 위한 간단한 테스트를 해보자. 테스트이긴 하지만 '정답'은 없다. 자신의 가치관으로 옳고 그름을 판단하면 된다.

■ 다음 사항 중 조직을 떠날 때 늘어나는 것에 ○, 줄어드는 것에 ×, 변하지 않는 것에는 △를 표시하시오.

수입·················☐ 건강·················☐ 배우자의 평가·········☐
예금·················☐ 의욕·················☐ 가족의 평가···········☐
지위·················☐ 삶의 보람············☐ 친구들의 평가·········☐
사회적 평가·········☐ 친구·················☐ 배우자와의 시간······☐
스트레스···········☐ 배우자에 대한 애정···☐ 가족과의 시간········☐
체력···············☐ 가족에 대한 애정·····☐ 친구들과의 시간······☐

늘어나는 것 : ○

_____
_____
_____
_____

줄어드는 것 : ×

_____

_____

_____

_____

변하지 않는 것 : △

_____

_____

_____

_____

자, 이제 준비는 끝났다.

이 표를 잘 보면 당신의 인생 시나리오가 희미하게나마 보이게 될 것이다.

PART 2

부부 관계를
고무줄 2개로 표현한다면
어떻게 놓을 것인가?

 패미의 사정

 어제 아베는 이케부쿠로에 있는 한 도매상을 찾았다. 30대의 젊은 사장은 가구야마전기의 영업에 관해 거침없이 말해주는 시원스러운 남자였다. 고객의 동향을 세심히 살피고, 자신의 일에 자부심을 갖고 있는 사람인지라, 신랄한 발언도 서슴지 않았다. 그는 가차없이 의견을 말하지만, 항상 긍정적으로 고객의 입장을 살피는 모습에서 아베는 신뢰감을 느낄 수 있었다. 어제도 신제품에 관한 의견을 들으려고 일부러 이케부쿠로까지 찾아간 것이다.

 회사가 위치한 신바시 역 부근에서 야마노테선이라는 내부순환선으로 갈아타고 이케부쿠로로 향했다. 전철에는 사람들이 많지 않았다. 우에노 역을 지나자 거의 텅 비다시피했다.
 "사람들이 정말로 없네. 출근시간에 중앙선은 매일 콩나물시루 같은데. 아침이랑 낮이 이렇게 다르다니."

아베는 흥미롭다는 듯이 차 안을 살폈다. 문 위에 설치된 모니터에서는 퀴즈가 나오고 있었다. '트레인 채널'인가 하는 이름이었다.

"전철 1량에 들어갈 수 있는 정원은 몇 명일까요?"

모니터 화면이 물었다.

"으음… 한 번도 생각해본 적이 없네. 몇 명일까……?"

몇 초가 지나고 모니터가 정답 화면으로 바뀌었다.

'전철의 정원은 1㎡에 3명으로 계산하는 거군. 그렇군……. 차체에 따라 다르긴 해도 1량에 140~160명이 탈 수 있다는 건데. 뭐야, 아침 만원 전철은 승차율이 200%나 된다고!? 그럼 한 차량에 300명이 탄다는 건데. 지금은 하나, 둘, 셋……, 아홉 명이라. 출퇴근시간의 3%밖에 안 되네……."

아베는 감탄하면서 짧은 틈을 타 두뇌체조를 시작했다.

'……그럼 지금 타고 있는 9명이 가진 돈을 계산해보면 얼마나 될까? 나에겐 30만 원이 있고. 여기 사람들은 평균적으로 얼마나 갖고 있으려나……?'

어젯밤의 여운이 남았는지 자신도 모르게 '평균'에 대해 생각하기 시작했다.

'만약 이 차 안에 두 명밖에 없고, 다른 한 명이 70만 원을 갖고 있다면 평균은 50만 원. 100만 원을 갖고 있다면 65만 원, 어쨌든 난 평균 이하네. 하지만 상대가 10만 원을 갖고 있으면 평균은 20

만 원. 내가 평균이 되려면 그 사람이 30만 원을 갖고 있어야 한다는 조건이 붙는군. 하지만 그런 우연은 드물겠지. 내가 평균이 될 확률은 지극히 낮구나. 평균은 참으로 상대적인 거야. 맞아, 당연하지! 평균은 상대적인 위치일 뿐이야. 내가 지금까지 해왔던 평균적인 생활도, 내 관점에서 중간일 뿐이었어. 나는 어떤 사람인가? 어떻게 살아야 할까? 꿈이나 목표는? 나다운 삶은 내가 중심이 되어야 하는 건데. 〔아베 레이지〕가 말한 Finale이란 게, 내가 주인공으로 사는 삶에 대해 생각하라는 거였나.'

생각이 정리될 즈음에 전철이 이케부쿠로 역으로 진입했다.

젊은 사장과 한 시간 정도 이야기를 나눴는데 정말로 유익했다. 신제품의 장단점을 콕 집어서 말해준 건 물론이고, 판촉에 관한 아이디어도 알려주었다.

'설명회 자료 만들기에 많이 도움이 되겠어. 오길 잘했어.'

아베는 가벼운 마음으로 전철역으로 향했다. 길가에 있는 커다란 시계가 12시 10분을 가리키고 있었다.

'점심 먹고 가야겠네. 백화점 근처 식당가로 갈까, 라면을 먹을까? 이 시간엔 어딜 가도 사람이 많겠지. 아, 그렇지! 패미네 가게가 여기서 가깝지 않나? 아카바네(赤羽)까지는 쇼난신주쿠 선을 타고 가면 금방이지. 점심시간은 바쁠테니까 커피라도 마시면서 시간 좀 때우다가 한 시 넘어서 가야겠다. 다음 약속이 3시니까 시

간도 딱 좋군.'

패미는 고교 동창인 사쿠라다 가즈토의 별명이다. 안토니오 가우디가 설계한 '사그라다 파밀리아 성당(Sagrada Familia)'과 이름이 비슷하다는 별스런 이유 때문에 생긴 별명이다. 패미는 패밀리 레스토랑에서 일하며 주방에서 요리를 배웠다. 그리고 30살이 되기 전에 독립해서 아카바타 역 근처에 식당을 열었다.

아베는 근처 커피숍에 들어가 커피를 마시며 책을 읽었다. 《천황릉의 비밀》이라는 책인데, 아베가 좋아하는 고대사를 주제로 쓴 책이었다. 잠시 아스카시대에 빠져갈 무렵 눈 깜짝할 사이에 1시간이 지나버렸다.

이케부쿠로에서 아카바타까지는 10분도 걸리지 않았다. 패미의 식당인 '구루메'는 동쪽 출구로 나와서 2,3분 정도 거리에 있었다. 가장 최근에 와본 게 5년 진이었던가? 하지만 역 앞의 풍경은 그다지 변한 게 없었다.

문을 열자 카운터 앞에 손님이 한 사람 서있었다. 안쪽을 향해 뭐라고 소리를 지르는 중이었다.

"이봐, 이게 뭐야! 나와! 웃기지도 않는군!"

사쿠라다가 큰 몸집을 흔들며 홀에 모습을 드러냈다.

"손님, 왜 그러십니까?"

"왜 그러시냐고! 이것 좀 봐. 이게 햄버거에 들어 있잖아! 덕분에 잇몸을 다쳤다고!"

남자는 손바닥을 패미에게 내밀어 보였다.

"이런, 철수세미네요. 이런 게 들어 있었다고요?"

"그래! 철수세미로 요리하는 거야? 어이가 없네! 사과는커녕 '철수세미네요'라니! 당장 사과해! 치료비 내놓을 각오하고!"

남자는 오른손으로 카운터를 탕탕 두들기며 악을 써댔다.

"이상하네요. 이런 게 들어갈 리가 없는데……."

사쿠라다는 냉정하게 말했다.

"뭐-라-고! 들어갈 리가 없다고? 햄버거에 들어갈 리가 없는 게 어떻게 내 입에 들어갔다는 거야!"

"아뇨 아뇨, 손님이 착각하신 것 같아요. 저희 가게에서는 철수세미를 사용하지 않습니다. 스폰지랑 솔수세미만 씁니다. 아무리 실수를 해도 들어갈 리가 없어요."

"쓰질 않아? 그… 그런 뻔한 거짓말을 믿을 것 같아! 그럼 뭐야, 내가 거짓말이라도 한다는 거야?"

"아뇨, 그렇다는 건 아닙니다. 다만 손님이 뭔가 착각하신 건 아닌가 하고 여쭙고 있는 겁니다. 사용하지 않는 철수세미가 들어갈 리는 없으니까요."

"야이, 이 자식아! 손님한테 착각이라니! 뭘 꾸물거리는 거야! 당장 치료비를 내놔! 내놓으라고!"

남자는 횡성수설하면서도 계속 소리를 질러댔다.

사쿠라다는 크게 한숨을 쉬고, 더 천천히 말했다.

"손님, 직접 가져오신 철수세미 조각을 갖고 트집 잡지마세요. 제가 거짓말을 하는 것 같으면 주방에 가서 철수세미가 있는지 직접 확인해 보시죠. 자, 이쪽으로 오세요."

"웃기지마! 손님을 거짓말쟁이 취급하다니! 이 자식!"

남자가 주먹을 휘둘렀지만 사쿠라다는 가뿐하게 피했다. 그리곤 남자의 오른 손을 등으로 꺾고 다시 차분하게 말했다.

"폭력을 쓰시면 안 되죠. 밥값은 됐으니 그냥 가세요."

사쿠라다는 남자의 손을 잡은 채 문을 향해 몸을 돌렸다. 마침 문 앞에 서있던 아베와 눈이 마주쳤다. 사쿠라다는 싱긋 웃으며 윙크를 하곤 잡은 손을 놓았다. 그러자 남자는 잽싸게 손을 풀더니 다시 주먹을 휘두르려 했다. 그때였다. 패미가 큰소리로 외쳤다.

"어이구. 마침 잘 오셨네요, 형사님!"

그 말을 듣자마자 남자는 아베를 지나 밖으로 뛰쳐나갔다.

"여어, 평균! 오랜만이네."

사쿠라다는 아무 일도 없었다는 듯이 말했다.

"뭐야, 저 사람? 그리고 난 형사 같은 건 해본 적이 없는데."

"저런 사람들이 가끔 와서 행패를 부리고 그래. 네가 마침 타이밍 좋게 와줘서 경찰이 온 것처럼 말한 거야. 자자, 여기 앉아."

아베는 창가에 놓인 4인용 테이블 중 가장 안쪽 자리에 앉았다. 아베는 그저 감탄할 따름이었다. 늘 본능에 충실했던 사쿠라다가 상대가 그렇게 소리를 지르는데도 눈 하나 깜빡하지 않고 참고 있었다. 상대가 폭력을 휘두르자 처음으로 방어를 위해 반격하거나, 상황이 정리되고도 별 이야기를 하지 않고 냉정을 유지했다. 이런 모습은 예전의 그라면 상상하기 어려운 어른스러운 행동이었다.

"프로가 되었구나."

아베가 의자에 앉자 사쿠라다가 요리 모자를 벗으며 맞은편 의자에 앉았다.

"오늘은 어쩐 일이야?"

"아니, 이케부쿠로에 일 때문에 왔다가 갑자기 네 생각이 나서. 점심시간에는 바쁠 것 같아서 일부러 시간을 피해 왔지."

"그랬어? 괜한 걱정을 시켰군. 오늘 손님도 별로 없어서 그렇게 신경 쓸 필요도 없었는데."

"오늘은 와이프랑 같이 나오지 않았어?"

"응, 감기 기운이 있는 것 같아서 쉬라고 했어. 요즘 계속 한가해서 나 혼자서도 충분하기도 하고."

"그랬구나. 불황의 여파가 여기까지 미쳤군. 딸내미도 도와주러 온다고 하지 않았었어?"

"요즘엔 저녁시간에만 와. 낮에도 바쁠 때는 부르긴 하는데 개도 요즘엔 극단 연습이 바빠서."

"어이, 그런 걸로 풀이 죽지 말라고. 그것보다, 손님을 굶길 생각이야? 손수건이랑 물. 나도 밥 좀 주시죠."

"이런, 실례했습니다 평균님. 금방 대령하지요. 햄버거 괜찮지? 데미글라스 소스 맛을 좀 바꿔봤는데, 한 번 먹어봐."

"맘대로 정하긴. 제 멋대로 하는 가게구만. 알겠어, 한 번 먹어주지."

두 사람은 큰 소리로 웃었다.

"으음… 정말 맛있어. 열심히 연구하더니 실력이 좋아졌네."

햄버거를 한 입 베어 물자 입 안 가득이 육즙이 퍼졌다. 적당히 새콤달콤한 데미글라스 소스가 고기의 맛을 한층 맛있게 해 주었다. 이 특제 햄버거와 미니샐러드, 컵 스프에 음료 세트가 9,800원이라는 게 전혀 비싸게 느껴지지 않았다.

사쿠라다는 예전부터 맛있는 음식에는 사족을 못 썼다. 대학에 다닐 때는 줄곧 패밀리 레스토랑 체인점에서 저녁에 아르바이트를 하면서 주방 일을 배웠다. 우수 직원으로 뽑힌 적도 있었다. 열심히 일한다며 평가가 좋았던 덕분에 매니저의 추천을 받아 졸업 후에는 그대로 정사원으로 취직했다. 몇 개 지점의 주방에서 일하다가 곧 새 메뉴를 개발하는 상품개발부로 이동했다.

부서를 이동한 후 사쿠라다의 능력은 한층 꽃을 피웠다. 맛 연구를 위해 도쿄 시내는 물론이고, 교외의 오래된 음식점들을 샅샅이 돌며 이것저것 꼬치꼬치 캐물어 맛의 비법을 알아내곤 했다. 본래 붙임성이 좋은 성격인지라 깐깐한 음식점 주인들도 패미에게는 '기업비밀'을 술술 털어놓았다. 그렇게 얻은 지식은 새로운 메뉴 개발에 적극 활용했고, 패미는 곧 회사에서 없어서는 안 될 존재가 되었다.

그런데 욱하는 성격이 화근이 되어 상사와 충돌하게 되었다. 사쿠라다는 다른 건 둘째 치고, 요리에 관한 한 자신의 생각을 굽히지 않았다. 그런데 운이 나쁘게도 상사가 권위적인 사람인 탓에 둘 사이는 '막장'이라 불릴 정도로 나빠졌다.

참는 데에 한계를 느낀 패미는 상사 앞에 사표를 내던지고 회사를 그만 두었다. 28살, 딸이 갓 태어났을 때였다. 앞으로 갈 길이 창창한데 분별력 없이 일자리를 내던지고 만 것이다. 그런데도 성격이 느긋한 부인 도모미는 잔소리 한 번 하지 않았다. 오히려 딸을 친정에 맡겨 놓고 경리 사무소에서 아르바이트를 하며 생계를 꾸렸다.

사쿠라다는 회사에서 친분을 쌓은 음식점에 들어가 1년간 어린 견습생들과 함께 일했다. 1년이 지나자 주인은 사쿠라다에게 자신의 비법을 전수해 주었다.

덕분에 가진 돈도 거의 없었지만, 부모님에게 부탁하고 은행에서 대출을 받아, 아카바타 역 앞에 '구루메'라는 가게를 열 수 있었다.

가게는 열자마자 반응이 좋았다. 아카사카 역 근처에는 양식 음식점이 별로 없었던 데다, 맛있다는 입소문이 퍼져 금세 단골손님이 늘어났다. 거품경제로 경기가 좋았을 땐 1년에 2억~2억 5,000만 원을 벌어들일 정도로 잘나가던 때도 있었다.

아베가 식사를 마치자 사쿠라다는 커피 두 잔을 들고와 의자에 앉았다.

"점심식사는 평균이 마지막 손님이군. 바쁠 때는 피곤하긴 하지만, 아무도 없는 가게에서 손님을 기다릴 때의 공허함보다는 훨씬 낫군."

"그렇게 안 좋아?"

"이 역사 앞에만 해도 음식점이 200개가 넘어. 요즘엔 값싼 정식 체인점도 생겼고, 역 반대쪽 출구에는 패밀리레스토랑이 2개나 생겼어. 여긴 정말 전쟁이야."

"자본금 회수는 괜찮아?"

"전혀 문제없다고 하고 싶지만 요즘은 좀 힘들어. 요즘엔 한가해서 이것저것 맛을 개량하려고 시도하는 중이야. 가격을 내리는 데에도 한계가 있고. 그것보다, 난 역시 손님이 정말 맛있게 먹고 기뻐하는 얼굴이 보고 싶어. 그러니 연구는 계속 해야지. 딸내미는 좀 더 합리적으로 생각하라고 잔소리를 해대지. 하지만 역시 이해타산을 따지면서 음식을 만들고 싶진 않아."

"회사를 그만 둘 때도 합리적이진 못했지."

"맞아. 이건 평생 못 고칠 것 같아. 그래도 가게를 찾는 직장인들 이야기를 듣다보면 가끔 부러울 때도 있어. 직장인들은 그렇게 열심히 일하지 않아도 매달 꼬박꼬박 월급이 들어오고, 보너스도 챙기면서 퇴직 때까지 생활이 보장되잖아. 퇴직하면 연금도 받으면서 유유자적하게 살 수 있고. 우리는 죽을 때까지 땀만 흘리면서 일해야 먹고 살 수 있으니까……. 이런 소리 해봤자 소용없지만. 그래도, 누군가가 놓은 레일을 따라 가는 게 아니라, 내가 직접 땅을 다듬고 레일을 깔아서 작은 열차로 달린다는 만족감이 있는 것도 사실이야. 모든 게 자기 책임이니까 괜한 스트레스도 없고."

"분명 그럴지도 몰라. 하지만, 직장인들도 수난시대야. 50살을 넘으면 승진도 못하지, 퇴직 압박도 받지……. 요즘엔 퇴직금제도나 연금제도도 조금씩 바뀌어서 금액을 줄이는 회사도 많아졌어. 네가 말하는 것처럼 유유자적한 노후생활을 만끽할 수 있는 건 일부 우량 대기업에 다니는 사람들뿐이야. 우리 같은 중견기업 사원들은 유유자적은커녕 허덕거리며 살판이라고. 참 그런데, 다치바나한테 편지 받았어? 너도 갈 거지?"

"응, 받았어. 그런데 아직 확답은 못하겠다. 이틀 다 영업하는 날이기도 하고, 다른 일들도 있고……."

"그런 소리 하지 마! 나는 방금 마음을 정했어. 다들 바쁘겠지만, 우리 다섯이 모여서 다치바나의 새출발을 축하해줘야 한다고. 안 그래? 나도 중요한 행사가 있지만, 일찍 정리하고 가기로 결심했어."

"……."

"잔말 말고 와. 어차피 손님도 없잖아. 하하하."

"자식, 무시하는 거냐! 하하하, 알았다. 좀 늦을지도 모르지만 어떻게든 해볼게."

가게를 나서자 5월 바람이 기분 좋게 불어왔다. 오랜만에 만난 옛 친구 덕분에 기운도 솟아났다.

"패미도 힘들구나. 그래도 '자기책임에 대한 만족감'이라는 건 확실히 있어 보였어. 회사에 다니면 회사 방식에 얽매이는 것 때문에 스트레스를 받겠지. 하지만 자기책임이란 건 내가 그린 시나리오대로 산다는 거지. 패미는 회사를 그만두면서부터 자신만의 시나리오를 만들어 왔구나."

 iNote의 비밀

그날도 역시 잔업이 있었다. 부하직원들과 함께 저녁을 먹고 신제품 설명회용 자료를 만드느라 바빴다. 이케부쿠로에서 만난 도매점 사장의 조언 덕분에 조금은 방향을 잡을 수 있었다. 가장 마지막으로 사무실을 나와 집에 돌아오니 12시가 지나있었다. 가족들은 늘 그렇듯 모두 자고 있었다. 아베는 옷을 갈아입고 냉장고에서 캔 맥주 하나를 꺼내 서재로 향했다. 출퇴근용 가방 속에서 이제 익숙해진 노트를 꺼내 책상 위에 놓았다.

'그럼, 〔아베 레이지〕 씨가 내준 숙제를 좀 해볼까.'

중얼거리던 아베는 문득 궁금해졌다.

'그런데, 가상의 목표를 어떻게 〔아베 레이지〕에게 알리지? 뭐, 상관없나. 일단 노트야 열려라.'

노트를 열고 'TO'에 손가락을 가져갔다. 노트가 점멸하며 글자가 나타나기 시작했다.

"숙제의 답을 찾았나보군. 근데 그걸 어떻게 알았을까? 이 노트가 자네의 일거수일투족을 감시하고 있는 건 아니니 안심하게. 자네는 처음 내 숙제를 읽은 다음 노트를 닫았어. 그리곤 바로 다시 열어 'TO'를 터치했었지? 하지만 아무런 변화도 없어서 포기하고, 여러모로 생각해 본 후에 답을 찾아 다시 노트를 열었을 거야.

어때, 정답이지? 그럴 줄 알고 일단 한 번 닫으면 바로 다음번에 열었을 때는 작동하지 않고, 두 번째 열었을 때 글이 나오도록 설정해 두었다네. 그 이유는 내가 낸 숙제에는 '정답'이 없기 때문이야. 자네가 '생각하는 것'만이 의미가 있어. 그래서 시간이 필요하고 이런 장치를 해둔 거지. 뭐, 인간의 심리를 읽었다고나 할까. 그렇다고 다음 설정도 똑같을 거라 생각하진 말게. 그렇게 단순한 장치가 아니니까.

내가 숙제를 내고, 자네는 열심히 생각하고, 당분간은 그렇게 해보자고.

자네의 최종 목표에 대해서는 대충 짐작이 돼.

정년까지 일하고, 정년을 연장해서 65살까지는 지금 같은 생활을 계속 하겠지. 월급은 줄겠지만 아이들도 돈을 벌 테고, 퇴직금으로 주택융자도 다 갚을 수 있어. 부부 둘뿐이라면 연금으로 어떻게든 생활할 수 있어. 몸만 건강하면 부부 동반으로 여행을 할 수도 있을 거야. 자네가 좋아하는 고대사나 대하소설의 무대가 된 곳들을 둘러보는 것도 나쁘지 않겠지.

그렇게 만만하지 않다고? 사실 이건, 내가 미래를 준비하기 시작하던 58살에 생각했던 거라네. 하지만 그저 막연한 이미지였어. 지금의 자네처럼, 구체적인 건 아무 것도 없었지. 자네가 조금만 더 구체적으로 생각한다면 나보다 8년 빨리, 더 많이 준비할 수 있어. 이 8년은 정말 큰 차이야. 50세에 시작할 수 있는 것과 정년 후에 시작할 수 있는 건 하늘과 땅 차이라네. 준비기간이 길면 길수록 할 수 있는 것들의 가능성이 넓어져. 역시 생각할 시간이 충분히 있고, 준비할 시간도 많다는 거지.
다음 페이지로 넘겨보게. 내가 만든 표가 나올 거야.

그의 말대로 화면을 터치하자 화면에 차트가 나타났다.

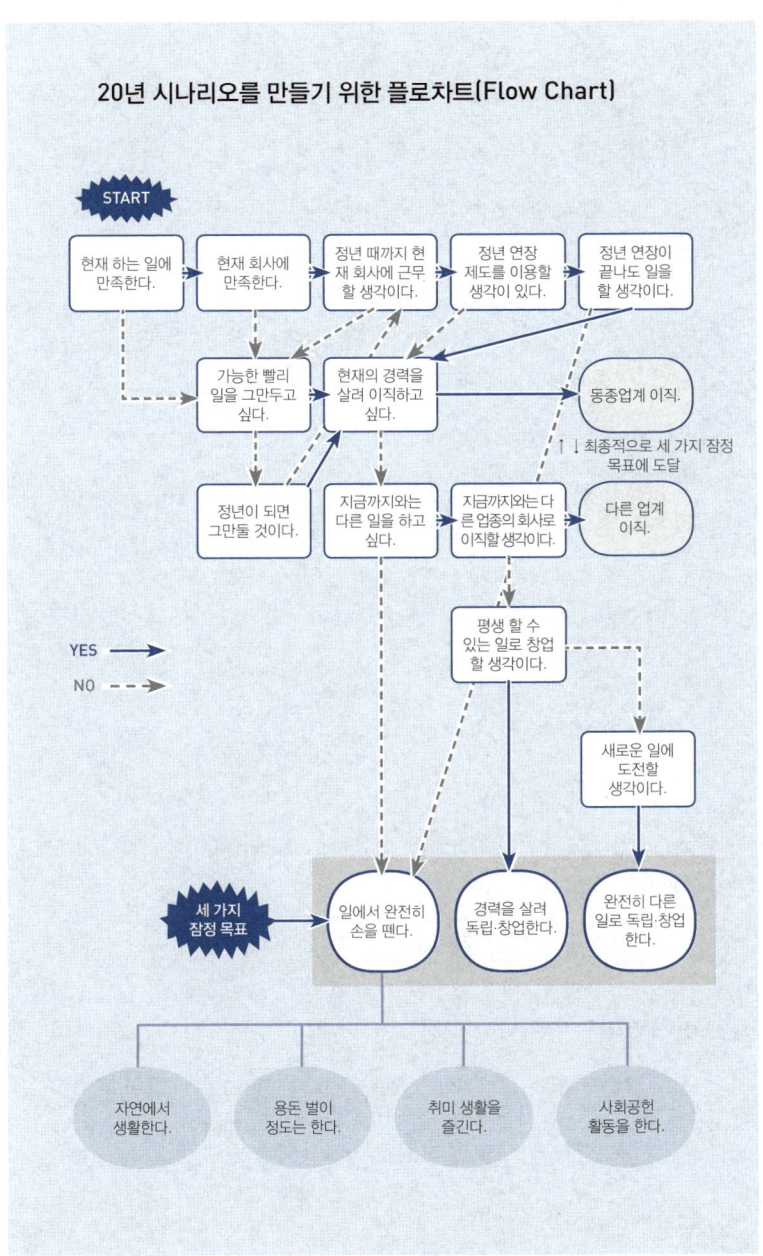

이 표는 직장 생활을 하는 사람들의 시나리오라네. '현재의 일에 만족하는가?'에서 시작해, 대개 세 가지 결과에 도달하지. 1번은 '직장생활을 완전히 그만 둔다.' 2번은 '지금까지의 경험을 살려 독립하거나 창업한다.' 3번은 '새로운 분야에서 창업한다.'

'직장 생활을 완전히 그만 둔다'에는 '사회공헌활동을 한다', '취미 생활을 즐긴다', '용돈벌이 정도는 한다', '자연에서 생활한다' 등 다양한 선택지가 있어.

평범한 직장인들의 정년 후 생활이란 이런 몇 가지의 조합일 거야.

학교를 졸업한 뒤에 취직하지 않고 자신의 기술이나 특성을 살려 먹고 사는 사람들도 있지만, 그런 사람들은 정말 소수야.

어떤 길을 선택할지는 별로 중요하지 않네. 그것을 어떻게 인식하며 사는지가 중요한 거지. 좀 더 쉽게 말하면, '자기가 설계한 시나리오'대로 인생을 살고 있는지가 중요한 것 같아.

월급쟁이 대부분은 자신의 시나리오대로 살고 있지 않아. 아니, 시나리오대로라고 생각할 지도 모르지만 사실은 회사나 월급을 주는 조직의 시나리오대로 사는 것에 지나지 않아. 자기 발로 걷지 않고 조직의 '무빙워크', 혹은 '에스컬레이터'로 이동하고 있는 걸 자기가 걷고 있는 걸로 착각하고 있는 게 아닐까?

회사라는 건 참 신기한 조직이야. 매달 월급, 보너스로 생활을 보장하는 대신 그만큼의 희생을 강요하지. 다시 말하자면 땀을 흘리고, 머리를 쓰고, 시간을 팔아 일을 하는 대가가 월급이라는 걸세. 희생을 함으로써의 안정된 생활을 누리며 사는 것이 직장인의 인생이라는 거지.

회사의 시나리오가 자신의 인생목표와 완전히 들어맞는다면 거기서 보람을 얻을 수 있겠지. 하지만 그런 경우가 얼마나 있겠나? 즐겁고 활기차게 일하는 사람은 천직을 만난 운 좋은 사람들이야. 대부분의 직장인들은 자기가 하는 일보다, 월급을 많이 받거나 승진하는 것으로 만족을 느껴. 하지만 그건 정말 의미 없는 짓이야. 대기업에 있었든 중소기업에 있었든, 그건 연못이 얼마나 컸느냐의 차이일 뿐이야. 퇴직하고 나면 자기 의사와는 상관없이 더 큰 바닷속으로 내던져지게 돼. 그전까지 자신의 시나리오대로 살았던 사람들은 바닷속에서도 혼자 살아갈 수 있지만 그렇지 않은 사람들은 헤엄치는 법부터 배워야만 해.

그게 잘못됐다는 건 아닐세. 그것 또한 인생이니까. 하지만 문제는 그 조직에서 떠날 때, 다시 말하면 자신이 어떻게 헤엄쳐서 어디로 가야할지를 생각해야 할 때가온다는 거야. 정년을 맞이할 때 누구나가 직면하는 문제지. 직장에 다니는 동안 자신의 시나리오대로 살아본 경험이 없으면 당혹감은 더 커지겠지.

같은 조직에서 같은 일을 하더라도, 조금이라도 시나리오를 의식한다면 일에 대한 자세도, 의식도 달라질 거야. 자네와 나의 8년이라는 차이에 의미가 있다는 건 그런 뜻이야. 정년 후의 20년, 30년이라는 긴 인생을 어떻게 보낼 것인지를 생각하는 데에 너무 빠르다는 건 있을 수 없어. 오히려 조금이라도 빠른 게 좋지. 자신의 시나리오대로 산다는 건, 자기 발로 자신의 인생을 사는 것, 자기 자신을 위해 사는 것이라네.

자신을 위한 인생에서 가장 중요한 게 뭔지 아나? 바로 가족이라네. 혼자 사는 게 아닌 이상, 함께 생활하는 가족을 빼놓고는 인생의 시나리오를 만들 수 없을 걸세. 적어도 자네, 아니 나는 그렇게 생각해. 집사람과 아이들은 내 인생의 일부야. 때로는 서로 의지가 되어주기도 하고 도와주기도 하는 소중한 존재지. 가족들과 함께 웃으며 서로가 만족스러운 생활을 하는 것이 나에게 있어서는 정말 의미 있는 것이라네. 사실 이건, 나 자신의 반성이기도 해. 집사람과 평범하게 지내왔지만, 인생의 파트너로서 진지하게 마주한 적이 있냐는 물음에는 솔직히 별로 자신이 없어.

정말 평범한 부부관계지만, 가끔은 좀 더 진지하게 마주할 필요가 있겠지.

자, 그럼 이제 드디어 두 번째 'F'야. 두 번째는 'Family'. 그래, 가족의 중요성을 생각해 보자고. 가족 중에서도, 인생을 함께 하는 파트너의 존재가 가장 중요해. 정년 후에 새로운 일을 시작하거나, 정년 전에 뭔가를 선택해야 한다면, 어떤 선택을 하든 파트너와 충분히 뜻을 나눈 후에 정하는 게 좋다는 건 말할 필요가 없겠지. 생활을 함께 하는 이상, 자네 인생의 일부는 파트너의 인생이기도 하니까 말이야. '생활비만 갖다 주면 잔소리는 안 하겠지'라는 생각은 정말 제멋대로라고밖에 할 수 없어.

자네에게 있어 부인의 존재는 무엇인지, 아이들은 어떤지를 생각해야 해. 서로가 납득하고, 만족할 수 있는 인생설계를 해야 행복할 수 있겠지. 부부가 단순한 동거인이 될지, 아니면 소중한 파트너로서의 본분을 다할 수 있을지는 서로의 대화에 달려있네.

어쨌든, 가능한 빠른 기회에 부인과 함께 앞으로 인생에 대해 고민해보길 바라네. 그럼, 그때 다시 보지."

화면은 거기서 끝났다. 어디를 터치해도 아무런 반응이 없었다. 아베는 iNote를 닫아 가방에 넣었다.

'가족이라. 아이들이 어렸을 때는 나름대로 신경을 많이 썼는데. 중학교에 들어간 뒤부터는 거의 집사람에게 맡겨놓기만 했어. 정년 후에 대해선 나도 별로 깊게 생각해본 적이 없는데, 집사람은 어떻게 생각하려나? 제대로 이야기해 본 적이 없었으니. 요즘만 해도 매일 잔업 때문에 바빠서 대화할 시간도 없었지. 조만간 둘이 이야기를 해봐야겠다.'

 아베마리아

두 번째 숙제에 대해 고민할 시간은 의외로 빨리 찾아왔다. 숙제를 받고 2일 후, 아베는 오후 5시에 퇴근했다. 집 근처 역에서 단골 고객과의 미팅도 순조롭게 끝냈다. 그 덕분에 평소보다 한결 일찍 집에 돌아올 수 있었다.

문을 열자 마리아가 눈을 동그랗게 뜨고 레이지를 맞았다.
"어머나, 이렇게 일찍 오세요? 웬일이에요? 설마, 회사를 그만둔 건 아니죠? 후훗, 농담이에요, 농담! 마침 잘 됐네요. 지금 막 풋콩을 삶은 참이었어요. 옆집에서 풋콩을 얻어왔는데, 감칠맛 있게 맛있대요. 애들은 늦을 것 같으니 오랜만에 오붓하게 한 잔 해요."
"오늘 기분이 좋은가보네. 유스케도 나간 거야? 방에 틀어박혀 있는 것 아냐?"
"그러게요. 오늘은 친구네 집에서 공부한다고 나갔어요. 시험기간이니까 조금이라도 진도를 따라가야 한다면서요. 엄마아빠한테 미안하다나……. 그 소릴 들으니 얼마나 기쁘던지. 계속 그래준다면 얼마나 좋을까 싶어요. 그런데다가 맛있는 풋콩도 받고, 당신도 빨리 오고 이게 무슨 일인지. 오늘은 정말 감격스러워요."

"모처럼 일찍 왔는데 풋콩이랑 같은 취급이야? 하긴 평소에도 좀 일찍 들어왔어야 하는데. 하하."

아베는 옷을 갈아입고 마리아와 마주 앉았다.
"잔도 냉장고에 넣어뒀었어? 센스 있네. 주인장이."
"그럼요? 그래서 다른 가게보다 조금 비싸답니다. 후후훗."
캔 맥주를 따서 차가운 잔에 따랐다.
"건배! 일하느라 고생이 많았어요."
"건배! 늘 고마워."
"아, 이상적인 부부네요. 서로 이런 이야기도 나누고. 좀 부끄러운데 가끔 이러는 것도 좋을 거 같아요."
"그러게. 가끔은 괜찮지. 와, 콩이 정말 맛있네. 이런 건 처음 먹어봐. 손이 멈추질 않네."

순식간에 맥주 캔 하나가 비었다. 아베는 두 번째 캔을 땄다.
"참, 어제 대학 동기인 카오리랑 같이 점심을 먹었어요. 카오리 기억나죠? 결혼식에도 왔었고, 리카가 태어났을 때도 축하하러 왔잖아요. 근데, 그땐 성이 히로다였는데, 지금은 에도로 바뀌었대요

(히로다 카오리가 에도라는 남자와 결혼했다는 뜻-역주).″

″물론 기억나지. 넉살이 좋아서 다들 좋아했잖아. 지금도 잘 지 내대?″

″여전해요. 그 애, 띠동갑 남편이랑 재혼했잖아요. 재미있는 이야기를 들었어요. 남편 분이 '퇴직준비연수'라는 곳에 다녀왔다나 봐요. 그게 우리한테도 꽤 도움이 되겠더라고요. 들어두면 도움이 될 것 같고, 당신이랑 얘기도 해보고 싶고요.″

″퇴직 전 연수라. 우리 회사에는 그런 제도가 없지만 요즘에 많이 받는다더군.″

″처음엔 정년 후에 어떻게 시간을 보낼지 쓰게 한대요. 몇 시에 일어나서 뭘 할지, 1주일짜리 생활계획표를 만드는 연수를 하나 봐요. 그런데, 카오리네 남편은 오전 일정은 간신히 쓰더니, 점심 먹은 후의 일정을 30분이 걸려도 못 쓰더라는 거예요. 7시에 일어나서 8~9시에 아침을 먹고, 산책 겸 도서관까지 걸어가서 한 시간 정도 신문이나 책을 읽고, 돌아와서는 운동하러 갔다 오기. 그리고 점심을 먹고요. 여기까지는 문제없었는데 그 후에 뭘 할지 도무지 생각이 안 나더래요. 이건 카오리가 복사해 준 거예요.″

마리아는 종이를 식탁 위에 두었다.

″연수하는 곳에서 왼쪽 '남편의 생활' 부분만 쓰고, 집에 돌아가서 부인도 쓰라고 했대요. 부부가 함께 정년 후의 일을 생각해 보게

하는 건가 봐요. 카오리네 남편은 오전 일정을 쓰고 막막했는데, 카오리는 재밌었대요. 매일 집안일이나 공부를 하고, 애들 행사도 있고, 친구들도 만나고, 봉사활동도 하는 등 1주일 일정이 술술 써지더라나요. 나도 문제없을 것 같아요. 당신은 어때요?"

표를 물끄러미 들여다보던 아베는 그만 할 말을 잃었다. 지금, 회사는 눈코 뜰 새 없이 바쁘다. 하지만 회사가 만들어놓은 스케줄, 즉 고객 일정, 일 처리를 위한 시간 등은 자신의 의사와는 관계없는 시나리오일 뿐이다. 쉬는 날에도 집에서 일하는 날이 많았고, 자기 자신을 위해 보내는 시간은 거의 없었다. 그런 생각을 하니 아연해졌다. 정년 후를 막연하게 상상하긴 했지만, 막상 이렇게 일정표를 써야 한다고 생각하니 몇 개 쓰지 못할 것 같았다.

종이를 가만히 바라보는 아베에게 마리아가 재차 물었다.

"네? 당신은 어때요?"

아무 대답도 하지 못한 채 아베는 생각했다.

아내들은 생계를 남편에게 맡기고 가사, 육아, 여가 등 자신만의 시간을 사용할 수 있다. 매일매일 조금씩 일정을 수정하면서 스케줄을 잡는 것이 익숙한 것이다. 그랬다. 아내들은 자신의 시나리오대로 익숙하게 살 수 있다.

그러나 직장인들은 어떤가? 수첩에 빼곡하게 적힌 일정을 보면 누구보다 시간관리를 잘하는 것처럼 보일 것이다. 하지만 그건 어디까지나 '업무 일정'일뿐, 자신의 일정은 아니다. 월급을 받기 때문에 어쩔 수 없는 일이다. 만약 회사를 떠나 자기 마음대로 할 수 있게 된다면, 아무 것도 하지 못하고 전전긍긍하게 될 것이다. 월급을 받는 대신에 주도적으로 자신만의 인생 시나리오를 쓸 수 없게 된 것이다. 그래서 아내들은 즐겁게 정년 후를 기대하지만, 남편들은 당혹스러워하는 것이다.

"뭐예요, 입을 꼭 다물고. 지금까지 하고 싶었지만 못했던 것들을 쓰면 되잖아요. 독서를 한다거나, 봉사활동, 나랑 맛있는 걸 먹으러 간다던가. 둘이서 온천에 가는 것도 좋잖아요? 후후후. 대부분의 아내들은 정년 후에 여행갈 사람 1순위로 친구를 꼽는다고 해요. 나처럼 함께 여행 가자고 말하는 아내는 별로 없어요. 소중히 대해 주세요. 후후후."

"뭘 그리 생색내고 그래. 농담은 관두고, 나는 지금까지 정년 후에 대해 진지하게 생각해본 적이 없었어. 퇴직금이나 연금으로 어떻게든 생활할 수 있을 거라고 생각했고, 애들이 독립한 후에는 우리 둘이서 어떻게든 살 수 있을 거라 생각했으니까."

정년 후의 생활을 상상해봅시다.

남편의 생활 1일 시간표

4:00
5:00
6:00
7:00
8:00
9:00
10:00
11:00
12:00
13:00
14:00
15:00
16:00
17:00
18:00
19:00
20:00
21:00
22:00
23:00
0:00
1:00
2:00
3:00

1일·주·월·일에　　번은
　　　　　　　　　　　　을 한다.

1일·주·월·일에　　번은
　　　　　　　　　　　　을 한다.

1일·주·월·일에　　번은
　　　　　　　　　　　　을 한다.

1일·주·월·일에　　번은
　　　　　　　　　　　　을 한다.

아내의 생활 1일 시간표

4:00
5:00
6:00
7:00
8:00
9:00
10:00
11:00
12:00
13:00
14:00
15:00
16:00
17:00
18:00
19:00
20:00
21:00
22:00
23:00
0:00
1:00
2:00
3:00

1일·주·월·일에　　번은
　　　　　　　　　　　　을 한다.

1일·주·월·일에　　번은
　　　　　　　　　　　　을 한다.

1일·주·월·일에　　번은
　　　　　　　　　　　　을 한다.

1일·주·월·일에　　번은
　　　　　　　　　　　　을 한다.

남편의 생활	아내의 생활
자유롭게 써보자	자유롭게 써보자

Part 2 부부 관계를 고무줄 2개로 표현한다면 어떻게 놓을 것인가?

"그래요. 그럼, 퇴직금은 얼마예요? 기업연금은? 국가연금액은 얼만지 아세요? 정말 어떻게든 생활할 수 있을 만큼은 받겠죠?"

"응? 글쎄, 퇴직금은 회사가 망하지 않는 한 2억 원 정도는 받을 수 있을 거야. 연금은 잘 모르겠네……. 하지만 퇴직한 선배들을 보면 생활비를 벌려고 아등바등하는 사람은 별로 없는 것 같아."

"그래도 연금제도가 대폭으로 수정되면 액수가 적어진다고 신문에 났어요. 여러 회사에서 퇴직금이나 연금제도를 재검토하고 있다잖아요? 당신 회사는 괜찮을까요?"

"그게, 요즘 좀 힘들어서 머잖아 대규모 구조조정이 이뤄질 것 같아. 요즘 늦게 들어오는 것도 회사를 살릴 신제품에 매달리느라 그래. 이번 신제품 반응에 따라 중기 계획이 크게 수정될 모양이야. 잘 팔리면 구조조정도 축소되겠지만, 나쁘면 대대적인 구조조정이 일어날지도 몰라. 그래서 지금 사활을 걸고 신제품에 매달리는 거야."

"그래요……. 정말 큰일이네요. 우리도 한번 철저하게 집 살림에 대해 고민해봐야겠네요. 정년 후에 생활자금이 얼마나 들지 알아봐야 할 것 같아요. 당신도 퇴직금이랑 연금을 얼마나 받을 수 있을지 알아보세요. 나는 생활비가 얼마나 들지, 앞으로 얼마나 필요할지 계산해 볼게요."

"그래. 알겠어. 일이 마무리되면 한번 해볼게. 선배들에게도 물어보고. 이런, 벌써 잔이 다 비었네. 하나 더 마실까?"

"그래요. 나도 좀 더 마시고 싶어요."

마리아는 자리에서 일어나 부엌으로 향했다.

식탁으로 돌아온 마리아는 오른손에는 맥주를, 왼손에는 무언가를 쥐고 있었다.

"저녁은 나중에 간단히 먹어도 되겠죠? 맛있어 보이는 도미회를 싸게 팔길래 사왔거든요. 당신이 좋아하는 도미요리, 거기에 가지 절임 괜찮죠?"

"좋지, 좋아. 도미요리라면 두말할 거 없지."

"자, 그럼 결정됐고! 카오리가 해준 이야기가 또 있어요."

마리아는 쥐고 있던 왼손을 식탁 위에 펼쳐보였다. 동그란 고무줄 두 개가 나타났다.

"여기 고무줄 두 개 있어요. 이 고무줄을 어떻게 두느냐에 대한 테스트예요. 하나는 남편, 하나는 아내라고 생각하고, 부부관계가 어떤지 고무줄로 나타내는 거예요. 두 개를 떨어뜨려 놓을 까요? 완전히 겹치게 놓을 까요? 아니면 반 정도 겹치게 놓을 까요? 자, 한번 해봐요. 카오리네 남편은 80% 정도 겹치게 놨대요. 그런데 카오리 생각엔 아무리 많이 겹치게 놓아도 간신히 20% 정도, 혹은 더 적을지도 모르겠대요. 당신은 어때요?"

"으음. 나는 반 정도 겹치는 것 같은데."

"어머, 나도 그렇게 생각했어요. 반은 파트너인 당신과 공유하는 인생이고, 나머지는 나만의 시간을 가질 수 있는 게 좋은 것 같아요."

"나도 찬성이야. 자신만의 시간, 즉 이쪽의 경험이나 생각을, 여기 겹치는 부분처럼 공유하고, 함께 이야기하는 것이 이상적인 것 같아."

아베는 고무줄을 겹치게 두고 손가락으로 짚어가며 이야기했다.
"우리 꽤 잘할 수 있겠어요. 가치관이 비슷하니까요. 연수 선생님 말씀으로는, 부부가 같은 생각을 하는 경우는 좀처럼 드물대요. 심한 경우는 남편은 완전히 겹치게 놓지만, 부인은 아예 떨어뜨려 놓는 경우도 있나 봐요."

"부인이 떨어뜨려 놓을 정도라면 이혼하는 거 아냐?"

"맞아요. 그게 황혼 이혼이라는 거예요. 두 사람의 생활에 대한 사고방식이나 가치관의 차이가 정년을 맞는 순간 표면화되는 거죠. 그 전까지 부부간의 커뮤니케이션이 없었던 게 문제겠지만요. 그런데 있잖아요, 고무줄이 하나 더 있어요."

마리아는 앞치마 주머니에서 커다란 고무줄을 꺼냈다. 작은 고무줄을 떨어뜨려 놓고, 두 개를 모두 감싸도록 큰 고무줄을 놓았다.

"이 큰 고무줄이 남편이 버는 월급. 부부가 마음은 떠나 있어도 월급이라는 고무줄이 단단히 이어주고 있으니까 어떻게든 부부관계는 계속돼요. 하지만, 정년이 되고 안정된 수입이 없어지면 마음이 떠난 쓸쓸한 부부만 남는 거죠."

"하하. 수입이 끊어지면 인연도 끊어진다는 건가. 뭔지 알겠어. 부부의 원이 겹쳐져 있으면 안정적인 수입이 없어도 부부관계는 지속할 수 있지만, 떨어져 있으면 힘들다는 거지?"

"하지만 나는 일단, 작은 고무줄 두 개를 어떻게 놓을지가 고민이 돼요. 부부가 놓는 방법이 전혀 다르면 최악이죠. 커뮤니케이션이 되지 않는다는 증거니까요. 떨어져 있어도 안 되고, 완전히 겹쳐도 부담되고. 적당히 겹치는 게 서로를 위해 좋은 것 같아요."

"나도 동감이야. 적당한 거리감과 마음편한 일체감이 좋다고나 할까."

"카오리 친구 부부는, 남편이 정년퇴직하면 어딜 가든 아내를 데리고 다녀야만 직성이 풀릴 거래요. 부인은 남편이 퇴직하기 전이 자신만의 시간이 훨씬 많아서 좋다고 한다는데. 나도 어디든 따라다니는 건 싫은데. 당신은 안 그럴거죠?"

"아까도 말했지만, 나는 나만의 시간을 갖고 싶고, 당신도 자기 시간을 소중히 하고 싶을 거야. 하지만 독단적인 건 안 돼. 부부는 자주 대화를 나눠야 되고, 서로가 가장 마음 편한 상태를 이해하는 게 중요한 것 같아. 카오리네 친구 부부도 부인이 남편이랑 모든 걸 같이 하는 게 제일 즐겁다면 최고로 행복하겠지. 하지만 그렇지 않다면 부인에게서 불만이 나오겠지."

"알겠어요. 아베 씨! 당신의 의견에 대찬성이에요. 우리는 그렇게 되지 않도록 더 많이 대화를 나누자고요. 자, 그럼 보상으로 도미요리를 줄게요."

나무 숟가락으로 도미요리를 떠먹으면서 아베는 된장국 맛을 충분히 음미했다. 신제품 홍보가 끝나면 좀 더 구체적으로 장래 계획을 세워보기로 했다.

"이 정도 이야기만으로는 숙제를 다 했다고 말하긴 어렵겠지. 하지만 그래도 실마리는 찾은 것 같군. 그렇다면 〔아베 레이지〕가 원하는 답은 무엇일까……. 그리고 어떻게 전하면 좋을까?"

Hint of Starting Note ② **Family**

> **부부가 서로의 가치관을 다시 한 번 확인해 본다**

    인생 시나리오를 설계함에 있어서 무시할 수 없는 것이 가족 상황이다. 자신과 배우자의 부모는 건강한지, 간호가 필요한 상황은 아닌지, 지금은 건강하지만 앞으로 간호 준비를 해야 할지, 교육비 등 아이들과 관련된 비용은 얼마나 준비해야 할지……. 고려해야 할 사항들은 참 많다.

    하지만 가장 중요한 것은 배우자가 있을 경우, 배우자와 인생관이나 가치관이 맞느냐 하는 점이다. 배우자는 회사 등 조직생활을 떠나면 가장 많이 얼굴을 맞대고 사는 사람이다. 부부가 반드시 같은 방향을 향하고 있을 필요는 없을 것이다. 하지만 두 사람 사이에 공감대가 없다면 인생 시나리오를 함께 작성할 파트너가 되기 어렵다. 다음 그림은 아베에게 아내 마리아가 보여준 '두 개의 고무줄로 보는 부부 관계'의 도식이다.

    96페이지 표 위쪽은 부부의 가치관이 완전히 다르지만 '수입'이라는 틀 안에 둘러싸여 있는 동안은 언뜻 사이가 좋은 부부처럼 보인다. 하지만 퇴직 후에 수입이 줄어들면 부부관계의 틈이 뚜렷해지는 양상을 보인다. 아래쪽은 부부가 공통의 가치관이나 취미 등으로 어느 정도 겹쳐있다. 그래서 서로가 적절한 거리감을 유지하며 생활하는 경우다. 부부의 인연이 단단하기에 수입이

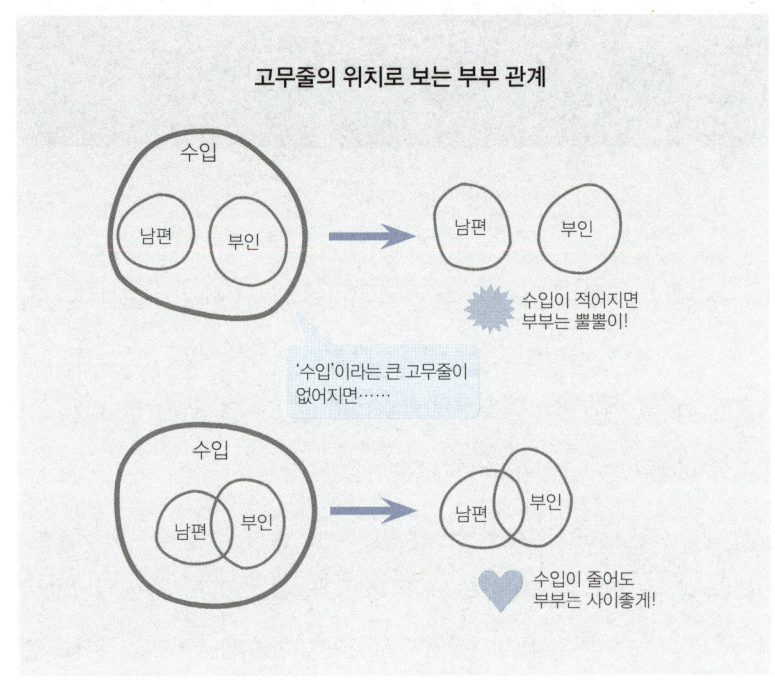

줄어도 부부 사이가 소원해지지 않는다. 먼저 부부의 거리감부터 살펴보자.

또 한 가지, 부부가 함께 88페이지의 도표를 작성해 보는 것이 좋다. 우선 부부가 각자 정년 후(혹은 조직을 떠난 후)의 생활을 상상해서 각 항목을 작성하고, 하루치 일정표를 만들어 보는 것이다. 작성이 끝나면 서로의 일정표를 보며 자유롭게 대화를 나눠본다.

"이제 와서 부부가 새삼스럽게 이야기할 게 뭐있나"라는 생각이 들 수도 있을 것이다. 하지만 이 기회를 계기로 지금까지 몰랐던 서로의 진심을 알게 될 것이다. 그렇게 하면 새로운 부부관계를 다시 쌓을 수 있을 것이다.

PART 3

'뭘 하고 싶은지?',
'뭘 할 수 있는지?'를
생각해본다

 인생의 재고조사

　순환선 오사키 역을 나오자 비가 내리기 시작했다. 아베는 가방에서 접이식 우산을 꺼내들고 깊이 심호흡을 했다. 그는 일을 마치고 역으로 향하는 사람들을 가르며 선로를 따라 걸었다. 빗발이 점점 거세지더니 바람까지 불기 시작했다. 왼손으로 우산 손잡이를, 오른손으로는 우산대를 잡고 비를 맞지 않으려고 몸을 웅크렸다. 가죽 구두가 오래된 탓인지, 물웅덩이를 피해 걸어야 했다. 지난번 비오는 날에 구두 속에 물이 잔뜩 들어가서 기분이 나빴기 때문이다.

　목적지는 금방 찾았다. '가츠라기 창업학원'은 3층이었다. 아베는 좁은 계단을 올라가 철제문을 열고 안을 들여다봤다.
　"아베 씨죠? 기다리고 있었습니다."
　30대 정도 되어 보이는 여자가 싱긋 웃으며 안으로 안내해 주었다. 칸막이 안쪽에서는 풍채 좋은 가츠라기 료헤이가 얼굴을 내밀었다.

"잘 찾아왔군. 자, 이쪽으로 와."

"오랜만입니다. 선배님. 동아리 모임 이후로 3년 만에 뵙네요. 좋아 보이십니다. 요즘도 필드에 좀 나가시나 봐요?"

"아냐, 요즘엔 바빠서 나갈 시간이 없어. 한 달에 2번은 가고 싶은데 2개월에 한 번이야 요즘엔. 그런 거에 비하면 꽤 얼굴이 많이 탔지? 짬날 때마다 뛰고 있거든. 골프 트레이닝은 아니고, 이 장사는 체력이 승부니까. 2시간 정도 서서 떠들어야 되거든. 게다가 자신감 있게 큰 목소리로 말해야 손님들이 신뢰를 해주니 말야. 시원찮은 창업학원장을 누가 신뢰하겠나. 그런데, 웬일이야? 갑자기 궁금한 게 있다니. 혹시 독립하려고 그러는 건 아니겠지?"

"아뇨, 그런 건 아니고 지혜를 좀 빌리고 싶어서요."

자리를 안내해준 여성이 차를 가져왔다.

"우에즈키 씨, 이쪽은 후배인 아베에요. 성실한 후배지. 물론 나에 비해서이긴 하지만. 하긴, 나에 비해 성실하지 않으면 아무 짝에도 못써먹지."

"어머, 혼자 말씀하시고 혼자 대답하시는 거예요? 그런 건 개그맨들이나 하는 건데."

"그런가? 개그맨들이 이러는 줄은 몰랐네. 수강생들을 집중시키려고 중간 중간에 하던 게 그만 버릇이 돼서 말야. 그리고 보니 내 강의도 개그랑 비슷하군 그래."

"그런 썰렁한 개그를 강연에서도 하시는 거예요? 별로 재미도 없을 것 같은데."

"모르는 소리. 이래봬도 꽤 인기가 좋다고. 배꼽이 빠질 정도는 아니어도 지루하지 않다고 평가가 아주 좋아. 이 썰렁 개그가 자네 월급을 주는 거라니까. 그건 그렇고, 우에즈키 씨는 그만 퇴근하도록 해. 난 아베랑 여기서 이야기 좀 나누다가 밥 먹으러 나갈 테니까. 내일은 세미나장으로 바로 갔다가 사무실엔 4시쯤 올 거야."

우에즈키가 아베에게 인사를 하고 사무실을 나가자 가츠라기는 냉장고에서 맥주를 꺼냈다.

"차도 좋지만 이야기할 땐 역시 맥주가 최고지. 저 직원은 좋은 사람이지만, 내 간을 걱정해주느라, 내가 술만 마시면 잔소리를 해댄다니까. 집사람보다 심해. 그래서 빨리 보내버렸지. 그래, 할 이야기는?"

오랜만에 아내 마리아와 대화를 나눈 뒤, iNote에 다음 키워드가 나타났다. 갑작스러웠다. 아베가 걱정했던 'Family'에 대한 답에 대해선 아무 말도 없었다. 조금 김이 샌 기분이 들었다. (아베 레이지)가 제시한 키워드는 'Field'와 'Faculty', 두 가지였다. Field는 '장소', 즉 지금 하는 일을 그만두었을 때 어디를 자신의 무대로 삼을 것인가, Faculty는 '능력', 즉 지금 자신에게 무엇이 가능한지를 확인해 보라는 것이었다.

하지만 신제품 설명회 자료를 만드느라 쫓기면서 장래의 일을 생각할 여유가 전혀 없었다. 연일 밤늦게 돌아와서 몇 시간 눈을 붙이고, 다시 아침 8시에 회사 컴퓨터 앞에 앉아 작업하는 날이 계속됐다.

어제 간신히 대충 마무리를 짓고 부하들에게 마무리 작업을 시켜 놓으니 조금 생각할 여유가 생겼다. 단 하루뿐이지만 아베에게는 매우 중요한 시간이었다.

오늘은 사내식당에서 점심을 먹으면서 정년 후에 '어디서, 무엇을 할 것인지'를 생각해 보았다. 하지만 다른 회사에서 영업 일을 하는 정도밖에 생각이 나질 않았다.

그러던 중에 문득 대학 때 활동했던 역사연구회 3년 선배인 가츠라기가 떠올랐다. 가츠라기는 대학을 나와서 외국계 컨설턴트회사에 들어가 줄곧 채용 및 교육 일을 했었다. 그러다 작년에 '창업학원'을 설립해 독립했다며 신년인사 겸 소식을 알려왔다. 3년 전에 만났을 때 '시니어매니저'라는 직함을 달고 있었으니, 순조롭게 승진했다면 임원이 되었을지도 모른다. 그런데 50대 중반에 갑자기 독립이라니 의외였다. 아베는 가츠라기가 회사를 그만둔 동기나 창업학원을 차렸을 때의 심경이 궁금했다. 문득 거기서 'Field'와 'Faculty'라는 키워드에 대한 힌트를 얻을 수 있을지 모른다는 생각이 들었다.

가츠라기는 아베의 이야기를 싱글거리며 듣다가, 이야기가 끝나자 갑자기 진지한 표정을 지었다.

"그렇군. 그만 둔 이유는 별로 사람들한테 말해 본 적이 없는데. 너니까 이야기해 줄게. 뭐, 반은 불평이지만……. 그건 이해해줘."

가츠라기는 머릿속에서 그때의 일을 되새기는 듯 드문드문 그만두었을 때의 이야기를 했다.

"3년 전부터니까, 51살 때였어. 내가 있던 채용담당과가 분사된 거야. 정확히 말하면, 본사를 모회사로 두고, 그 밑에 몇 개의 자회사를 둔 형태로 된 거지. 나도 일단은 상무임원을 맡게 되었지만, 직원 수는 25명으로 줄었어. 그전까지 3,000명이 일하던 대기업이었는데, 함선에서 돛단배로 갈아탄 셈이었지. 하지만 1년 동안은 그전과 같은 조건으로 근무할 수 있었어. 일하는 데에 별 위화감도 없었고. 그런데, 1년이 다 되어갈 무렵에 갑자기 본사가 우리 회사를 매각했다는 거야. 임원에서 사원들까지 모두 다른 회사의 산하로 들어가게 된 거지. 이런 사실을 알고 있던 사람은 사장과 본사 임원들뿐이었어. 우리 입장에선 정말 청천벽력 같은 소리였지. 사장은 본사로 돌아갔고, 전무가 차기 사장 자리에 앉았어. 나머지는 지금처럼 하라는 일방적인 조치였지. 처음엔 본사의 방식에 아연실색했고, 더 놀란 건 새로운 모회사의 경영방침이었어. 일단 독립회사 체제는 지켜주지만, 자금 출납은 10원까지도 모회사의 운영부장이 결재한다는 거야. 이래서는 우리가 하고자 하는 일을 할 수 없는 게 뻔했지.

그래서 나는 1주일 정도 곰곰이 생각해 보고, 그만두기로 결심했어. 그대로 있으면 얼마 못 가서 나 자신이 무너질 것 같다는 예감이 들었거든. 물론 집사람하고도 상담을 했지. 그랬더니, 내가 가혹한 스트레스를 받으며 일하는 걸 원치 않는다면서, 나답게 지낼 수 있는 환경을 고르라고 응원해줬어. 기뻤지. 기뻐서 눈물이 나올 정도였어. 그래서 달리던 열차에서 일단 뛰어 내리고 본 거야. 퇴직하고 나서 뭘 할지 앞뒤 생각하지도 않고 그냥 그만 뒀지."

"힘드셨겠네요. 아무 목적도 없이 그만두신 거니까요?"

"응. 그래서 3개월 정도는 완전 백수였어. 친구들을 만나기도 하고, 도서관에서 책도 읽고 잡지도 보면서 뭘 할지를 찾았지. 집사람이랑 두 번인가? 온천에 가서 이제부터 어떻게 생활할지 곰곰이 궁리도 해보고. 회사를 그만두고 나서 친구라고 할 만한 사람이 집사람뿐이었거든. 그리고 지금의 창업학원 세미나를 해보기로 한 거야. 지금까지의 경험을 가장 살릴 수 있는 일이라고 생각했지. 회사를 그만둔 후의 생활도 그야말로 창업이니까, 내 경험과 생각을 새로운 일에 쏟아보기로 했어."

"창업학원에서는 어떤 일을 하고 계신가요?"

"3개월 동안, 1주일에 2번씩 연수를 해. 우선은 자기 자신에 대한 능력을 재고조사 하듯이 샅샅이 파악해보고 난 후에 인생 시나리오를 만드는 거지. 그걸 다른 참가자들 앞에서 발표하고, 서로 거리낌 없이 자신의 생각을 말하며 의논하는 거야. 꽤 대단해. 다른 사람들 이야기도 진지하게 듣기도 하고 심한 말들도 서슴지 않거든. 그래도 그렇게 해야 자신의 인생 시나리오와 일이 잘 어울리도록 계획을 세울 수 있어. 1회 참가자는 20명 전후인데 3개월이 끝날 때쯤엔 다들 사이가 좋아지더라. 여기서 만난 인맥이 창업한 뒤에도 도움이 되어 주는 모양이야. 지금까지 연수는 5번 했어. 그런데 지난달 수료자들이 개최한 교류회의 출석률이 85%였어. 굉장하지? 그들 모두가 작은 회사를 차렸는데, 그 네트워크를 잘 살리면 대기업과 대등하게 맞설 수 있지 않을까 기대하고 있어. 생각해 봐. 컴퓨터를 병렬로 이으면 슈퍼컴퓨터와 맞먹는 일을 할 수 있잖아? 그거랑 같은 거야. 나는 시작하는 계기를 만드는 일이랑 네트워크 사무국에 전념하려고 해. 이를테면, 화학반응을 촉진시키는 촉매라고 할까."

"흥미롭네요. 참가자는 젊은 사람이 많나요?"

"다양해. 20대가 반 정도, 40대, 50대도 늘어나고 있어. 종신고용제나 연공서열을 없애는 회사도 늘고 있고, 성과주의라는 둥 알 수 없는 평가방식이나 대규모 구조조정이 끊이질 않으니까 중년세대도 회사를 그만두고 스스로 뭔가를 시작하려는 기대를 갖는 거겠지. 젊은 녀석들은 거의 백지 상태에서 참가하기 때문에, 자기 시나리오가 만들어지면 그걸 정리해서 실행단계로 옮기는 데까지 시간이 별로 걸리지 않아. 그런데 중년들은 좋은 건지 나쁜 건지, 지금까지 회사의 틀에서 좀처럼 빠져나오지 못하는 사람이 많아. 그래서 학원생들에게는 지금까지의 일들을 일단 잊으라는 뜻으로 'Forget'이라는 키워드를 가르치지. 오랜 세월을 회사의 간판이나 직함 밑에서 일했던 사람이, 아무 것도 없이 혼자 일을 시작한다는 건 굉장히 어려운 일이야. 이 표를 봐. 이건 참가자들에게 우선 자신의 인생을 재고조사해보라고 만든 거야."

가츠라기는 책상 서랍에서 종이를 한 장 꺼내어 아베에게 내밀었다.

"아내가 있는 사람은 집에 돌아가서 대화를 나누면서 쓰라고 시키지. 남자는 자기 힘으로 가족을 먹여 살려야 한다는 생각에 부인과 상담하지 않고 혼자서 창업계획을 세우는 경향이 있어. 하지만 그건 큰 실수야. 실제로 부인이 일에 관여할지는 둘째 치고, 부인이 파트너로서 협력해 주는 것이 정신적으로 큰 힘이 돼. 창업이란 건 자신과 가족이 새로운 생활을 시작한다는 거야. 이걸 잊으면 자기 혼자만 좋을 뿐이야. 사실, 이 표에는 무얼 써도 상관없어. 쓰면서 '생각하는' 것에 의미가 있지. 뭘 할 수 있는지, 뭘 하고 싶은지, 그러려면 뭐가 필요한지 같은 것들 말야. 나처럼 아무 것도 생각하지 않고 무작정 그만두게 되면, 아무래도 준비 부족으로 궤도에 올라타기까지 시간과 노력이 많이 필요하지. 하지만 충분히 생각을 하고 계획을 세운다면, 조금은 편하게 진행할 수 있을 거야. 대형 슈퍼마켓에서 임원으로 있던 선배가 그러더군. 그 선배는 정말 계획적이었어. 임원이 되기는 했지만 그 이상 승진하는 데에는 전혀 흥미가 없었어. 그래서 가능한 한 빨리 그만두고 젊었을 때부터 꿈꾸던 변리사가 되려고 했대. 그 계획을 세운 게 45살 때. 50살에는 회사를 그만두고 늦어도 55살까지는 변리사 사무소를 열 계획이었대."

가츠라기는 맥주를 한 모금 마셨다.
"그만두고 5년 동안은 뭘 합니까?"
"그렇게 서두르지 말고 들어봐. 5년은 자격증을 따려고 공부하는 기간이야. 물론 그 전에도 조금씩은 공부를 했겠지만 눈뜨고 있는 시간 대부분을 공부에 쓰기 위해 그만둔 거야."
"생활비는 어떻게 하셨대요? 임원을 지냈을 정도면 퇴직금도 꽤 받으셨겠네요."
"퇴직금을 얼마나 받았는지는 모르지만, 그건 노후자금으로 묶어두고, 전혀 손을 대지 않는다는 계획이었대. 계획을 세울 때 형수님이랑 의논해서 은퇴 후의 생활비는 형수님이 벌기로 했대. 선배가 그만둠과 동시에 형수님은 하고 싶었던 액세서리 숍을 열어 돈을 벌기로 했지. 형수님도 5년 전부터 준비를 했고. 계획대로 실행해서 선배는 53살에 시험에 합격해서 지금은 변리사 사무소를 개업했지. '부부 직업전환'이라던가? 아무튼 지금은 집을 개조해서 형수님 가게와 사무소를 사이좋게 운영하고 있어. 두 분 다 돈을 많이 버는 것보다 자신들이 즐겁게 사는 게 제일이라는 가치관이 일치했지. 내가 학원에서 가르치는 것도 이 선배 부부를 이상으로 삼고 있어. 모두가 이와 같을 순 없겠지만 부부가 파트너로서 생활하는 게 중요하거든."

"도움이 되네요. 좋은 이야기에요."

"이제 슬슬 나가볼까? 저녁 먹으면서, 아니 한 잔하면서 계속 이야기하자. 시간은 괜찮지?"

"네. 정말 오늘은 텅텅 비었어요. 꼭 선배를 만나기 위한 날이었다니까요. 더 많이, 많은 이야기를 들려주세요."

"수강생들 이야기는 다 재미있어. 똘똘한 녀석이든, 가망이 없어 보이는 녀석에게서도 다들 배울 점이 있어. 나도 수강생들에게 많이 배우고 있다니깐."

밖으로 나서자 빗줄기가 조금 약해져 있었다. 아베와 가츠라기는 담소를 나누며 술집거리로 향했다.

5년 단위 목표 설정표

5년 후에 이루고 싶은 것		10년 후에 이루고 싶은 것	
남편	부인	남편	부인
이루고 싶은 이유는?		이루고 싶은 이유는?	
목표를 위해 필요한 것		목표를 위해 필요한 것	
목표를 위해 필요한 비용		목표를 위해 필요한 비용	
약 원	약 원	약 원	약 원
예상되는 수입		예상되는 수입	
약 원	약 원	약 원	약 원
〈메모〉		〈메모〉	

15년 후에 이루고 싶은 것		20년 후에 이루고 싶은 것	
남편	부인	남편	부인
이루고 싶은 이유는?		이루고 싶은 이유는?	
목표를 위해 필요한 것		목표를 위해 필요한 것	
목표를 위해 필요한 비용		목표를 위해 필요한 비용	
약 원	약 원	약 원	약 원
예상되는 수입		예상되는 수입	
약 원	약 원	약 원	약 원
〈메모〉		〈메모〉	

밤늦게 집에 돌아오니 노트 커버에 작은 불빛이 점멸하고 있었다. 개똥벌레의 빛처럼 작고 희미한 빛이었다. 노트를 받고나서 처음 있는 일이었다. 당황해서 노트를 열자 짧은 메시지가 떠올랐다.

숙제는 했나? 납득이 갈만한 답을 얻지 못해도 상관없네. 우선은 키워드에 관해 생각해보게. 생각하다보면 자네의 길을 찾을 수 있을 거야. 지금까지 보여준 키워드도 항상 머릿속 한 구석에 두고 늘 생각해 주게. 'Field'와 'Faculty'의 답은 찾았나? 너무 조바심을 내지 않아도 괜찮지만, 잊지는 말아주게.

오늘의 새로운 키워드는 'Finance', 즉 자금계획이야. 지금부터 앞으로 무엇을 하더라도 경제적인 기반이 중요할 거야. 그것을 위해 필요한 돈에 대해 생각해보게.

그리고 오늘은 특별한 숙제가 있어. 꼭 잊지 말고 실행해주게. 오늘은 6월 15일. 24일에 있을 다치바나네 펜션에 꼭 방문할 것. 회사 일은 어떻게 해서든 정리해놓고 참가할 것! 꼭 해야 하네! 그리고 밤에 혼자 이 노트를 찾아주게. 그럼, 행운을 비네.

 평균과 드래고

6월 24일. 한창 장마 중이다가 오랜만에 쾌청한 아침이었다. 2주 내내 비가 내렸다. 부슬부슬 내리는 장맛비가 아니라, 관동지방 여기저기서 몇 시간 동안 호우가 내리는 식이었다. 그래서인지 오늘 아침 하늘은 믿을 수 없을 정도로 깨끗했다.

"다치바나 녀석, 여전히 날씨 운은 좋네. 그 녀석은 무슨 일이 있을 때마다 항상 해가 쨍쨍하다니까. 정말 운이 좋은 건지, 운을 날씨에만 쏟아 붓는 건지."

아베 레이지는 쓴웃음을 지으며 자동차 시동을 걸었다.

오늘은 옛 친구인 다치바나 후지요시가 초대한 '원숭이의 카니발' 펜션을 체험하는 날이었다. 신제품 설명회 준비로 바빴지만, 매일 잔업을 한 덕분에 겨우 마무리지을 수 있었다. 요 2주간 매일 4~5시간 밖에 못 잔 탓에 몸은 녹초 같았다. 하지만 기분만큼은 정말 상쾌했다. 미래의 〔아베 레이지〕가 보낸 메시지가 뇌리에 남아서 이곳 펜션에 오려고 노력을 많이 했다. 고교 친구는 최고. 젠 채하거나 잘난 척하지 않고 있는 그대로의 자신을 보여줄 수 있다. 그런 친구를 만나기 위해 만사를 제쳐놓고 가야 했다. 또 한편으론 〔아베 레이지〕의 숙제를 할 좋은 기회이기도 했다. 남은 키워드는 'Field', 'Faculty', 'Finance'이다. 'Field'와 'Faculty'는 가츠라기 선배에게 힌트를 얻었으니 머릿속에서 정리만 하면 된다. 'Finance'에 대해서는 오늘이나 내일 중에 도나리 교수에게 부탁할 참이었다.

집을 나와 세이부 이케부쿠로선의 샤쿠지공원 역으로 향했다. 공단주택에 살고 있는 류자키 야스오를 픽업하기로 약속했기 때문이다.

역 앞에 도착하자 호리호리한 류자키가 만면에 웃음을 머금고 기다리고 있었다.

"오랜만이야! 좋아 보이네. 3년만인가?"

"아마 그 정도 됐지? 일은 어때, 바빠?"

"아니, 불경기라 일거리가 줄었어. 잔업도 별로 없고. 덕분에 잘 놀고 있지."

"노는 거라면, 밴드 활동?"

"응. 전에는 공연을 1년에 한 번밖에 못했는데, 불황 덕분에 1년에 3번은 할 수 있어. 실력도 꽤 좋아졌어. 올해는 꼭 보러 와라. 너는 일 괜찮아?"

"응. 죽을 만큼 바빴어. 너도 만나고 싶고 해서, 죽기 살기로 마무리해 놓고 휴가를 얻었지. 그래도 차마 놀러간다는 말은 못하겠더라고. 하지만 널 만나고 싶어서 말야."

"야아, 생색내는 거냐. 난 조금밖에 안 보고 싶던데. 다치바나가 펜션에 음악 스튜디오를 만들었다고 해서 그게 제일 궁금해. 기타를 갖고 갈까도 생각했는데, 타치바타가 마틴기타 D45가 있다길래 그걸 좀 만져볼까 하고."

"그래? 음악 스튜디오? 난 그런 연락은 못 받았는데."

"편지 밑에 자필로 써 있던데? 그래서 흥분돼서 전화를 했더니, 실컷 자랑을 늘어놓더라고."

"그렇군. 근데? 그 마틴 D뭐시기라는 게 대단한 거냐?"

"넌 음치니까 모르는 게 당연하지. 마틴은 미국 기타 브랜드야. 정확히 말하면 C·F마틴사 거를 말하는데, D는 드레드노트(Dreadnaught)에서 따온 거야. '노급함(弩級艦)'이라는 말 들어본 적 있지? 이게 드레드노트급이라는 뜻인데, 드레드노트란 19세기 초 영국의 최신 거대 전함 이름이지. 이 드레드노트를 뛰어넘는 크기, 성능의 전함이 등장했을 때, 슈퍼 드레드노트 클래스라고 불렀어. '초노급함'이라고 했지. 어때, 알겠어?"

"잘난 척은 그만해라. 중요한 기타 이야기를 안 했잖아."

"참, 그렇지. 그래서 말야, 기타도 사이즈나 모양이 다양하거든.

예전에는 기타의 양쪽 겨드랑이의 잘록한 부분을 작게 만들어서 소리가 크게 울리도록 만들었어. 그전의 기타를 뛰어넘는 풍부한 음량을 낼 수 있는 뜻에서 D시리즈 기타가 만들어졌지. 그게 지금 우리가 말하는 포크기타의 대명사처럼 된 거야. D45는 D21, D28, D35, D41 등 D시리즈 중에서도 최고봉이야. 빈티지는 1,200만 원 아래로는 살 수 없는 대물이고. 내가 갖고 있는 건 빈티지가 아닌 D35인데, 이것도 보통은 360만 원은 줘야 돼. 나도 친구에게 싸게 샀어. 포크를 좋아하는 친구들 사이에서는 악기 가격을 1마틴, 2마틴이라고 부르는데, 1마틴은 360만 원이라는 뜻이야. 아내 몰래 악기를 살 때 써먹는 암호 같은 거지. D45을 구하려면 4마틴은 족히 들었을 거야. 그 보물을 만져볼 때까지 도무지 진정이 안 돼네."

"네네, 한수 배웠습니다. 그렇게 공부하려면 오죽이나 돈이 드셨겠죠."

"헤헤헤. 집사람한테는 비밀로 하고 있는 게 많아. 그러니까 우리 집사람 앞에서는 1마틴이나 360만 원 따위 소리 하면 안 돼."

"내 입을 막으려면 좀 비쌀 걸!"

류자키 야스오는 대기업 인쇄회사의 자회사에서 근무하고 있다. 영업기획 일을 하고 있었는데, 컴퓨터로 음악을 만들 수 있다는 이야기를 듣고 바로 컴퓨터를 구입했다. 딱히 이과를 잘했던 것도 아닌데 벌써 4대째 컴퓨터를 바꿔치웠다고 하니, 컴퓨터에 관해서는 꽤 베테랑인 셈이다. 그런 이유로, 인쇄업계에 디지털화의 파고가 밀려왔을 때, 프로젝트리더를 맡아 IT화에 앞장섰다. 고교 때는 밴드에서도 별로 눈에 띄지 않는 존재였다. 늘 무대 한쪽에서 얌전히 기타를 쳤다. 머리는 결코 나쁘진 않았지만 수업시간에 자진해서 손을 드는 일은 없었다. 선생님이 시키면 할 수 없이 대답하는, 굳이 말하면 별로 눈에 띄지 않는 학생이었다. 그랬던 류자키가 사회에 나와 20년 정도 지나고부터는 딴 사람이 된 듯 적극적으로 변했다. 친구들끼리 모일 때도 간부 역할을 맡아서 하거나, 동창회에서 연락 담당을 자청하기도 했다. 밴드에서도 중심이 되어 공연에서는 무대 한 가운데 서곤 했다.

"참, 같이 들으려고 이걸 가져왔어!"

류자키가 꺼낸 건 미국의 록밴드, 이글스(The Eagles)의 CD였다.

"오랜만이네. 요즘은 CD로 듣는구나. 난 최신음악은 전혀 안 듣거든. 잠깐만 기다려."

아베는 내비게이션 뚜껑을 열어 CD를 넣었다.

큰 박수소리와 함께 기억 속에 있던 멜로디가 흘러나왔다. 2대의 기타가 번갈아가며 연주하는 인트로였다.

"와, 눈물날 것 같다. 호텔캘리포니아라니. 같이 미국에 갔었지. 너랑, 다치바나, 사쿠라다, 도나리……. 오늘은 전원 집합이로군!"

"그래서 이 CD를 가져온 거야. 기억나? 호텔 캘리포니아의 앨범

자켓에 있던 비버리힐즈 호텔 앞에서 사진도 찍었잖아. 나, 그때 여행의 최대 목적이 그 사진을 찍는 거였는데 너희들은 별로 흥미가 없었지."

"그렇다기보단, 네가 너무 흥분해서 우리가 따라갈 수가 없었던 거지. 신기했어. 네가 그렇게 활동적일 줄 몰랐는데."

"그랬어? 난 웨스트코스트에 가는 게 꿈이었어. 일본이랑 다른 마른 공기를 마셔보면, 그토록 멋지고 몸 전체를 찌릿찌릿하게 하는 사운드가 어떻게 만들어졌는지 알 것만 같았거든."

"그랬군……. 하긴 넌, 음악이 곧 목숨이었으니까."

"그런데, 내비게이션에 주소는 넣었어?"

"아니, 카루이자에는 가끔 골프나 치러 가는 데라서 괜찮아. 이대로 가서 간에츠 인터체인지에서 빠지면 돼."

"넌 정말 생각이 짧구나. 그 지레짐작하는 버릇을 아직도 못 버렸냐. 다치바나도 그랬잖아. 카루이자와라곤 해도 군마현이라고. 주소는 군마현 아가쓰마군 쓰마고이무라. 만약을 위해 어제 알아봤지. 네리마 인터체인지에서 우스이카루이자와 인터체인지까지는 1시간 반이나 걸려. 거기서 다치바나네까지는 48km 정도고. 시부카와이카호까지는 1시간 좀 안 걸리지만 거기서부터는 55km나 가야 된다고."

"넌 너무 꼼꼼하다. 잘 알아보는 것도 좋지만, 가끔 좀 짜증나! 그런 거라면 어디서 내려서 가든 별 차이가 없잖아."

"그런데 이게 웬걸. 우스이카루이자와는 요금이 3만 5,500원이고, 시부카와이카호는 3만 원인데? 어떠십니까. 헤, 헤, 헤."

"어이쿠야. 그럼 네 말대로 해야겠다. 5,500원은 꽤 크잖아. 드래고, 네가 알아봐준 덕에 돈 아꼈다. 고마워."

"이제서야 드래고가 등장하는군! 역시 난 평균이 있어야 한다니까."

만일을 위해 내비게이션에 '원숭이의 카니발' 주소를 입력하자, 시부카와이카호 인터체인지를 경유하는 길이 나왔다.

류자키의 '류'는 용, 드래곤이었다. 그걸 짧게 줄여서 별명으로 드래고라고 부르는 것이다.

차 안에서 두 사람은 신나게 웃어댔다.

어느새 음악은 데킬라 선라이즈(Tequila Sunrise)로 바뀌어 있었다. 음치인 아베지만 이글스 정도는 잘 알고 있었다. 아베는 대표곡인 호텔 캘리포니아보다 그 곡을 더 좋아했다. 마치 여름 수영장 한 켠에서 덱체어에 길게 누워 아무 생각도 하지 않고, 그저 흔들리는 수면을 바라보고 있는 것처럼 마음이 편했다. 시간도 고민도 잊어버리고 한 잔의 칵테일에 취한 듯한……. 그런 시간을 가질 수 있었던 건 언제였는지…….

시부카와이카호 인터체인지를 나와 시부카와에 진입했다. 얼마간 달리자 초록에 둘러싸인 풍경이 펼쳐졌다. 나가노하라를 빠져나올 즈음엔 공기가 굉장히 맑게 느껴졌다. 목적지인 쓰마고이는 유명한 고원양배추 산지였다. 장마철인 지금이 마침 수확이 시작되는 시기인 듯 멀리 뿌옇게 보이는 아사마산을 배경으로 초록 대지가 넓게 펼쳐져 있었다.

"드디어 카루이자와에 도착했나! 저것봐, 저 간판! 저기도!"
류자키가 큰소리로 외쳤다. 손가락으로 가리키는 곳에는 '호텔 카루이자와', '카루이자와 장난감 왕국', '카루이자와 교회' 같은 간판이 보였다.
"정말이네. 정말 다치바나가 말한 대로야."
"응, 참고로 이 근처에는 '오쿠카루이자와'라는 온천이 있지."
"어제 인터넷에서 찾았어?"
"딩동댕!입니다."
"하마터면 지나칠 뻔했는데. 그 온천 앞에 '원숭이의 카니발'이라는 안내 간판이 있고. 간판을 지나서 우회전하면 돼."

 원숭이의 카니발

 국도에서 좁은 길로 빠져 내비게이션이 가리키는 대로 2번 돌아 목적지에 도착했다. 무성하게 우거진 나무들 사이로 와인색 슬레이트 옥상이 보였다.
 "여기가 전용 주차장인가? 교수도 벌써 왔나보네."
 교수는 도나리의 애칭이었다. 고등학교 때 '장래희망은 대학교수입니다'라고 자신을 소개한 것, 그리고 조사하기를 좋아하는 성격, 공부를 좋아하는 공부벌레여서 생긴 별명이다.
 주차장 구석에는 검정색 랜드크루저(토요타 모델), 가운데는 은색 벤츠 스테이션 왜건이 주차되어 있었다. 군마현 번호판을 단 랜드크루저는 다치바나의 차일 것이고, 나라시노 번호판을 단 벤츠는 도나리의 차임이 분명했다.

 "그러네. 여전히 좋은 차를 타고 다니는구만. 전에는 BMW 세단

이더니, 또 갈아치웠군."

아베는 벤츠 바로 옆에 자신의 코롤라(토요타 소형 모델)를 주차했다.

"이렇게 나란히 세워두니 역시 다르네. 왠지 좀 주눅이 드는데."

"옆에 있는 차가 더 커 보인다는 거지? 교수님 차니까, 뭐."

"드래고, 넌 그게 재밌냐."

아베는 뒷좌석에서 가방을 꺼내 어깨에 멨다.

"드래고, 이거."

"고마워."

"아차, 깜빡할 뻔했다."

아베는 트렁크를 열고 무거워 보이는 쇼핑백을 꺼내들었다.

"평균, 이게 뭐냐?"

"개업 축하 와인. 근처에서 싸게 팔길래 6병 정도 사왔지. 화이트 2병이랑 레드 4병."

"이런! 나는 그런 생각도 못하고 빈손으로 왔네. 신경 좀 쓸 걸."

"괜찮아. 이거 둘이 샀다고 하자."

"땡큐! 내가 반 낼게."

"싼 거니까 괜찮아."

"헤헤헤. 그렇게 말해줄 줄 알았어. 말만 해 본 거지."

"이 자식! 하하하."

큰소리로 웃으며 걷다보니 나뭇결을 살려 만든 로그하우스 펜션의 베란다에 도나리 유가 서 있었다. 맥주잔을 높이 들고 두 사람을 향해 싱글벙글 웃고 있었다.

"야! 빨리들 와! 벌써 두 잔째라고. 잘 왔어, 잘 왔어. 얼른 들어와."

"교수, 꼭 네 펜션처럼 말한다. 너도 손님이면서."

"괜찮아. 벌써 내 집 같은 걸!"

"웃기시네. 펜션 훔쳐가지 마!"

이때 다치바나가 현관문을 열고 남색 작업복차림으로 웃으며 나타났다.

"오. 원숭이. 완전 자유인이 다 됐네. 수염도 기르고. 꽤 잘 어울린다."

다치바나는 원래도 수염이 짙은 편이었는데, 아예 콧수염과 턱수염까지 길러 손질도 말끔히 한 상태였다.

"회사 다닐 때는 홍보부여서 수염을 기를 수 없었거든. 드래고, 평균, 정말 잘 와주있다. 고마워!"

"초대해줘서 고마워. 이건 드래고랑 내가 준비한 변변찮은 선물이야."

아베는 와인이 든 쇼핑백을 내밀었다.

다치바나는 전혀 원숭이랑 닮은 구석이 없었다. 굳이 말하자면 말상이었다. 이름은 후지요시. 한자 이름을 따서 '원숭이'라고 불리게 되었다. 오랜만에 만나도 금세 별명이 튀어 나왔다. 옛 친구들을 만나니 마음이 편했다.

"선물이야. 와~와~와~인!"
류자키가 랩을 하듯 익살을 부렸다.
"와인을 받다니 기쁘다. 자, 들어가자. 여보, 어머니, 아베랑 류자키가 왔어요!"
복도 안쪽에서 다치바나의 부인 야스코와 어머니가 똑같은 작업복 차림을 하고 종종걸음으로 나왔다.
"멀리까지 왔네. 류자키랑 아베, 정말 훌륭히 성장했구나."
"아니에요, 어머니야말로 변함이 없으시네요. 더 젊어지셨어요."
"그런 말 말거라, 류자키. 할머니를 놀리면 못써."
"어머니, 건강하게 오래 사시라는 거예요, 후훗. 두 분 잘 오셨어요. 오늘은 남편이랑 제가 합작요리를 선보일 거예요. 아직 잘은 못만드니까 마음의 준비는 하시는 게 좋을 거예요. 위장약도 잘 챙겨놨으니 걱정 마시고요. 하하"
"일단 베란다에서 맥주라도 마시자고! 교수는 아까부터 마시고 있었어. 한숨 돌리고 펜션 구경 좀 시켜줄게."
"그런데, 패미는 온대? 가게 때문에 어려울 것 같다고 하던데."
"어제 전화 왔었어. 일 마무리하고 온대. 가게는 제수씨랑 딸이 같이 볼 수 있다나봐. 8시 전에는 도착한다니까 저녁은 패미가 도착하면 먹자. 피자를 구웠으니까 그걸로 요기라도 하자."

"피자? 원숭이가 만들었나?"

"그렇다, 왜. 피자를 만들어 보려고, 정원에 피자 굽는 가마랑 훈제기도 만들었지."

"그거 기대되는데!"

"어찌됐든 맥주부터 마시자!"

류자키는 베란다로 뛰어가 도나리 옆에 털썩 앉았다. 언제 들고 왔는지, 오른손에는 500㎖짜리 맥주 캔을, 왼손에는 맥주잔을 꼭 붙잡고 있었다.

"내 거는?"

"오늘은 셀프서비스야. 평균도 주방에 가서 꺼내와. 잔도 냉장고 안에 얼려뒀어. 주방은 현관 왼쪽에 있는 홀 안에 있어."

"드래고는 눈썰미가 좋네. 평균! 주방은 저기야."

다치바나가 가리키는 곳으로 가니 야스코가 캔 맥주와 잔을 들고 기다리고 있었다.

"차가우니 조심하세요."

"고마워요. 목이 바싹 말랐었거든요."

야외용 테이블세트 주변에 넷이 각자 자리를 차지하고 앉았다. 플라스틱 의자였지만 의외로 튼튼하게 만들어진 것이 앉기 편했다.

"이래봬도 홈센터를 엄청 돌아다니다 고른 거야. 싸구려가 많아서 말야. 도쿄에서 군마까지 눈에 띄는 가게는 다 돌았는데도 찾을 수가 없었어. 그래서 카탈로그를 보고 골라 주문한 거야. 여기서 즐거운 시간을 보낼 사람들의 얼굴을 떠올리면서 말야. 인테리어나 외부 디자인을 고르는 건 힘들었지만 그래도 꽤 재밌었어."

"그것보다는 일단 건배부터 하자. 패미가 오면 새로 시작하고."

류자키는 기다릴 수 없다는 듯 모두를 재촉했다.

"오픈 축하해! 건배!"

"새로운 생활을 위하여!"

"아까도 했지만, 다시 한 번 건배!"

"고마워! 잘 부탁해. 건배!"

이렇게 네 사람은 마음을 담아 한 마디씩 하고 잔을 부딪쳤다.

"자, 피자도 먹어봐. 우선 담백한 마게리타(Margherita)부터. 저녁 때는 치즈랑 야채가 듬뿍 들어간 걸 만들 거야."

"피자 가마는 원숭이가 직접 만들었대. 책을 보면서 2개월이나 걸려서. 훈제기도 꽤 좋은 걸 샀다고 했지? 태우는 나무도 이것저것 써보고 훈제하는 재료에 따라 나눠서 쓴대."

"예전에도 그랬지만, 교수가 말하면 진짜 그럴듯하다니까. 그래도 오늘은 조금만 말을 줄여다오. 오랜만에 이야기하고 싶은 게 산더미 같거든. 상담할 것도 있고…….."

다소 가라앉은 다치바나의 목소리에 나머지 셋도 잠시 입을 다물었다.

"아니, 뭐 그렇게까지 대단한 건 아니고. 패미가 오면 다시 이야기할게. 자자, 먹자. 저녁때까지는 시간이 많으니까."

손님 셋이 근황보고를 시작하는가 싶더니 어느 샌가 이야기 주제는 고교시절로 바뀌어 있었다. 여름의 숲 체험 학교이야기, 겨울의 스키교실, 가을의 전교 체육대회, 축제……. 많은 이벤트들이 화제에 올랐는데, 꼭 누군가 한 명은 실패담을 털어놓으며 웃음거리를 만들었다. 네 사람은 큰 소리로 웃고 서로 어깨를 두들기며 옛날이야기에 푹 빠졌다.

한바탕 이야기가 끝나자 다치바나가 펜션을 안내해주었다. 펜션은 요양원으로 쓰이던 건물을 꽤 좋은 조건에 샀다고 한다. 중간 굵기의 삼나무 원목을 짜올린 2층짜리 로그하우스로 게스트룸은 2층에 4개, 1층에 2개 있었다. 방은 모두 4인실이지만, 이동식 침대를 쓰면 5명까지도 묵을 수 있었다. 총 숙박 가능 인원이 30명이니 펜션으로써는 중간 규모인 셈이다. 각 방의 내부 장식은 하나하나 색조가 조금씩 달랐다. 하지만 전체적으로는 초기 미국풍으로 차분하게 꾸며져 있었다.

요양원이었을 때 이벤트홀로 쓰던 훤히 트인 20평짜리 타원형의

홀은 다치바나가 가장 신경 써서 아틀리에로 꾸몄다. 180cm 정도 높이의 칸막이로 8개의 공간으로 나눠 8명이 동시에 전용 아틀리에로 사용할 수 있도록 한 구조였다. 또 이 칸막이에는 벽에 수납할 수 있어서 하나의 큰 아틀리에로도 이용할 수 있었다. 놀랍게도 천장의 유리지붕은 전동으로 열고 닫을 수 있어서 채광을 다양하게 조절할 수 있었다.

또 하나 눈여겨볼 것은 새로 지은 음악 스튜디오였다. 안채와는 베란다로 이어져 있었다. 이 스튜디오는 처음에는 만들 생각은 없었는데, 어떤 계기로 큰맘 먹고 증축했다고 한다.

"작년 초에 15살 어린 사촌동생이 교통사고로 죽었어. 작은 숙모네 아들이었는데, 3남매 중 유일한 아들이었지. 남자 친척이 별로 없어서 나와 친형제처럼 지냈거든. 장례식에서 숙모가 얼마나 슬퍼하는지 말로 표현할 수가 없어. 그래도 동생 친구들이 많이 찾아와서 함께 위로해줬어. 그런데, 놀라운 일이 벌어졌어. 갑자기 한 사람이 일어서더니 '주님의 놀라우신 은총(Amazing Grace)'이라는 노래 있지? 그걸 부르기 시작하는 거야. 다른 친구들도 다 일어나서 하모니를 붙이고 말야. 정말 노래를 잘 하더라고. 듣는 동안 눈물이 멈추질 않았어. 다른 친척들이나 찾아와준 사람들도 다들 눈물을 흘렸어. 나중에 들으니 그 녀석, 회사원들로 구성된 밴드에서 활동했는데, 그 멤버들이 와서 노래를 한 거래. 평소에는 악기를 연주하면서 노래하는 독특한 그룹인데, 그날은 악기를 쓸 수가 없으니 아카펠라로 부른 거지. 얌전히 노래를 부르기만 한 게 아니라 중간에 가스페레로 편곡해서 템포를 빠르게 하기도 했어. 힘차게 손으로 박자도 치면서 흥을 돋우더니, 마지막엔 또 조용히 가슴을 울리는 하모니로 끝냈어. 숙모는 정말 고맙다며 눈물을 흘리면서 몇 번씩이나 인사를 했어.

납골할 때도 그 친구들이 와서 노래로 위로를 해줬어. 이번에는 딥리버(Deep River)라는 흑인 영가였지. 이 노래도 정말 감동적이었지. 식사를 하면서 그들과 이야기를 하다가 준비 중이던 펜션 이야기가 나왔지. 그랬더니 자기들도 합숙하러 오고 싶으니까 음악을 할 수 있는 공간을 만들어달라지 뭐야. 이미 예산은커녕 통장 잔고가 바닥을 치고 있었지만, 어떻게든 쥐어짜서 스튜디오를 만들기로 했어. 그랬더니 숙모가 유품을 주겠다며, 아들이 소중히 여기던 기타를 나에게 준거야. 마틴인지 D뭐시긴지는 잘 몰랐는데 나중에 인터넷으로 찾아보곤 깜짝 놀랐지. 정말 귀중품이었거든. 그래도 스튜디오를 만들길 잘했다는 생각이 들어. 동생에게 공양도 하고, 아틀리에와 음악 스튜디오가 있으면 찾아오는 손님들도 많아질 거고. 그래서 아틀리에나 스튜디오 설비나 음향, 방음에 조금 돈을 들였지. 큰맘 먹고 피아노도 들여놨어. 중고이긴 하지만. 이래저래 예산이 8,000만 원이나 오버해 버렸어."

"8,000만 원이나! 괜찮은 거야?"

"뒷이야기는 저녁이나 먹으면서 하자. 나는 피자를 구워올 테니까 너희들은 쉬고 있어."

다치바나는 미소를 머금으며 주방으로 향했다.

 악동 5인방

"야아! 나 왔다! 누구 없냐?"

큰 소리가 들려왔다. 류자키가 일어나서 달려가기가 무섭게 문이 열리더니 사쿠라다가 얼굴을 내밀었다.

"패미, 생각보다 일찍 왔구나."

"난 베테랑 셰프니까. 장사할 준비를 다 해놓고 왔지. 텅 스튜랑 비프스튜를 좀 가져왔어. 데미글라스 소스 맛을 좀 바꿔봤는데, 시식 좀 부탁하려고 가져왔지."

"차로 왔어?"

"아니, 차는 놓고 왔어. 카루이자와까지는 신칸센으로 왔고, 거기서부터 택시를 타고 왔어."

"자동차 좋아하는 네가 웬일이냐? 불편했겠군."

"익숙해지니 괜찮더라고. 매일 가게까지 전철로 다니고 있어. 요즘 같은 불경기에 자가용은 사치야. 그보다는 이 비장의 요리를 원숭이에게 데워달라고 해야겠다. 주방은 저쪽인가?"

마침내 악동 5인방이 다 모였다. 모두 고교시절로 돌아간 듯 즐거운 시간을 보냈다.
"자, 특제 디너가 시작됩니다."
원숭이가 젠 채하며 말을 꺼냈다.
"도와줄까?"
"아냐, 오늘은 손님 대접하는 연습을 하는 거니까, 너희들은 앉아 있어. 어머니랑 집사람이랑 셋이 할게."
"알았어. 그렇다면 우리도 손님 대접을 받아야겠다. 부디 손님에게 실수가 없길!"
류지키가 연기자 말투로 대꾸했다.

다치바나 부인과 어머니가 요리를 실은 트레이를 밀고 들어왔다.
"자, 여러분. 와주셔서 감사합니다. 원숭이의 카니발에서 만든 첫 디너입니다. 오늘의 메뉴는 이 지역 특산품인 양배추를 메인으로 한 요리입니다. 먼저 양배추로 만든 콜드크림스프를 시작으로, 코울슬로 샐러드, 고기채소볶음, 양배추롤, 주인장 특제 가마 피자가 두 종류, 사쿠라다 씨가 특별히 만들어 오신 비프스튜와 텅 스튜입니다. 더 드시고 싶으시면 말씀해 주세요. 양배추를 듬뿍 넣은 모밀야채볶음도 준비되어 있으니까요. 오늘의 음료는 아베 씨와 류자키 씨가 가져오신 와인입니다. 그럼 맛있게 드세요."

야스코는 긴장한 탓인지 다소 높은 목소리로 메뉴를 소개했다.

"평균이랑 드래고가 와인을 가져왔다고? 좀 걱정되네. 보여줘봐."

사쿠라다가 말했다.

"근처 술집, 아니 주인은 주류 전문점이라고 불러 달랬지. 뭐, 어쨌든 거기서 뉴 월드 와인 페어라는 걸 하고 있었어. 난 술은 잘 못하지만 그 가게는 꽤 다양한 종류의 와인이 있고 평가도 좋으니까 틀림없을 거야."

아베가 변명하는 동안 다치바나가 와인을 들고 와서 테이블 위에 나란히 놓았다.

사쿠라다가 유심히 라벨을 살펴보기 시작했다.

"어디 보자. 아르헨티나 블렌딩, 베린저(Beringer)? 이건 캘리포니아의 나파와인이고. 베린저 스톤 셀러스 샤도네(Stone Cellars Chardonnay)네. 이건 칠레의 코노 수르(Cono Sur)고, 호주의 옐로우 테일(Yellow Tail)……. 꽤 좋은 것들을 골라왔네. 아르헨티나 와인은 아르헨티나 대사관에 납품하는 브랜드고, 칠레의 코노 수르는 몇 년 전에 제일 인기 있는 와인으로 뽑힌 와인이야. 평균이랑 드래고의 선물치고는 합격인데."

"평균이 잘 고른 게 아니라, 그 가게 주인이 좋은 것들을 갖다 놓은 것 같은데."

류자키가 참견했다.

"무슨 소리야. 너도 같이 공범인 주제에."

아베가 거들었다.

"그런데, 뉴 월드 와인은 또 뭐야?"

류자키의 질문에 도나리가 신속히 대답했다.

"뉴 월드란 건, 너희들도 잘 알고 있는 거야. 안토닌 드보르작(Antonin Dvorak)의 교향곡 제9번 E단조 Op.95는 '신세계로부터'라는 제목으로도 유명하지. 신세계, 즉 뉴 월드라는 뜻인데 유럽의 관점에서 새로운 세계, 즉 북미를 가리키는 말이었어. 그게 점차 아메리카 남북대륙, 호주 등 유럽 이외의 땅을 뉴 월드라고 부르게 되었지. 드보르작은 이 곡을 1893년에 작곡했는데, 반세기 전부터 북미에는 유럽에서 이민이 몰려오고 있었어. 1849년에는 캘리포니아에서 금이 발견되자 골드러시가 일어났고, 이민 러시도 한층 활발해졌지. 드보르작은 체코의 보헤미아 출신이지만 1892년부터 수년간 아메리카에 머물렀어. 그가 작곡한 건 아메리카에 거주 중일 때라고 해. 신세계인 아메리카에서 고향인 보헤미아를 향해 꿈과 희망의 메시지를 보낸다는 의미가 아니었을까? '뉴 월드'는 당시의 유행어였을 거야. 와인 세계에서도 프랑스, 독일 등의 유럽인들에게 익숙한 와인 산지, 그 외의 지역의 와인을 '뉴 월드 와인'이라고 부르게 되었지. 처음에 주목을 받은 게 캘리포니아의 내퍼밸리였어. 내퍼의 와인이 유명해졌지만, 최근에는 가격이 꽤 비싸졌어. 그래서 칠레, 아르헨티나, 호주 같은 가격대가 좋은 와인들이 인기를 얻게 된 거야."

"캬~, 교수는 분야를 불문하고 박식해."
"한 마디 더 하지. 에헴!"
사쿠라다가 말을 이었다.
"코노 수르라는 칠레 와인이 있지? 코노 수르라는 명칭의 유래는, 코노가 원뿔형이란 뜻이야. 수르는 남쪽이라는 뜻이고. 즉 원뿔형의 남쪽이라는 의미인데, 원뿔형이 뭐냐. 에헴! 남미대륙의 모양을 잘 보면 원뿔형을 하고 있지? 와이너리의 장소가 이 원뿔형의 남쪽에 위치하고 있어서 붙은 이름이야. 그리고 하나 더. 라벨에 자전거 그림이 그려져 있는 건 와이너리의 작업원들이 넓은 대지를 돌 때 자전거를 사용했기 때문에 이 그림을 사용하게 된 거고. 그리고……."

"응, 패미도 대단하다! 대단해! 자, 자랑도 좋지만 내 배는 다른 걸 원하는 것 같아. 이제 슬슬 식사를 시작하죠, 여러분!"
류자키의 익살스러운 한 마디에 모두가 웃음을 터뜨렸다.
사람들은 와인을 글라스에 따르고 건배를 했다.

아베는 도나리와 사쿠라다의 와인 이야기를 부러운 마음으로 듣고 있었다. 서로 지식 자랑하는 일엔 별로 흥미가 없었지만, 좋아하는 것에 대해 이야기하는 두 사람의 활기찬 표정이 멋져보였다. 류자키가 기타 이야기를 할 때도 같았다. 아마도 그런 화제는 취미가 같은 사람들을 더 굳게 묶어주는 역할을 할 것이다. 아베는 이렇다 할 관심이 있는 게 없어서 좀 쓸쓸하기도 했다.

"양배추가 신선하니까 달콤하구나."
"양배추는 늘 조연인 줄만 알았는데, 이렇게 먹어보니 훌륭한 주연감이네."
"패미의 신제품도 맛있어! 입에 넣으니까 고기가 살살 녹는다. 그 다음에 뭐라고 설명할 수 없는 맛이 입안에 퍼져……."
"데미글라스 소스에 사용할 채소랑 향신료를 연구했어. 보통은 양파, 당근, 샐러리 같은 걸 쓰는데, 거기에 향초를 몇 개 넣고 재우는 시간도 늘려봤지."
"이 정도면 분명히 인기를 끌 거야."
"그럼 좋겠지만……. 요즘 손님이 별로 없어서. 냉동시켜서 인터넷으로 팔까도 생각하고 있어. 다른 메뉴도 조금씩 손질하는 중이야."
"그거 좋은 생각이다. 그런데, 가격도 생각해봐야 될 것 같은데. 지난번에 집사람이 친정에 일주일 정도 가있었을 때 냉동식품을 많이 먹었는데, 이게 꽤 괜찮더라고. 냉동 돼지고기볶음밥 같은 건 5,000원도 안 되는데 꽤 그럴듯한 맛이라 깜짝 놀랐어. 맛도 있고 값도 싸서 좋았지."

류자키가 평소와는 달리 진지하게 대답했다.
"드래고 말이 맞아. 요즘엔 인터넷에서 이런저런 물건들이 팔리고 있지만 옥석이 뒤섞여 있어. 그래서 일단 좋은 물건을 찾아내는 것이 고생이야. 그리고 가격도 싸야 하고. 가격닷컴 같은 사이트에서 쉽게 가격 비교를 할 수 있으니, 인터넷 판매를 하면 적은 경비로 이익을 올릴 수 있을 거라고 생각하면 실패하기 쉽지."

도나리가 냉정하게 분석했다.
"하지만 인터넷의 좋은 점은, 자본이 없는 아마추어라도 자본이 많은 사람들과 같은 선상에서 승부를 겨룰 수 있다는 점이지. 음악도 얼마 전까지는 자기가 컴퓨터로 만든 앨범에 인디즈라는 이름을 붙여 팔았지만, 지금은 인터넷을 통해서 다운로드할 수 있는 시대니까 말이야. 자기 홈페이지를 만들어서 음악을 올리는 걸로도 일약 스타가 되는 건 어렵지 않게 되었어."

류자키도 흥분한 듯했다.

이들 5인방은 토론을 정말로 좋아했다. 고교 때부터 각자가 자신 있는 분야에 대해 이야기를 하면, 다른 사람들은 인정사정없이 태클을 걸었다. 다소 비판을 받아도 냉정하게 들을 수 있었던 건, 서로가 상대를 배려하고 있다는 걸 잘 알기 때문이었다. 다섯이 다 모이는 건 정말로 오랜만의 일이었다. 그런데도 금세 옛날처럼 이야기할 수 있는 건 그런 친구들이기 때문이다.

아베는 생각에 잠겼다. 재미가 없었던 건 아니다. 오랜만에 느끼는 마음 편하고, 여유로운 기분이 좋았다. 한편으론 수다스럽게 떠드는 옛 친구들을 보니 조금은 어지럽게 느껴졌다.
그 노트 때문일까?
꼭 집어서 자신 있다고 말할 분야가 없었던 아베는 옛날부터 듣는 경우가 많았다.

로맨티스트이자 등산과 그림 그리기를 좋아하던 다치바나. 그런 그가 펜션 주인으로서의 독립을 한 것이다. 그야말로 물을 만난 고기였다.

먹는 데에는 다른 사람보다 두 배로 관심이 많았고, 새로운 맛을 찾아 맛집을 찾아다니던 사쿠라다. 맛 연구를 열심히 하는 건 물론이고, 마작, 경마, 바둑 같은 도박도 굉장히 좋아한다.

틈만 나면 음악 관련 이벤트나 영화관을 찾아다니는 활력이 넘치는 류자키. 음악에 관한 한 감상뿐 아니라 실력도 꽤 괜찮은 기타리스트다.

냉정하고 침착해 보이지만 호기심이 왕성하고 공부도 잘했던 도나리. 전반적인 경제 사정에서부터 최신 유행 패션까지, 변변찮은 평론가보다 알기 쉽게 해설해 주곤 했다.

친구들은 자기 위치를 굳건히 지키고 있는 것처럼 보인다. 하지만 자신은 어떤가? 모든 일에서 '평균'을 으뜸으로 치고, 뭔가를 마스터 하려고 노력했던 경험은 한 번도 없었다.

아베에게 있어, 노력이란 평균에서 끝나는 어중간한 것일 뿐이다. 노트에서 제시된 'Field'와 'Faculty', 그리고 'Finance'는 아베에게는 혹독한 과제였다.

자신은 어떤 무대에서 무엇을 연기하면 좋을까?

악동들의 웃음소리가 멀리에서 들려오는 것 같았다.

원숭이의 퇴직

아직 8시도 안 되었는데 테이블 위에는 텅 빈 접시들이 즐비했다. 뉴 월드 와인은 이미 뱃속으로 들어가 다섯 명의 주정뱅이를 만들어냈다. 잔에는 위스키가 담겨져 있었다. 아베와 도나리는 물을 탔다. 술이 좀 더 센 다치바나와 사쿠라다, 류자키는 록으로 마셨다. 이 친구들은 다른 사람에게 술을 따라주거나 억지로 마시게 하는 일은 없다. 각자 자기 양만큼 마시는, 아주 술버릇이 좋은 친구들이다.

"내가 오기 전에 벌써 이야기했을지 모르지만, 너 왜 회사를 그만 뒀냐?"

사쿠라다가 다치바나에게 물었다.

"왜 그만 뒀냐고? 그냥 일이 싫어져서. 회사라는 조직에서 일한다는 게. 그래서 그만 뒀어."

"좀 자세히 말해 봐."

"별로 말하고 싶진 않지만……. 있잖아, 우리 회사에는 큰 파벌이 2개가 있었어. 하나는 지금의 사장파인데, 사장은 창업자 가족이야. 지금의 회사를 지키는 게 자신의 역할이라고 믿는 남자야. 다른 하나는 전무파. 전무는 선대 사장의 오른팔로, 일하는 방식은 둘째 치고 회사를 키우는 게 자신의 역할이라고 믿고 있어. 이 두 사람은 무슨 일이 있을 때마다 사사건건 부딪히지. 회사의 앞날이라든가, 고객은 안중에도 없어. 그저 상대 파벌이 하는 말에 일단 반대부터 하고 보자는 태도이지. 진짜 유치한 파벌싸움이야. 임원들도 불평하기는커녕 당연하다는 듯이, 어느 한쪽에 붙어서 꼬리를 흔들어대는 꼴이니까."

"원숭이 넌 어느 파였니?"

"난 아무 쪽에도 속하지 않았어. 그런 건 정말 싫어하니까. 그런데, 홍보를 하고 다니는 꼴이 사장파처럼 보였나봐. 그래서인지 전무가 나를 대하는 태도가 쌀쌀해지더군. 조금만 실수를 해도 사람들 앞에서 호통을 쳐대고. 한편 사장은 자신들의 사적인 모임에 오지 않는 나를 감춰진 전무파라고 의심했지. 사장파 임원이 사장실에 모여 있을 때, 내가 들어가면 이야기가 뚝 끊기는 적도 있었고. 이런 상황에서도 일은 일이라고 생각하면 했지만, 참을 수 없는 일이 일어났어. 사장이 뇌경색으로 입원해서 전무가 사장 대리를 맡은 거야. 대표 이사직은 사장이랑 전무 둘 뿐이었으니 당연한 일이었지. 그때 분말 스프에 규제된 첨가물이 들어가고 있다는 현장의 보고가 있었어. 젊은 여사원이 직접 나에게 말한 거야. 현장에서 몇 번이나 상사에게 보고해도, 그 첨가물은 인체에 해롭지 않고, 곧 허가가 날 예정이니까 문제없다고 한 모양이야. 그 직원은 정의감이 강해서, 혼자 여러모로 알아봤더니 인체에 해가 없다고 단언할 수 없다는 걸 알았대. 그래서 이번에는 내게 온 거야. 나는 곧바로 전무에게 가서 해결책을 검토해 달라고 했지. 확실히 말하면 사용 금지된 첨가물을 쓰고 있는 걸 발표하고, 사죄하고, 매장에 있는 재고를 모두 회수하고 가정에 있는 제품에 대해서도 주의를 주고 회수할 수 있도록 해달라고 했지. 놀랍게도 전무는 그 첨가물이 쓰이고 있다는 걸 알고 있더라고. 오랜 기간 최고제조책임자를 하고 있었으니 이미 옛날에 알고 있었던 모양이야. 그런데도 사용을 금지하지 않은 건, 싸고 쉽게 맛을 낼 수 있었기 때문이었어. 아, 위스키 한 잔만."

다치바나는 옛날 생각에 화가 다시 치밀어 오른 모양이었다. 잔에 얼음을 넣고 위스키를 따르는 손이 가늘게 떨렸고 얼굴은 홍조를 띄었다.

"전무는 첨가물의 사용금지에 대해서는 바로 찬성을 했지. 하지만 상품회수나 공식 발표, 사죄는 하지 않았고, 열기가 식을 때까지 기다리라고 하는 거야. 깜짝 놀랐지. 불상사를 감추려는 자세가 역력해 보였거든. 임원회에서 논의해야 한다고 했더니, 그럴 필요는 없고, 이제 그 첨가물은 쓰지 않으면 되니까 잊으라는 거야."

"나쁜 자식이네."

"더 나쁜 건 그 다음이지. 히죽히죽 웃더니, 내년 임원후보에 들 수 있을지 없을지를 잘 판단하라는 거야. 먹을 수도 없는 당근을 내놓고 공갈하는 거지. 이걸로 난 완전히 회사에 질렸어. 바로 사장에게 보고하러 갔는데, 아직 집중치료실에 있어서 3주나 지나서 이야기할 수 있었지. 그때 또 한 번 아연실색했지. 사장이, 전무의 결정이 맞았다고 하는 거야. 회사의 평판이 나빠지면 매출에 영향을 미치니까, 전무가 결정한 대로 하라고 말야. 이게 나에겐 결정타였어. 이제 이 회사에 있어봐도 보람을 느낄 수 없다는 게 확실해졌거든. 그래서 2개월 정도 생각하다가 사표를 낸 거야."

"그래서 그대로야? 임원들 고발 같은 건 생각 안 해봤어?"

"생각했지. 고발문도 썼지. 발표는 못했지만. 사회적 책임을 전혀 느끼지 않는 회사랑 싸워봤자 시간이 아깝다고 내 자신을 납득시켰어. 확실히 말해 난 달아난 거야. 나 자신이 일에 대해 책임을 갖고 있다면 세상에 발표하고 사죄하는 게 당연하다고 생각해. 또 회사에도 철저하게 저항해야 했지만 그렇게 안 되더라고. 지금도 후회가 돼. 그래서 이 이야기는 별로 하고 싶지 않아. 지울 수 없는 오점이니까."

"어렵네. 소설 속 주인공이었다면 사회 정의를 위해 당당히 싸웠겠지."

"나도, 전무나 사장이나 같은 인간이란 거지. 그래서 연하장에 '신기일전'이라고 쓴 거야. 새로운 마음가짐을 하늘에 빈다는 뜻으로. 두 번 다시 같은 실수를 되풀이하고 싶지 않다는 뜻이야."

"신기일전이라는 게 그런 뜻이었구나. 오타인줄만 알았거든. 원숭이가 웬일로 오타를 냈나 하고 부인이랑 웃었다니까."

류자키가 끼어들었다.

"드래고는 덜렁대니까 오탈자가 많지. 나는 네 글자에 담긴 원숭이의 깊~은 뜻을 알아챘었는데."

"어이쿠, 평균님. 당신은 눈이 날카롭군요."

"아뇨, 드래고 님이 둔한 것일뿐이죠."

모두가 큰 소리로 한바탕 웃어재꼈다.

Hint of Starting Note ③ Field & Faculty

> ❝ '지금 할 수 있는 일'과 '하고 싶은 일'을 생각해 보자 ❞

새로운 인생을 시작하려 할 때, 먼저 '무엇을 어디서부터 할 것인가?'를 고민해야 한다. 현재 그 일을 하기 위해 필요한 것(능력, 기술)을 충분히 보유하고 확인하는 것이다. 예를 들면, 새로운 일에 도전할 경우 '지금까지의 일의 연장선에서 일할 것인지', '새로운 일에 도전하는 것인지'를 선택해야 한다.

새로운 일을 선택할 경우에도 수입을 어느 정도로 생각하는지가 중요하다. '지금까지와 같거나 혹은 그 이상의 수입' 혹은 '1주일에 몇 번 용돈벌이 정도'라는 생각이라면 전혀 다른 준비가 필요하기 때문이다.

전자를 목표로 할 경우, '하고 싶은 일'과 '현재 할 수 있는 일'이 완전히 일치하면 고민할 필요는 없다. 하지만 '하고 싶은 일'이 반드시 '할 수 있는 일'일 수는 없다. 따라서 '하고 싶은 일'을 포기하는 사람도 많다.

이 경우 좋은 방법은 '지금 어느 정도 할 수 있는가?'를 냉정히 판단하는 것이다. 지금 할 수 있는 일이 조직을 떠나서도 할 수 있다거나, 시장가치가 있어서 창업이나 전직을 해도 성공할 확률이 높은지를 확인하는 것이다. '할 수 있는 일'의 수준이 조직 안에 있을 때만 통하는 수준이라면, 좀 더 실력을 길러야 할지도 모른다. 이런 판단이 서면 새로운 시작을 하기 전에, 준비가 얼마나 필요한지 알 수 있다.

한 인력뱅크의 담당자가 이런 우스갯소리를 했다. 정년이 임박한 대기업 관리직에서 일하던 사람이, 정년 후의 일을 찾으려고 인력뱅크에 등록하려고 했다. 상담을 하면서 무엇을 할 수 있느냐고 묻자 '관리부장이라면 잘 할 수 있다'고 당당하게 말했다고 한다. 그런데 대화를 하다 보니 그 사람이 다루던 건 특수기계였다. 기술의 범용성이 없는데다가, 총무과 출신이어서, 영업부문을 담당했던 경험도 몇 년에 불과했다고 한다.

그 사람은 자사만의 브랜드가 있고, 현재의 직함을 유지할 수 있게 해주면, 중소기업에서 임원 겸 영업부장으로 얼마든지 일할 수 있다고 자신했다. 인력뱅크 담당자가 가차 없는 현실을 구구절절 설명하자, 그는 어깨를 축 늘어뜨리고 돌아갔다고 한다.

어찌됐든 '어디서 무엇을 할 것인가?'라는 Field의 선택과 '현재 자신이 할 수 있는 일'이라는 Faculty(능력, 기술)을 확인하는 것이 중요하다.

연금이나 저축이 넉넉하고, 수입을 확보할 필요가 없으면 쉬워진다. 지금까지 취미로 즐기던 것을 생활의 원천으로 삼으려는 마음이 없다면 마음껏 즐기면 된다. 하지만 생활의 원천으로써 고려할 경우는 투자를 통해 기술과 실력을 쌓고, 자격증을 따는 등, 시장가치를 높이려는 노력이 필요하다. 또한 점포나 거점을 마련하는 것, 혹은 사람을 고용하는 것들을 선택할 경우는, 리스크가 따른다는 것을 고려해야 한다.

새로운 인생 시나리오를 쓰기 위해서는 이렇게 현재의 자신에 대한 '재고조사'가 필요하다.

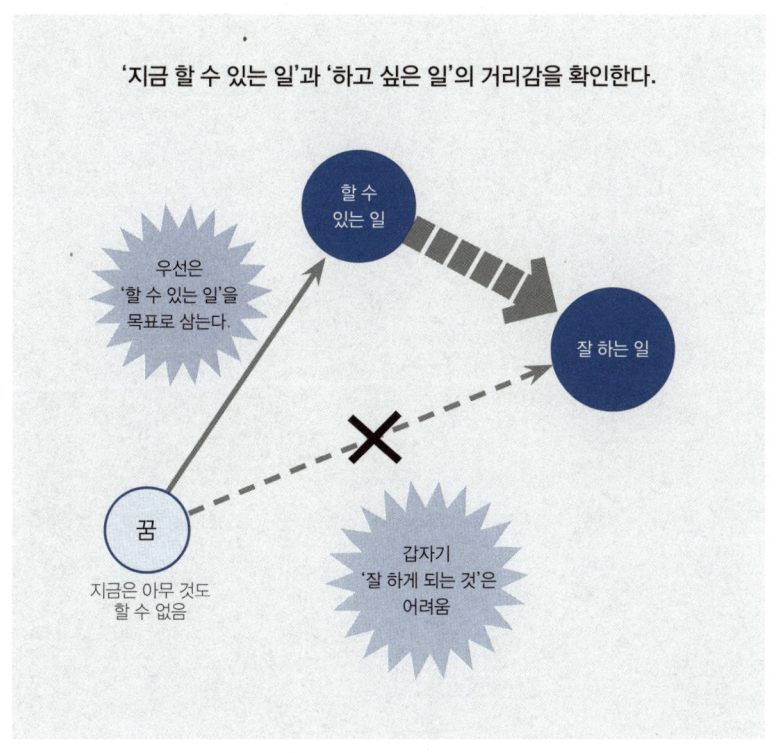

Part 3 '뭘 하고 싶은지?', '뭘 할 수 있는지?'를 생각해본다

PART 4

꿈을 그리던 시절로
'잃어버린 걸' 되찾으러
돌아가다

 5인방의 연금

사쿠라다의 얼굴이 다시 진지해졌다.
"그런데 말야, 자금 계획은 어떻게 된 거야?"
"실은, 교수한테 회사를 그만두기 전부터 말을 해뒀어. 젊었을 때부터 자연을 즐기면서 펜션을 운영해보고 싶었거든. 야스코와도 이야기를 했었고, 우리 둘의 공통된 꿈이기도 했지. 하지만 둘 다 계획성이 없는 성격이라, 숫자에 능한 교수에게 조언을 구한 거야."
"계획성이 없기로는 천생연분이더라고. 그래서 내가 자금계획을 세우라고 했지."
"근데, 자금 계획표라는 건 뭐하는 거냐?"
"회사에 근무하면 여러 가지 예산계획을 세우잖아? 기본적으로 그거랑 비슷해. 오늘은 사루가 말했던 자금부족 건에 대해 말해 주려고, 조금 일찍 와서 계획표를 살펴봤지. 자 봐봐."
도나리는 주머니에 종이 두 장을 꺼냈다.

연간수지 결산표

단위: 원

	월	상여금	연간 수지
남편의 급여	5,200,000		62,400,000
남편의 상여		16,000,000	16,000,000
남편의 부수입			
아내의 급여	300,000		3,600,000
아내의 상여			
아내의 부수입			
수입 합계	5,500,000	16,000,000	82,000,000

식비	700,000		8,400,000
수도·광열비	275,000		3,300,000
주거 관련비	500,000		6,000,000
의류비	170,000		2,040,000
육아·교육비	400,000		4,800,000
의료비	150,000		1,800,000
교통·통신비	380,000		4,560,000
교양·오락비	330,000	200,000	5,960,000
교제비	150,000		1,800,000
남편 용돈	700,000	100,000	9,400,000
아내 용돈	300,000	50,000	4,100,000
자녀 용돈	200,000		2,400,000
대출금 상환	800,000	800,000	17,600,000
보험료	300,000		3,600,000
저금	300,000	100,000	4,600,000
기타	100,000		1,200,000
지출합계	5,755,000	1,250,000	81,560,000

수지	-255,000	3,500,000	440,000

향후 20년 계획표

	1년째	2년째	3년째	4년째
남편의 연령	50세	51세	52세	53세
아내의 연령	47세	48세	49세	50세
자녀1의 연령	19세	20세	21세	22세
자녀2의 연령	17세	18세	19세	20세
자녀3의 연령				
자녀4의 연령				
자녀5의 연령				
이벤트, 임시지출예측 (여행, 차·주택구입, 결혼 등)				자가용교체
필요 금액				
연간예측 수입	82,000,000			
남편	78,400,000			
아내	3,600,000			
연간예측 지출	81,560,000			
기본 생활비	55,760,000			
대출금 상환	17,600,000			
예금, 적금	4,600,000			
보험료	3,600,000			
연간수지	440,000			
대출금 잔액	200,000,000			
예금, 적금 총액	34,600,000			
퇴직금				
공적자금				
기업연금				

11년째	12년째	13년째	14년째	15년째	…	19년째	20년째
60세	61세	62세	63세	64세		68세	69세
57세	58세	59세	60세	61세		65세	66세
29세	30세	31세	32세	33세		37세	38세
27세	28세	29세	30세	31세		35세	36세
남편 퇴직 기념 여행		자녀 둘의 결혼		재고용 종료			

100,000,000							

"이 '연간수지 결산표'와 '간략한 향후 20년 계획표'를 활용하면, 대략적인 자금 계획을 세울 수 있어. 여기에 쓰인 숫자는 내가 마음대로 기입한거야.

'연간수지 결산표'는 현재의 자금 상태를 살펴보기 위한 거지. 가계부를 쓰고 있다면 쉽게 알 수 있지. 아니면 예금통장 1년분을 살펴봐도 대충은 알 수 있어. 한편 '간략한 향후 20년 계획표'는 앞으로 20년에 대한 대략적인 계획을 세우기 위한 것이고, 월급쟁이 생활을 할 경우 '연간 수지 결산표'를 보고 유추하면 대략적인 숫자를 써 넣을 수 있을 거야. 거기다 정년퇴직 시에 받을 수 있는 퇴직금, 기업연금, 공적연금 등 예상 가능한 수입을 기입하고, 다음에는 지출을 써 넣는 거지. 기본적인 생활비도 어느 정도는 들어가고, 자동차 교체, 주택 유지보수, 자녀의 결혼자금, 부부동반 해외여행 등 이벤트도 어느 정도 정해서 써 넣는 거지. 될 수 있으면 부부가 대화를 나누면서 만들어가면 더 좋고. 구체적으로 이야기를 하다보면 서로가 어떤 삶을 원하는지 알게 될 테니까.

이 두 가지 표의 목적은 정확한 자금 계획을 세우기 위한 것은 아냐. 앞으로의 인생에 대한 이미지를 수입과 지출이라는 두 가지 측면에서 살펴보려는 것이지. 그렇게 함으로써, 보다 구체적인 미래의 이미지를 그려보자는 거지. 이런 생활을 하려면 ○○만 원의 수입이 필요하다거나, 연금만으로는 부족하니 한 달에 ○만 원 정도 더 벌어야겠다는 식으로 계획을 세울 수 있게 돼. 뭐, 그런 걸 다치바나 부부에게 해보도록 한 것 뿐야."

"하지만 처음에는 완벽한 계획을 세웠다고 생각했는데, 역시 원숭이는 어쩔 수 없더라고. 하고 싶은 일이 점점 늘어나더니, 맨 처음 생각하던 것보다 질이 높은 물건을 선택하거나 해서 눈 깜짝할 사이에 8,000만 원을 초과한 거야."

"면목이 없다. 손님들의 기뻐하는 얼굴을 떠올리니 나도 모르게 비싼 물건에 손이 가지 뭐냐. 그래서 말인데, 아니 나중에 말할게."

"어쩔 수 없군. 원숭이는 꿈이 금방 커진다니까. 그런 성격은 변하지 않아."

"무슨 말을 하는 거야! 드래고나 원숭이나 도토리 키 재기지. 드래고도 좋은 악기를 보면 사고 싶어 하잖아?"

도나리가 다치바나와 류자키를 번갈아 쳐다보며 말했다.

"하지만 나는 수입이 적은 탓에 최소한 네 번은 참는다고. 그래도 참을 수 없는 경우는 되도록 저렴한 가격에 살 수 있는 방법을 강구하지. 그러니 나는 원숭이보다 약간 한 수 위라고 할 수 있어."

"그런 것을 도토리 키 재기라고 하는 거야. 둘 다 마찬가지야. 똑같다고. 너희는 원숭이와 용(류자키의 류는 용이라는 뜻)이니까, 인간보다 훨씬 낮은 레벨이라고."

"오, 제법 바른 말을 하네!"

정신을 차려보니 어느덧 위스키 병이 텅 비어 있었다.

"로열 살루트가 한 병 더 있을 거야. 지금 갖고 올게."
다치바나가 자리에서 일어났다.

사쿠라다는 도나리가 제시한 표를 잠자코 바라보며 생각에 잠겨 있었다.
"그렇군……. 분명 계산 가능한 수입은 연금밖에 없군. 매일 돈 버는 일에만 열심이었지, 연금에 관해 생각해본 적이 없었어. 교수, 나는 회사에서 일한 기간도 짧아. 또 퇴직한 후에는 국민연금으로 전환되었기 때문에, 국민연금을 납입하는 기간도 훨씬 길어. 너희들의 후생연금과 비교하면 불리할 것 같은데, 내 경우는 어떻지?"
"응, 그 점에 관해서는 원숭이에게도 설명을 했었어. 원숭이도 퇴직 후에는 국민연금으로 전환되었으니까. 나도 원숭이의 계획에 도움을 주려고 조금이나마 연금에 대해 공부를 했지. 이제 곧 환갑을 맞는 상무의 책상 위에 있던 정년 관련서를 빌려 조금 읽어본 것뿐이지만 말야. 우리 세대는 상황이 매우 심각하더라고. 우선 나와 평균, 드래고의 경우, 즉 회사원에 관해 설명해줄게. 우리는 모두 1961년에 태어났어. 우리는 동창생이니 당연한 일이지. 평균이나 드래고 회사는 정년을 연장할 수 있는지 잘 모르겠지만, 60세에 정년을 맞이한다고 치자. 우리는 2026년, 즉 65세부터 연금을 받을 수 있어. 아까 말했던 상무는 1952년생이니까 60세부터 받을 수 있지만, 우리는 65세가 돼야만 하지. 이 제도나 자세한 계산식은 연금에 관한 조항을 읽어 보면 알 수 있으니 설명은 생략할게. 우리의 경우는 연간 2,024만 4,400원을 받을 수 있다는 계산이 나와 있어. 평균과 드래고의 월급이 얼마인지는 모르겠지만, 연봉이 7,000만 원을 조금 넘는다고 하자. 이 경우 우리가 받을 수 있는 연금은 똑같아. 하지만 어디까지나 현재 시점에서 예상했을 때 액수이지. 디플레이션이 장기화되면 15년 후에 어떻게 될지 전혀 예측할 수 없어."

사쿠라다가 뭔가를 이야기하고 싶은 듯한 표정을 지었다. 하지만 도나리는 사쿠라다를 힐끔 쳐다본 뒤 강의를 계속했다.

"국민연금에 관해서는 나중에 이야기할 테니 조금만 기다려. 우리 회사에는 기업연금 제도가 있어서 정년퇴직 시에 한꺼번에 1억 원을 받을지, 10년이라는 일정 기간 동안 연금으로 받을지 선택하게 되어 있어. 원숭이는 한꺼번에 받겠다고 했겠지."

"그래, 창업 자금이 필요했으니까."

"평균과 드래고네 회사는 어떻게 되어 있어?"

"우리 회사도 기업연금은 있어. 어떤 제도로 되어 있고 언제부터 얼마나 받을 수 있는지는 기억하지 못하지만……. 회사가 분명 적립해 주고 있을 거야."

아베는 그렇게 대답하면서 또 다른 (아베 레이지)가 내준 과제를 깊이 생각해보지 않은 것을 후회했다.

"선배가 기업연금을 받고 있다고 했으니까 우리 회사도 분명 있겠지. 뭐, 흔히 돈은 돌고 도는 것이라고 하니, 나는 어떻게든 되지 않을까? 인생만사 새옹지마라잖아."

드래고는 남의 일처럼 말했지만, 아베의 눈에는 무게를 잡는 것처럼 보였다. '저 녀석도 별 수 없구나!'라고 생각하며 속으로 웃었다.

"앞으로 어떻게 살아갈지 진지하게 고민하고 있다면, 회사 연금 제도에 대해서도 좀 더 알아둬야 돼. 어쨌든 정년 후의 확실한 수입은 공적연금과 기업연금밖에 없으니까."

"교수! 너는 우리의 상사가 아니니까 논쟁적으로 말하지 마. 교수는 선생이잖아? 너는 선생이고 우린 학생. 선생이라면 부모나 마찬가지지. 그러니까 부드럽게, 부드럽게 가르쳐 줘라. 부드럽게 사랑해달라는 노래도 있잖아? 엘비스 프레슬리의 명곡……. 러브 미 텐더……. 이 노래는 내가 초등학생일 때 처음으로 외운 팝송이지. 물론 모두 일본어로 발음을 써가며 외웠지만."

류자키가 갑자기 멜로디를 붙여 노래를 부르기 시작하자, 모두가 듣기 싫은 듯한 표정을 지었다.

"야아, 류자키, 수업 중에 쓸데없는 말하지 마. 입 좀 다물고 진지하게 들어줘. 알겠습니까……."

"교수, 네가 농담을 하다니, 별일도 다 있구나. 지금 한 말은 괴짜 역사 선생인 흉내를 낸 거냐? 이런 또 쓸데없는 말을 했네. 미안, 미안. 선생님 계속해 주세요~!"

류자키는 완전히 마음이 풀어진 것 같았다.

"이제 국민연금에 관한 이야기를 해줄게. 국민연금은 샐러리맨의 경우에도 후생연금과 함께 월급에서 공제되는 것으로, 회사와 사원이 반반씩 내고 있지. 20세부터 60세까지 40년간 내야 해. 그래 맞아, 이것은 월급이 얼마인지와는 상관없이 납입한 월수에 따라 받을 수 있는 금액이 달라져. 한 번도 빠지지 않고 납입했다면 480개월 납입한 셈이 되지? 현재의 만기금액은 연간 792만 1,000원이지만 2026년에 얼마가 될지는 오직 하느님만이 아실 거야. 나는 23세, 입사했을 때 가입했으니까 60세에 퇴직한다면 444개월 납입한 셈이 되지. 수급액은 732만 7,000원이라는 계산이 나와."

사쿠라다가 더 이상 참을 수 없다는 듯이 말했다.

"그러니까 교수. 나는 얼마나 받을 수 있는 거냐고, 연금으로 말야."

"패미같은 경우는 얼마 받을 수 없을 거야. 회사에 근무한 기간이 짧으니까."

"응, 회사를 그만둔 건 28살 때였어. 독립한지 이제 22년이 되는 건가? 구루메도 벌써 대학을 졸업할 나이가 됐고……."

"원숭이, 아까 사용하던 노트북 좀 줘봐."

도나리는 다치바나에게 말했다. 다치바나는 일어나서 방을 나가더니, 금세 노트북을 들고 돌아왔다. 도나리는 노트북을 열자마자 키보드를 두드리기 시작했다. 아무래도 모두가 오기 전에 이 노트북으로 다치바나를 컨설팅하고 있었던 것 같다.

"대략 계산한 것인데, 지금 컴퓨터로 만들어 봤어.

너희에게 들은 이야기를 바탕으로 내 멋대로 만든 그래프이지만, 어느 정도 기준은 될 거야. 어떤 회사원의 아내가 연금 수급 연령인 65세가 되기까지 받을 수 있고, 400만 원이 조금 안 되는 가급연금(加給年金)도 가입해 두었어. 가급연금은 부인이 만 65세가 될 때까지 나오니까, 실제 연령으로 계산해야만 정확한 금액을 알 수 있어. 뭐, 아무튼 한 번 해보자고."

모두가 컴퓨터 화면을 둘러쌌다.

"내가 받는 금액은 아까 말했듯이 기업연금을 10년에 걸쳐 수급한다고 가정했을 때의 계산이야. 평균이나 드래고는 일시금으로 받기로 했지? 내 연금이 많은 것은 기업연금을 10년에 걸쳐 수급하기 때문이야. 너희도 연금을 나눠서 받으면 받을 수 있는 금액이 조금 많아지므로, 그래프 선이 약간 위로 올라가겠지. 하지만 우리 셋은 만 75세가 되면 거의 동일한 금액이 돼. 그리고 패미의 연금 수급액이 적은 이유는 국민연금만 받기 때문이지."

"뭐야, 말도 안 돼! 우리 부부는 1년에 1,460만 원 받는 거야? 이래서는 생활할 수가 없어. 아직도 사업이 어려움을 겪고 있는데……. 이거 큰일이군, 큰일이야."

"회사원 시절에 납입했던 연금이 조금 나올 거야. 하지만 너희 부부가 보험료를 내지 않은 기간이 있다면 액수가 조금 줄어들지

5인방의 연금수급액 비교 (연간)

	교수 (도나리)	평균(아베)& 드래고(류자키)	원숭이 (다치바나)	패미 (사쿠라다)
만65세	3,410	2,390	1,990	730
만70세	3,750	2,730	2,330	1,460
만75세	2,750	2,730	2,330	1,460
만80세	2,750	2,730	2,330	1,460

(단위: 만 원)

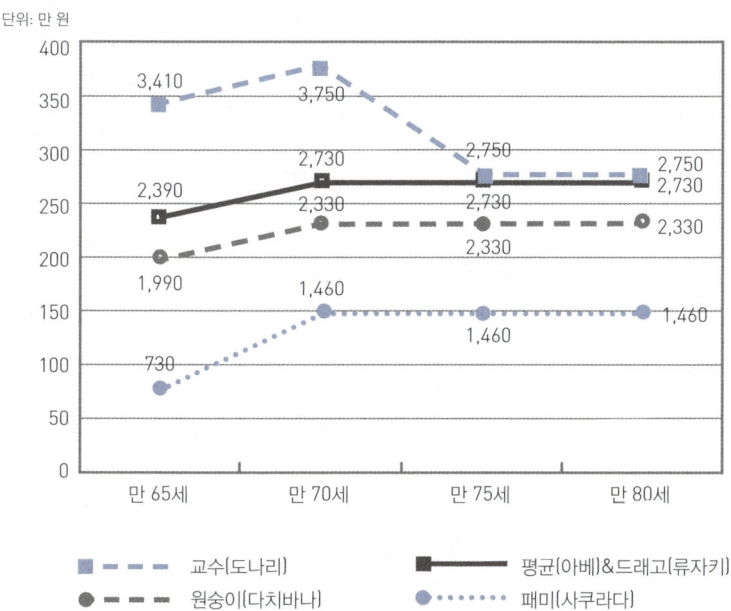

몰라. 패미뿐만 아니라 너희도 한 번쯤은 연금기구에 문의해서 연금을 얼마나 받을 수 있는지 알아 두는 게 좋아. 문의해 보면 정확한 액수를 가르쳐줄 테니까. 연금 기록이 잘못되어 있다면 문제겠

지만, 너희가 근무한 회사라면 아마 제대로 되어 있을 거야. 아무튼 스스로 문의해 보고 사실과 맞는지 확인해 두는 것이 중요해. 당연히 기업연금에 관해서는 회사 총무에게 물어봐야겠지."

　도나리의 연금 강의는 무거운 침묵 속에서 끝나려고 했다. 사쿠라다가 머리를 감싸 안고 무언가 중얼거리 듯 말했다. 하지만 무슨 말인지는 알아들을 수 없었다.

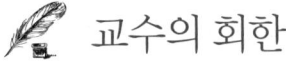 교수의 회한

천둥이 쳤다.

유리창이 덜컹덜컹 소리를 내며 흔들렸다. 거센 바람과 비.

"날씨가 맑았던 것은 낮뿐이었구나. 올해 장마는 거칠고 난폭한 사내아이 같아. 엘니뇨가 아닌, 라니냐 현상 때문이지. 엘니뇨는 신의 아들, 라니냐는 신의 딸이라는데."

"또, 또, 교수가 해설하는 거냐? 하지만 그런 뜻이라면 난폭한 사내아이가 아니라 말괄량이 아가씨라고 해야 맞는 거 아냐?"

류자키가 교수의 말에 끼어들었다.

"아, 이러쿵저러쿵하는 거 시끄럽다. 어느 쪽이든 상관없잖아!"

사쿠라다는 하늘이 번쩍할 때마다 위스키 잔을 기울였다.

"이런, 패미가 취했구나. 사이좋게 지내자고."

류자키가 아이를 달래듯 말했다. 사쿠라다는 침묵한 채 또다시 술잔을 입으로 가져갔다.

"그런데 교수. 사쿠라다는 레스토랑, 다치바나는 펜션 경영, 류자키는 음악에 취해 인생을 보내겠다고 장래 계획을 세웠잖아. 너는 어떤 삶을 살길 원하니? 뭐, 월급도 많고 와이프 친정은 부자인데다가 아이와 주택융자도 없으니, 오직 유유자적하는 삶이 기다리고 있는 건가?"

아베가 도나리에게 물었다.

"평균은 말야. 툭하면 유유자적, 유유자적이라고 하는데, 나는 그런 말을 들을 때마다 거북해."

"뭐라고? 하지만 정년 후에 유유자적하는 삶을 보내는 것이 모두의 꿈이잖아!"

"유유자적이란 말은 세상사에 현혹되지 않고 느긋하게 생활한다는 의미야. 단지 느긋하게 사는 것을 정년 후의 꿈이라고 할 수 있을까? 내가 이 말을 싫어하는 이유는 말야, 아무리 생각해도 아무 일도 하지 않은 채 멍하게 시간을 보내는 것처럼 느껴지기 때문이지. 회사에서 일을 할 때건, 정년 후이건, 단지 멍하게 지내는 삶만은 살고 싶지 않아. 나는 언제나 뭔가에 흥미를 느끼고 그걸 열심히 추구하는 삶을 선호해."

"경제적인 곤란에 처해 있다면 그런 고상한 말이나 하고 있을 수는 없을 걸!"

사쿠라다가 큰 소리를 말했다.

"경제적인 부분은 확실히 중요해. 최소한의 수입이 없으면 살아갈 수 없으니까. 하지만 정년 후의 삶에 최소한 얼마가 필요한지를 생각해 본 적은 있어? 예를 들어 연수입 10억 원이 확실히 보장된 사람이라도 어떤 삶을 살아갈지에 따라, 그 액수로는 부족할지도 몰라. 반대로 3,000만 원이 있으면 충분하다는 사람도 있겠지. 요컨대 어떤 일을 하면서 인생을 보낼지가 중요하다고 할 수 있어. 그걸 알고 있다면 그런 삶을 위해 어느 정도의 수입이 필요한지를 알 수 있게 될 테니까."

"그렇군. 정년 후에도 뭔가 일을 한다는 것은 경제적인 이유만이 아니구나. 일을 한다는 그 행위 자체가 정신적인 충만감을 가져다 주기도 하니까 말야."

"바로 그거야, 평균. 나도 그 말을 하고 싶었어. 나는 분명 경제적으로 풍족한 상황일지 몰라. 적어도 지금은 말야. 하지만 앞으로 어떤 일이 일어날지 알 수 없고, 아무 일도 일어나지 않는다 해도 경제적인 안정만으로 행복한 노후를 보낼 수는 없지. 내가 나답게 사는 삶, 즉 뭔가에 푹 빠지거나, 꿈을 갖고 그 꿈을 이루기 위해 열심히 노력하는 삶을 살고 싶어. 아직 막연하긴 하지만."

"어쩐지 고교시절에 들었던 이야기 같은데?"

"응, 아마 예전에도 그런 말을 했을 거야. 하지만 대학을 졸업하고 바로 얼마 전까지만 해도 이런 삶에 대해 그다지 생각해 보지 않았어. 눈앞에 있는 일을 해결하는 데만 급급해서, 앞날에 대해서는 생각해보지 않았지. 너희도 마찬가지잖아?"

넷은 도나리의 말에 동의한다는 듯이 고개를 끄덕였다.

그런데 몇 년 전, 거의 열 살 이상이나 나이 차이가 나는 사촌 형과 한잔 했을 때, 재미있는 이야기를 들을 수 있었어. 사촌 형은 정년 후에 요양원에서 봉사활동을 해야겠다는 계획을 갖고 있었지. 그래서 관련 교육을 받았대. 그러던 어느 날, 강사의 말에 무척 감명을 받고 수업 후에 강사와 잠깐 이야기를 나눴대. 사촌 형이 '라이프워크가 뭡니까?'라고 묻자, 강사가 '어린시절이나 청춘시절에 미처 하지 못했던 일을 하는 것'이라고 대답했다고 해. 고교시절까지 우리가 품고 있던 꿈은 비현실적인 것이었을지도 몰라. 하지만 적어도 타산적인 것은 아니었잖아? 순수한 마음으로 이런 일, 또는 저런 일이 하고 싶다고 생각했을 거야. 하지만 사회인이 되면서 승진이나 지위를 의식하게 되지. 세상은 이런 것들을 기준으로 사람을 평가하기 때문에, 자신도 모르게 그걸 받아들이고 살아가게 되는 거야. 저 녀석보다 빨리 과장이 되었다거나, 평균 임금보다 1,000만 원 더 많은 돈을 받는다는 사실에 만족을 느끼는 거지. 그래서 나는 사촌 형의 이야기를 들었을 때, 탕하고 큰 충격을 받았어. 고등학교 때 나는 훨씬 나다운 꿈을 갖고 있었지. 그 꿈을 언제, 어떻게 잃어버리게 됐을까?"

창문 밖이 번쩍 빛나더니 연이어 한층 더 강한 천둥이 쳤다.

"앗, 근처에 벼락이 떨어진 게 틀림없어!"

"그래, 이 정도로 큰 충격이었지. 그래서 나는 그 시절에 내가 무엇을 생각했는지 떠올려 봤어. 3년 전에 동창회가 열렸잖아? 그때 나는 야마시타 야스에와 30년 만에 만나서 이야기를 나눌 수 있었어. 모두 기억하지? 언제나 전교 3등 안에 들던 수재였던 여자애 말야. 그녀가 이렇게 말하더군. '도나리는 학자가 될 줄 알았다'고. 난 깜짝 놀랐지. 그래, 나도 학자가 되길 원했었지. 그날부터 그 한 마디가 계속 마음에 걸리기 시작한 거야. 나는 오직 골프를 치고 술을 마시는 일로 세월을 허비해 온 회사원이었으니까.

회사원이라는 말에는, 일에 대한 나의 가치관이 담겨있었어. 나는 자신을 샐러리맨이라 칭하는 게 싫어서 언제나 비즈니스맨이라고 말했지. 하지만 18살 때 마음에 품었던 뜻을 완전히 잃어버린 채로 살아왔던 거야. 내가 신경을 쓴 건 오직 일에 대한 집착뿐이었지. 아버지가 병으로 쓰러지셔서 대학원 진학을 포기했지만, 내 머리를 생각해 보면 포기하길 잘 했다는 생각이 들기도 해. 18살 때 즈음에, 여자 친구도 아닌 '여자아이'에게 학자를 꿈꾸고 있다는 말을 했다고 생각하면 부끄럽기도 하지만, 나에게 그런 꿈이 있었던 건 사실이야. 그 후, 정년 후에 무엇을 할지, 무엇을 해야 좋을지에 대해 진지하게 고민하게 됐지. 하지만 나의 첫 꿈으로 돌아가 대학원에 입학하리라고는 전혀 생각하지 못했어. 30년 가까이 일을 하면서 쌓아온 전문 지식과 몸에 밴 판단력을 활용할 수 있어야 하지 않겠어. 그렇게 하지 않으면 왠지 인생의 3분의 1에 가까운 시간을 부정하는 것 같아서 망설여졌어. 그때의 생각과 사촌 형에게 들었던 이야기가 합쳐져서, 나는 다시 한 번 공부를 해야겠다고 마음먹었어. 잃어버린 것을 찾고, 내 나름의 학문을 탐구해 보기로 결심한 거야. 대학에서 가르치거나, 배우는 것만이 학문은 아니라고 생각해. 나는 자신이 흥미를 느낀 것을 철저히 파고들어 밝혀내는 것이 학문이라고 생각해. 또 사람들 앞에서 이야기할 기회가 있을 때 그것을 사람들에게 전해주고, 논의를 통해 자신의 생각에 깊이를 더할 수 있다면 그걸로 만족할 수 있어."

"역시 교수는 학문을 목표로 하고 있구나, 과연……."
류자키가 이해한다는 듯이 말했다.
"사실, 이 교수라는 별명도 싫었던 적이 있었어. 학자가 되고 싶었지만, 그 꿈을 이루지 못한 나를 질책하는 것처럼 느껴졌으니까. 하지만 지금은 싫지 않아. 교수는 되지 못했지만, 학자는 될 수 있다며 내게 용기를 주는 별명이니까. 게다가 예전부터 계속 이렇게 불려 왔기 때문에 신경이 쓰이는 건 아니지만, 초지일관하지 못했다는 콤플렉스는 느껴져."

"그러면 교수는 어떤 분야의 전문가가 되는 게 목표야? 자신이 있는 경제학?"

"대학에서 가르치는 건 목표가 아니라고 했잖아. 뭐든지 상관없어. 스스로 흥미를 느끼는 것, 의아하게 생각하던 것들을 철저히 조사하는 것 자체에 의미가 있다고 생각해. 고교시절에도 툭하면 백과사전이나 국어사전을 펼쳐보곤 했던 게 떠올랐어. 관련어나 참고사항이 있으면 반드시 그 페이지를 확인하곤 했지. 그런데 그런 일을 하고 있으면 2, 3시간이 금세 지나가 버려. 그래도 지금은 인터넷이라는 편리한 도구가 있잖아? 위키피디아 같은 전자사전도 편리하고, 검색 엔진도 충실해서 온갖 지식을 손에 넣을 수 있지. 하지만 인터넷 정보는 좋은 것과 나쁜 것이 뒤섞여 있어. 완전히 엉터리인 정보도 있고. 또 누군가가 써 놓은 엉터리 정보를 재인용한 정보도 있지. 그래서 반드시 몇 군데 사이트를 살펴보면서 확인을 해야 해. 그래도 알 수 없는 경우는 전문가에게 묻기도 하지. 회사 일인 척하고 전문가를 만나러 간 적도 몇 번 있었어. 그런 전문가들 중에는 사이트를 운영하는 사람들도 많아. 사이트 질문란에 질문을 해 두면 절반 이상의 사람은 친절하게 가르쳐 주지. 정말이지 뭔가를 조사하기에는 편리한 세상이야."

"맞아, 맞아. 인터넷은 정말로 대단해."

류자키는 자신의 의도대로 이야기가 진행되자 만족스럽다는 듯이 이야기를 계속했다.

"나도 말야, 블루스의 코드 진행에 흥미를 느껴서 조사를 해본 적이 있었어. 맨 처음에는 일본 사이트만 조사했었지. 그러다가 외국 사이트도 찾아보게 됐지. 일본인 전문가가 추천한 사이트였는데, 몇 번 그 사이트를 살펴보던 중, 사람들의 온갖 질문에 친절히 답을 해주는 사람을 발견했지. 그는 초보적인 시시한 질문에도 악보를 그려서 알기 쉽게 설명해주더라고. 나는 영어를 잘 못하기 때문에 사전에서 단어를 찾아가면서 질문을 했지. 그러자 곧바로 답장이 왔어. 그의 아내가 일본계 브라질 사람이어서 아마도 흥미를 느꼈나봐. 그 후로 그와 이메일을 수차례 주고받고 있는데, 어느 날 우편함을 보니 그가 보낸 소포가 들어있지 뭐야. 소포에는 그가 직접 제작한 레슨 테이프가 들어 있었어. 그 테이프는 '하이, 류!'라는 그의 목소리로 시작해서 블루스 진행의 다양한 패턴들이 연주되어 있었지. 나는 감동을 받았어. 그가 시카고에 산다고 하니, 한번 찾아가볼까 생각 중이야."

"펜팔이라는 단어를 쓰던 시절이 거짓말 같다. 드래고 같은 경험을 한 사람은 적지 않을 거야. 나도 꽤 유명한 외국학자와 이메일 친구가 됐어."

도나리가 싱글벙글하며 위스키를 단숨에 들이켰다.

"난 모르는 게 있으면 조사하면서 삶을 살아가고 싶어. 물론 경제학에도 흥미가 있지만 말야. 여행을 갈 때는 어떤 교통수단을 선택하고, 어디를 가며, 무엇을 먹을지 등을 미리 조사해. 그리고 여행지에서 돌아온 후에 또 다시 조사를 하지. 그러면 한 번 여행으로 세 번의 즐거움을 느낄 수 있지."

"교수는 경제적으로 고생하지 않아도 되니까 그런 팔자 좋은 말이 나오는 거지. 매일매일 매출 따위나 신경 쓰고 있으면 그런 말이 안 나올 걸!"

사쿠라다가 다시 목소리를 높였다.

"패미, 그만 해. 모처럼 즐거운 이야기를 하고 있으니까 분위기 좀 깨지 말아."

류자키가 사쿠라다의 어깨를 감싸면서 제지했다.

갑자기 대화가 끊겨 약간 침묵이 흘렀다.

그러다가 큰 천둥소리에 적막이 깨졌다.

 패미의 분노

다치바나가 일어나더니 천천히 입을 열었다.

"저기 말야. 아까 말하려다 말았는데, 모두에게 상담이랄까, 부탁이 있어. 뻔뻔하다고 생각할지 모르지만 화내지 말고 들어줬으면 좋겠어. 결론부터 말하면 저기, 펜션 건설 자금이 예산을 초과했다고 말했잖아? 나는 부족한 돈을 어떻게든 마련하려고 동분서주했어. 야스코가 저금한 돈도 전부 찾았고. 빌릴 수 있는 곳은 모두 가보았지만, 아직도 4,000만 원이 부족해. 그래서 말인데, 너희의 도움을 받을 수 없을까……."

"돈을 빌려달라는 거야?"

"그게 아니라 출자해 달라는 거야. 한 몫 당 500만 원으로 특별 찬조회원이 되어 주었으면 해. 한 몫 당 연간 20일 숙박할 수 있는 숙박권을 줄게. 게다가 1년에 6회, 이 고장의 유기농 채소를 상자에 담아 보내줄 생각이야. 입회금을 5년간 거치해 준다면 전액 상환해줄게. 부탁이야. 한 달 내에 돈을 마련하지 못하면 오픈하기도 전에 펜션을 포기해야 해. 내 부탁을 들어줄 수 있어? 정말 심사숙고한 끝에 하는 부탁이야."

다치바나는 바닥에 손을 짚고 고개를 숙였다.
"나는 오늘 일찍 와서 원숭이와 많은 이야기를 나눴어. 나와 함께 세웠던 처음 계획대로 했다면 이 지경이 되지는 않았겠지. 그래서 나는 원숭이에게 화를 냈어. 장사에 무지한 사무라이가 장사하는 것마냥, 가진 돈보다 비싼 것을 사는 건 어리석은 일이야. 반품할 수 있는 건 전부 반품해서 부담을 덜라고 말하고 싶었어. 그런데 이젠 어쩔 수 없군. 더 빨리 상담을 받았더라면 방법이 있었을 텐데."

도나리가 다치바나의 부탁에 보충 설명을 했다.
"나도 정말 어리석은 짓을 했다고 생각해. 모두에게 편지를 보냈을 때는 어떻게든 자금을 마련할 수 있을 줄 알았어. 하지만 1주일 전에 일이 틀어졌어……."

"어쩔 수 없으니, 나는 두 몫 출자하기로 했어. 하지만 나도 뻔뻔한 말이라고 생각하기 때문에, 기쁜 마음으로 출자하는 건 아니야. 원숭이의 꿈을 지원한다는 의미밖에 없어."

"오픈 축하 파티에 참석한 친구들에게 이런 일을 부탁하다니, 나도 정말 마음이 괴롭다. 이렇게 부탁하는 나 자신에게 화도 나고. 정말 어리석은 짓이지."

이때 사쿠라다가 양손으로 테이블을 쾅하고 내리치더니 자리에서 일어섰다.

"왜 나약한 모습을 보이는 거야! 돈을 구하지 못하면 깨끗이 포기하면 되잖아! 자신의 자금 사정도 고려하지 않고, 거창하게 하려고 생각한 네 잘못이지. 장사는 그렇게 만만한 게 아니라고!"

사쿠라다가 큰 소리로 화를 냈다. 류자키가 만류하려 했지만, 사쿠라다는 멈추지 않았다.

"현재 우리 가게의 상황은 정말 심각해. 예전에는 식사를 하려는 손님들로 줄이 늘어섰지만, 지금은 한낮에도 파리만 날리고 있어. 적자라고. 직원들도 모두 해고했어. 지금은 가즈미와 딸아이가 일을 도와주는데, 당연히 월급 같은 것은 꿈도 못 꾸는 형편이지. 식재료 구매 자금을 어떻게든 마련하려고 매일 동분서주하고 있어. 하지만 이제는 한계에 와 있어. 아까 갖고 온 음식을 인터넷에서 판매하려고 생각한 것도 궁여지책이야. 이마저도 실패하면 가게 문을 닫을 수밖에. 몇 번이나 너희들 얼굴을 떠올리고는 머리를 숙여볼까 생각했지만, 그때마다 가까스로 나 자신을 만류했어. 오래 전에 사귄 친구들이지만, 아니, 친구니까 돈에 관해서는 절대로 이야기해서는 안 된다고 생각했지. 만일 염치없이 돈을 요구한다면 그때는 우정을 포기해야 한다고……. 그런데 이게 뭐야. 원숭이는 이렇게나 쉽고 뻔뻔하게 돈을 요구하다니……. 장난치지 마! 이게 뭐야, 대체 이게 뭐냐고……."

사쿠라다는 흐느껴 울기 시작했다.

"나도 쉽게 이런 부탁을 하려는 건 아냐. 아무리 생각해 봐도 방법이 없어서, 특별 찬조회원이 되어 달라고 부탁하는 거야."

"내 말은 그게 아냐! 그야 당연히 생각해볼 수 있겠지. 하지만 그걸 친구들에게 말할지, 말하지 않을지가 문제라는 거야! 일이란 전부 자신이 책임을 지는 거니까. 자신이 책임을 진다는 건 곧 자기 책임이라는 것, 남의 힘에 기대면 안 된다는 말이지. 자기 삶은 자신의 책임으로 살아가야 해. 원숭이, 대체 무슨 꿍꿍이냐? 교수 이외에 다른 친구들이 출자하지 않으면, 우리를 원망하기라도 하겠다는 거냐? 그런 걸 앙심이라고 하는 거야! 대부분의 샐러리맨들은 아무 일을 하지 않아도 월급이 들어오고, 입 다물고 있어도 매년 월급이 올라가. 게다가 1년에 두 번은 보너스라는 특별 수입도 들어오지. 많은 혜택을 받는 것 같지? 그런데도 그 사람들은 가게에 오면 상사들에 대한 불평불만만 늘어놓지. 일에 대해서 열변을 토하는 인간은 거의 찾아볼 수가 없어. 나는 매일 땀을 뻘뻘 흘리며 일하고, 손님을 늘리려고 메뉴를 계속 개발하지. 또 어떻게 하면 좀 더 맛있는 음식을 만들 수 있을지 궁리하지. 즉, 일하지 않으면 단돈 10원도 얻을 수가 없어. 염치없게 돈을 빌리려는 원숭이나, 도와주려는 교수나 세상을 너무 쉽게 보는 거야. 뭐? 원숭이의 꿈을 지원해 주고 싶다고? 어처구니없어서 도저히 들어줄 수 없구나. 나는 너희들과 함께 숨을 쉬고 싶지 않다. 이만 갈게! 아, 간다고!"

사쿠라다는 일어나서 방 밖으로 나갔다. 방문이 탕! 하고 큰 소리를 내며 닫혔고, 잠시 후에 현관 문이 닫히는 소리도 들렸다.

"저기, 큰 소리가 들려서 걱정이 돼서 그러는데……. 사쿠라다 씨는 돌아가셨나요? 붙잡아야 하지 않을까요? 역도 멀고 비도 이렇게나 오는데……."

다치바나의 아내, 야스코가 걱정스럽다는 표정으로 말했다.

다치바나는 양손으로 바닥을 짚고 얼굴을 아래로 향한 채로 있었다.

류자키는 생글거리며 웃고 있었다.

아베가 류자키의 얼굴을 보고 덩달아 웃기 시작했다.

도나리는 뭐라고 말하기 힘든 표정이었다. 하지만 류자키와 아베의 표정을 보고는 무심코 입가가 벌어졌다.

세 명은 눈이 마주치자 일제히 큰 소리로 웃어대기 시작했다. 류자키는 배를 부여잡고 껄껄 웃으며 바닥에서 뒹굴었다.

야스코는 토끼 눈이 되어 셋의 행동을 보고 있었다.

"야스코 씨, 괜찮아요. 사쿠라다는 언제나 저러니까요. 술에 취하면 갑자기 화를 낸 다음에, '나, 갈래!'하고 말하는 게 술버릇이에요. 하지만 시간이 좀 지나면 태연한 얼굴로 돌아오니까 걱정하지 마세요. 게다가 이렇게 비가 많이 오는데다가, 그 녀석은 차도 안 가져왔으니 갈 곳이 없을 거예요. 아마도 현관 처마 밑에서 시원한 공기를 마시며 화를 삭이고 있을 겁니다."

깜짝 놀란 야스코에게 도나리가 냉정한 해설을 덧붙였다.

"정말, 정말로 다치바나 씨를 살피러 가지 않아도 되나요?"

"정말, 정말로 괜찮습니다. 내기를 해도 좋아요."

"오오, 교수 입에서 내기라는 말이 나왔어!"

류자키는 또다시 입가에 미소를 띠며 말했다.

야스코는 고개를 갸우뚱하면서 구석에 있는 방으로 돌아갔다.

야스코의 뒷모습이 사라지자 류자키는 다시 배를 부여잡고 웃기 시작했다. 이 모습을 보고 도나리와 아베도 덩달아 웃기 시작했다.

다치바나의 얼굴은 아직도 밑을 향하고 있었다.

다치바나가 앉은 마루 위가 젖어 있었다. 울고 있었던 것이다.

이런 사실을 눈치 챈 세 사람은 웃음을 멈추고 다치바나의 주위를 둘러싸듯이 앉았다.

"야, 왜 그래."

"내가 너무 한심해서……. 패미가 말한 대로야. 어째서 너희에게 돈 얘기를 꺼낸 것일까……. 할 수 있는 최대한의 일을 했다는 건 거짓말이야……. 단지 내가 잘 아는 곳을 몇 군데 방문한 것만으로 100% 노력을 한 기분에 젖어있었어……. 기대하던 곳에서 거절을 당하고, 1주일 후면 너희들이 오니까 빌려달라는 게 아니라 출자해 달라고 하면 찬성해 줄 거라고 착각한 거지……. 너희들에게 정말 면목이 없다. 오늘 말한 것은 잊어 줘…….”

다치바나는 띄엄띄엄 말을 뱉어냈다.

“야, 비도 그쳤다. 별도 보이기 시작했으니 내일은 날씨가 맑을 거야, 분명.”

뒤를 돌아보니, 사쿠라다가 시치미를 떼고 서 있었다.

“미안. 모처럼의 축하 파티였는데 쓸데없는 말로 분위기를 험악하게 만들었다. 사과할게.”

사쿠라다는 깊이 머리를 숙이고 다치바나에게 다가가 그의 어깨에 손을 올렸다.

“원숭이, 생각해 봤는데 나는 빚에 관한 한 베테랑이야. 교수처럼 경제학이나 경영에 대한 지식은 별로 없지만, 실전에서 단련된 자금 조달에 관한 비법은 꽤 갖고 있다고. 돈은 빌려줄 수 없지만, 지혜라면 빌려줄 수 있어. 대형 은행은 힘들지만, 신용금고라든지 광역자치단체의 신규사업 대부라는 것도 있으니 부지런히 방문해 봐. 자치단체의 상담 창구도 있고 말야. 내가 밖에서 직접 부딪쳐보면서 여기라면 돈을 빌려줄지 모른다고 생각했던 곳이 지금 살고 있는 집 근처의 농협이었어. 펜션을 이용해서 뭔가 이 고장에 공헌할 수 있는 일을 생각해본 다음, 융자 신청을 해보는 게 어때? 뜻밖에 성공할지도 모른다고."

"좋은 생각일지도 몰라. 나는 회사에서 겪은 사소한 일들만 조언해줄 수 있어. 그 분야에서는 패미가 나보다 훨씬 더 지식을 갖고 있지. 나는 졌어, 졌다고!"

도나리가 드물게 사쿠라다를 칭찬했다.

다치바나는 겨우 고개를 들었다.

"너 말야, 얼굴이 그게 뭐야? 정말 원숭이처럼 쭈글쭈글해졌잖아! 얼굴 좀 씻고 와라."

류자키가 놀리듯이 말했다. 방 분위기가 단숨에 누그러졌다.

다치바나는 수건으로 얼굴을 닦으며 돌아왔다. 그는 사람들 앞으로 오더니 바닥에 무릎을 꿇고 깊숙이 고개를 숙였다.

"모두 미안하다. 조금 전에 한 말은 정말 잊어 줘. 너희의 지혜를 빌려서 스스로 어떻게든, 다시 한 번 노력해 볼게."

"내가 약속한 1,000만 원은 받아도 돼."

"아니, 괜찮아. 그러지 마. 돈 때문에 우리의 우정을 망가뜨리고 싶진 않으니까. 패미의 말을 듣고 깨달았어. 열심히 노력했는데도 실패한다면 그만두면 되는 거야."

"알았어. 그럼, 빌려 줄 수 있는 지혜는 최대한 빌려줄게."

"나도 많이 부족하지만……."

"그런데 패미, 가게가 정말 어려운 거야?"

"응, 솔직히 말해 겨우 버티고 있어. 꽤 어려운 정도가 아니라, 매우, 엄청나게 어려워. 하지만 아까 말했던 것처럼 지금 음식 맛을 전부 개선해가고 있는 중이야. 요식업은 아무리 선전을 해도 맛이 없으면 손님이 와 주지 않으니까. 첫째가 맛이고 그 다음이 홍보 전략이라고 할 수 있지. 가즈미와 딸아이, 나, 셋이 역 앞에서 전단을 돌릴 계획이야. 비프스튜의 스몰 볼 무료 쿠폰과 함께 말야. 그 다음에는 인터넷 판매를 시작할거야. 그래도 실패한다면 나는 다시 한 번, 처음부터 다시 출발한다는 각오로 시작할 거야. 가게 문을 닫게 되더라도 요리 실력에는 자신이 있으니까. 다른 식당에 취직할 수도 있고."

"패미는 참 억척스럽다니까, 성미가 급해서 그렇지……."

류자키의 말에 모두 고개를 끄덕였다.

 무지개 저편에

류자키는 다치바나의 모습을 눈으로 좇고 있었다. 그리고는 눈이 마주치자 양손을 옆으로 뻗어 오른손을 배 근처에서 위아래로 움직이는 시늉을 했다.

"준비됐어? 슬슬, 보여 줘야지."

"뭘? 아, 기타 말이구나. 지금 갖고 올게."

류자키는 기분이 좋다는 듯이 몸을 좌우로 흔들었다. 그러더니 푸르스름한 모스 그린색의 기타 케이스를 든 다치바나가 방으로 들어오자 괴성을 질렀다.

"우와! 멋지다! 블루 케이스라는거니, 정말 굉장해."

"뭐야? 그 블루 케이스가 뭐 어쨌다는 거야?"

"기타 케이스 말야. 현재는 마틴을 검은 케이스에 넣어 팔고 있지만, 1970년대의 원래 케이스는 블루였어. 예전에는 그다지 인기가 없었다는데, 현재는 일부 기타리스트들 사이에서 동경의 대상이지. 블루 케이스를 가진 녀석은 기타에 어떤 고집 같은 것을 가진 사람이 많아. 어서, 어서 빨리 보여줘!"

류자키는 다치바나의 손에서 기타 케이스를 거의 뺏다시피 하더니 능숙하게 케이스를 열었다. 양손으로 기타를 잡고 여러 가지 각도에서 꼼꼼히 살펴보더니 느닷없이 한숨을 쉬었다.

"정말 탐나는 걸? 예상했던 대로 빈티지구나. 무척 귀한 고급품이야."

"뭐가 굉장하다는 거야? 일반 포크 기타처럼 보이는데……."

"재료인 나무판이 달라. 1969년 이전에 만들어진 마틴은 옆판과 뒤판에 자카란다라는 나무를 사용했어. 이 나무는 매우 튼튼해서 깊이 있는 음색을 내거든. 그런데 워싱턴 조약이라는 것이 발표되어 자카란다 나무를 벌채하거나 거래하는 것이 금지되었어. 그래서 1969년 이전의 자카란다를 사용한 기타는 매우 비싼 값에 유통되고 있지. 원숭이의 기타는 D45라는 기타의 최고봉인데, 제2차 세계대전 전에 만들어진 D45 중에는 1억 원을 호가하는 것도 있다고."

"역시 드래고는 자신이 좋아하는 것은 잘 알고 있구나. 우리는 음악이나 기타와의 인연이 전혀 없어서 모르겠지만, 네가 흥분 상태라는 건 알겠다."

"패미, '좋아하는 것에 한해서는'란 말은 필요가 없잖아……. 그럼, 연주해 볼게. ……아, 안 되겠다. 연주 못하겠어. 줄이 늘어났잖

아. 이 상태로는 자카란다의 음색이 나오질 않아. D45가 아마도 울어버릴 거야. ……이런 일을 예상하고 새로운 줄을 준비해 뒀지. 줄을 교체할 때까지 잠깐만 기다려."

류자키가 줄을 교체하는 동안에 다치바나가 야스코를 데려왔다. 의자에 앉은 류자키를 중심으로 다섯 명은 부채모양으로 바닥에 앉았다.
"그럼, 여러분이 자-알 알고 있는 곡을 연주해 보겠습니다."

류자키는 천천히 기타를 치기 시작했다. 아베도 금방 알 수 있는 곡이었다. 분명 아이돌 그룹이 부른 '밤하늘 저편'이란 곡이다. 노래가 들어간 곡과는 달리, 기타 음만으로 연주되는 멜로디는 부드러웠고 울림이 풍성했다. 옆에 앉은 야스코가 작은 목소리로 흥얼거렸다.

> 그 후로 우리는
> 무엇을 믿어 왔던 것일까?
> 밤하늘 저편에는
> 내일이 벌써 기다리고 있어.

멜로디를 단음으로 연주하는가 싶더니, 재즈풍의 애드리브로 능숙하게 음을 갖고 노는 류자키의 손가락 끝에, 아베는 마음을 쏙 빼앗겼다.

"익살꾼 드래고의 손가락 끝에서 이렇게 멋진 소리가 나오다니. 이것이 드래고의 진짜 모습일지 몰라. 굉장해, 정말 훌륭해. 예전에 들었을 때보다 월등히 실력이 좋아졌어."

연주가 끝나자 잠시 모두 말을 잇지 못했다.
몇 초간의 침묵이 흐른 뒤 일제히 손뼉을 쳤다.
"정말 멋져, 드래고!"
"이 곡이 이렇게나 좋은 곡이었다니……"
"어떻게 이렇게 실력이 좋아진 거야? 연습을 굉장히 많이 했구나."
류자키는 전에 없이 신비스러운 얼굴로 대답했다.
"1년 동안 강사에게 배웠어. 시로카와 류세이 선생님이라고 알아? '어쿠스틱 기타'의 신, 류세이 선생님은 모두가 동경하는 기타리스트야. 어쿠스틱 기타ss는 전기를 사용하지 않는 기타를 말해. 참고로 류세이 선생님은 많은 아티스트들의 녹음에도 참가한 분이시지. 어느 날 신오쿠보에 있는 악기점에서 류세이 선생님의 인스토어 라이브가 열린다기에 들으러 갔어. 무대와 객석이 무척 가까워서, 나는 류세이 선생님이 연주하는 기타에 압도당하고 말았지. 그래서 라이브가 끝난 뒤에 큰 맘 먹고 선생님께 말을 걸었어. 선생님께서는 기타 레슨을 하지 않으시냐고 말야. 그랬더니 정해진 레슨은 하지 않지만, 비어 있는 시간에 온다면 기초 레슨 정도는 해줄 수 있다는 거야. 그래서 1년간 다니면서 기타 잡는 법, 코드 잡는 법 등 기초부터 다시 공부했지. 나도 예전부터 기타를 치긴 했지만, 내 멋대로 연주해 온 탓에 정확한 연주법을 배운 게 큰 도움이 됐어. 레슨비는 꽤 비쌌지만, 그만큼의 성과는 있었지. 선생님께 배운 대로 연주하면, 무척 편하게 연주할 수 있으니까…… 괜찮겠어? 이 이야기를 계속해도."

"물론이지! 드래고가 진지한 이야기를 하다니, 이런 일은 좀처럼 없으니까."

"……게다가 레슨 도중에 선생님과 인생에 관해서도 많은 이야기를 나눴지. 선생님은 대학을 졸업한 후에 2년간 일반 회사에서 샐러리맨으로 일을 했대. 일은 나름으로 열심히 했는데, 뭔가 자신이 정말로 하고 싶은 일이 아닌 것 같다는 생각이 들었대. 그러다가 중동지사로 발령이 난거야. 그 회사의 엘리트 코스였대. 하지만 과감하게 사직서를 내고 자신이 정말 하고 싶은 일, 즉 기타를 본격적으로 공부하기로 했대. 곧바로 기타 한 대만 짊어지고 미국으로 건너간 거지. 거기서 1년 동안 방랑하면서 무작정 기타리스트들을 찾아가서 레슨을 부탁했다고 해. 처음에는 못마땅한 얼굴로 무시를 당했지만, 결국 열의를 무시하지 못해 여러 가지 테크닉을 가르쳐 주었대. 일본으로 돌아와서는 그야말로 잠자는 시간 빼고는 기타를 놓지 않았다나. 나는 선생님의 삶의 방식에 압도당하고 말았지. 자신의 인생을 스스로 개척해 나간 그 열정 말야. ……이 곡도 류세이 선생님께서 과제로 내주신 곡이야."

"그런데 왜 다시 처음부터 배우려고 결심하게 된 거지?"

"다들 알다시피, 나는 45세 때 폐렴이 심해서 입원했잖아. 그때 너희들도 병문안을 왔었지. 한 달 정도 회사를 쉬면서 앞으로 어떤 인생을 살아갈 것인지를 생각해 봤어. 아까 교수가 청춘시절에 잃어버린 걸 찾으러 간다고 했었잖아. 바로 그거야. 내가 잃어버린 것은 음악이었어. 음악이 좋아서, 정말 좋아서 견딜 수 없었지만, 제대로 공부해야겠다는 생각은 못했었지. 나 자신만 즐거우면 충분하다고 생각했으니까. 하지만 기타를 제대로 배워서 더 능숙하게 연주할 수 있다면, 세상이 더 넓어질 것 같다는 느낌이 들더라고. 이제 와서 프로가 되겠다는 생각은 없어. 프로가 되려고 해도 무리겠지. 하지만 현재 밴드에서 하는 봉사활동에는 매번 참가하고 있으며, 여러 곳에서 연주도 더 많이 하면서 노래를 부를 생각이야."

"우와! 봉사활동도 했었구나. 몰랐네."

"지인의 부탁으로 양로원에서 연주를 했어. 처음에는 '다른 사람을 위해서'라는 거만한 생각으로 봉사활동에 갔는데, 거기서 내가 말도 안 되는 착각을 했다는 사실을 깨달았지. 오히려 내가 활력과 용기를 얻게 된 거야. '다른 사람을 위해서'라고 생각하던 나 자신이 부끄럽더라고. 참, 그때 내 연주를 들었던 75세쯤 된 노인께서 고맙다며 시를 지어 주셨는데 지금도 확실히 기억하고 있어."

'젊은이들이 모여 연주하는 노랫소리에 청춘의 날로 나는 돌아갔노라.'

쉰에 가까운 우리를 '젊은이들'이라고 불러준 데다가, 우리의 연주로 청춘시절을 떠올렸다니 무척 감동이었지. 지금도 그때 일을 떠올리면 눈시울이 뜨거워져. 음악이라는, 세대를 초월한 도구는 사람과 사람의 유대감을 더욱 강하게 해준다고 할까? 그래서 나는 몸이 허락하는 한, 사람들 앞에서 연주를 계속할 참이야."

"너의 진지한 이야기는 오랜만에 들어보지만, 나도 네 생각에 충분히 공감해. 음악이든, 요리든, 누군가가 열심히 하는 일은 다른 사람과 접점을 강하게 만들지. 그야, 물론 취미가 같을 때 이야기지만. 그렇다곤 해도 드래고, 지금 한 연주는 무척 훌륭했어. 앙코르로 한 곡만 더 부탁할게."

사쿠라다가 연주를 재촉하자, 류자키는 다시 한 번 기타를 잡았다.

"그럼, 류세이 선생님께 배운 곡을 한 곡 더 연주해 볼게. '오버 더 레인보우'라는 곡인데 중간쯤부터 노래를 부를 거야. 원곡은 영어지만, 내가 직접 일본어 가사로 번역해 봤어. 양로원에서 부르려면 가사가 어떤 내용인지 알려주는 편이 좋을 것 같아서."

"저도 이 곡 좋아해요. '오즈의 마법사'라는 옛날 영화에 나오는 곡 맞죠? 어머니께서 이 곡을 좋아하셔서 자주 노래를 부르곤 하셨어요. 일본어로는 '무지개 저편에'이지요.

야스코가 기쁜 듯이 눈을 가늘게 떴다.

따-안, 따-안, 딴따따따-안, 따-안, 따-안, 따-안

"아, 알아. 아는 노래야……."

아베는 무척 기분이 좋아졌다.

귀에 익숙한 멜로디가 끝나자, 류자키가 노래를 부르기 시작했다. 약간 허스키한 바리톤 보이스의 노래가 흘러나왔다.

> 무지개 저편에는 무언가가 있어요.
> 동화 속의 멋진 나라가
> 무지개 저편에는 희망이 있어요.
> 꿈이 이루어진다는 이상한 나라가
> 언젠가 나도 갈 거야. 저 무지개를 건너서
> 눈물을 흘리면 괴로운 일이 전부 사라진다는
> 아무 말도 안 해도 마음과 마음이 통하는
> 친구가 살고 있는 나라로
> 생명이 다할 때까지 우리는
> 꿈과 내일을 만들어 가자

아베는 눈을 지그시 감은 채 머릿속에 무지개를 그리고 있었다. 초등학생일 때, 친구들과 무지개 끝자락까지 가보자며, 자전거 페달을 밟았던 일이 떠올랐다.

"그때는 무슨 일이건 열심히 했었지. 웃는 일도, 싸우는 일도, 노는 일도……. 그것을 언제부터, 왜, 잊어버리게 됐을까?"

> Hint of Starting Note ④ Finance
>
> **돈은 얼마나 있어야 할까? 20년 계획을 세워본다**

　새로운 인생 계획을 세울 때, 가장 먼저 고려해야 할 점은 '대체 돈이 얼마나 있어야 생활이 가능할까?'일 것이다. 조직에서 도중에 퇴직하고 새로운 삶을 시작하는 경우는, 당연히 해봐야 할 계산이다. 하지만 정년을 맞이하는 사람일 경우, 의외로 대수롭지 않게 여기는 경향이 있다. '퇴직금, 공적자금, 기업연금, 그리고 수중의 예금……이것만 있으면 어떻게든 될 것'이라는 생각 때문이다.

　하지만 퇴직 후에 바로 전환 신청을 해야 하는 건강보험이나 다음 해에 납부해야 할 주민세 때문에 당황하게 된다. 국민건강보험으로 전환하는 것은 회사원 시절의 높은 임금(표준 월보수액)이 산정 기준이 되므로, 그 부담을 무시할 수가 없다. 조합건강보험에 가입한 사람이라면 2년간 임의로 계속할 수 있지만, 퇴직 후 20일 이내에 수속 절차를 밟지 않으면 권리가 상실된다. 게다가 지금까지는 회사와 절반씩 내던 것이 전액 개인 부담이 된다. 그래서 부담도 커진다. 퇴직 다음 해의 주민세도 회사원 시절의 마지막 수입이 기준이 되므로, 수입이 줄어든 사람은 부담스럽다.

　따라서 무엇을 하든 최소한의 생활을 하는 데 얼마가 필요한지 미리 계산해 둬야 한다. 하지만 여기에는 일반적인 공식이 없다. 1,000명이 있으면 1,000

가지의 계산이 존재한다. 왜냐하면, 각자의 사고방식이나 추구하는 삶에 따라 '최소한'이라는 기준이 달라지기 때문이다.

예측 가능한 것은 연금 수급액뿐이다. 공적연금도, 기업연금도 각각 기준이 명확하므로, 이것만은 파악할 수 있다. 다른 수입원은 각 가정에 따라 다르다. 연금수입 이외에 확실히 얻을 수 있는 수입(부동산 수입이나 이자가 정해진 투자이익 등)이 있다면, 그것도 계산에 추가함으로 수입을 파악할 수 있다.

지출의 경우에도 주거비, 광열비, 식비, 대출금 상환 등, '최저한의 생활'을 유지하기 위해 필요한 항목을 어느 정도는 줄일 수 있다. 단, '최저 라인'은 각자의 사정에 따라 변하게 될 것이다.

확실히 파악할 수 있는 수입과 지출이 확실해지면 그것을 비교해 보면 된다. 수입이 많으면 잉여자금 사용법을 생각해 본다. 반면 지출이 많으면 주거를 옮기거나, 생활의 최저 라인을 내려서 경비를 줄이려는 계획을 세워야 한다. 또는, 1주일에 며칠간 추가로 일을 함으로써, 부족분을 채운다는 식으로 생각해봐야 한다.

하지만 어느 쪽이든, 조직에 속해 있던 시절의 연장선상에서 자금 계획을 세우면 '경제적 압박감'이 심해진다. 그러므로 정년 후 약 10년 후의 삶을 머릿속에 그리고, 그런 삶을 위해 무엇이 필요한지 설계하고, 자금 계획을 세우면 밝은 미래를 위한 설계도가 완성될 것이다. 인생 시나리오를 쓰는 최대의 목적은 새로운 인생을 설계함으로써, 더 활기차고 즐겁고 충실한 삶을 살아가려는 것이다.

이번 장에서 교수(도나리)가 친구들에게 보여준 '연간수지 결산표'와 '간략한 향후 20년 계획표'는 거기에 써넣는 숫자보다는 미래의 삶을 떠올려보는 것에 의미가 있다. 배우자와 함께 상의하면서 빈 칸을 채워나간다면 부부 두 사람을 위한 인생 시나리오가 될 것이다. 그래서 더욱 큰 의미를 갖게 된다. 즉, 파트너십을 강화하는 방법도 된다.

먼저 자신이 받을 수 있는 연금액을 알아 두어야 한다. 연금기구에서 보내오는 '연금 정기편'을 확실히 확인해 두거나, 혹은 문의함으로써 조사할 수 있다. 직접 찾아갈 경우에는 연금사무소 또는 연금기구본부에서 직접 받은 자료, 연금 수첩 등, 신분증을 지참해야 한다. 전화로 조회할 경우에는 기초연금 번호를 알아두고, 가장 가까운 연금사무소 등에 문의하면 된다.

또한 사회보험사무소나 사회보험업무센터에 편지를 보내서 조사하는 방법도 있다. 기초연금번호, 주소, 성명, 생년월일, 전화번호를 명기하고 연금 예상액을 청구하면 된다. 인터넷을 통해서도 연금가입 기록을 확인할 수 있고, '연금 예상액'을 계산해 볼 수 있다.

PART 5

일을 그만두면
진정한 친구가 누군지
알게 된다

 START 클럽

　기타 연주가 끝나자 손뼉을 치면서 저마다 무지개 저편을 상상해 보았다. 누군가는 청춘시절에 잃어버린 것을, 다른 누군가는 이제부터 찾을 파랑새를, 그리고 누군가는 평화로운 광경을 떠올렸다. 류자키가 빚어낸 소리에 그런 힘이 있었다.
　띠링, 띠링 기타 현을 울리면서 류자키가 입을 열었다.
　"고마워. 지금 기타를 치면서 생각한 건데 표현은 잘 못하겠지만, 조금 쑥스럽네……. 새삼스럽게 친구란 참 좋은 거구나, 하고 생각했어."
　"나도 똑같은 생각이야."
　"나도 마찬가지야."
　"그건 참 신기한데?"
　5인방이 저마다 대답했다.
　"역시 우리는 친구라니까. 우연히 고교시절에 짧은 시간을 공유한 것뿐이지만, 그 후 40년 가까이 친하게 지내고 있으니 진정한 친구라고 생각해. 사소한 다툼은 셀 수 없을 만큼 많이 했지만, 저 녀석의 얼굴은 보고 싶지 않다거나, 절교할 거라는 말 따위는 한 번도 해본 적이 없잖아?"

도나리가 감격에 겨운 듯 말한다.

"나는 툭하면 절교하겠다고 생각했지만 진짜로 절교한 적은 한 번도 없다고."

사쿠라다가 겸연쩍은 듯이 말했다.

"아까도 절교하겠다고 생각하기는 했지!"

일제히 우하하-하고 웃음을 터뜨렸다.

"그래서 말인데 말야……."

류자키가 이야기를 원래대로 되돌렸다.

"그래서 나는 아까 이야기했던 원숭이네 펜션의 비상사태, 패미네 레스토랑 이야기를 남의 일이라고 생각할 수 없어. 돈은 없지만 뭔가 할 수 있는 일이 없을까를 생각했지. 지혜를 내놓으라고 해도 도깨비 방망이가 아닌 이상, 금방 떠오르지 않아. 그래서 말인데, 모두 이메일 주소를 갖고 있지? 내가 우리만의 메일링 리스트를 만들 테니, 메일링 리스트를 이용해서 모두가 함께 의논해 보자. 일이 바빠서 자주 얼굴을 볼 수는 없으니까 말야. 이메일이라면 잠깐 시간을 내서 얼마든지 대화를 할 수 있잖아."

"메일링 리스트라면 나도 회사에서 프로젝트 회의 때 사용하고 있어. 무척 편리하지."

도나리가 류자키의 말에 수긍하면서 말했다.

기계에 약한 아베가 물었다.

"보통 이메일과는 다른 거야?"

"보통 이메일이라도 모든 사람의 이메일 주소를 입력하고 '전체 답장'을 누르면 한 번에 보낼 수 있지. 하지만 메일링 리스트를 한 번 작성해두면, 평소처럼 답장을 보내기만 해도 전원이 정보를 공유할 수 있어."

"쉽게 만들 수 있으니까 메일링 리스트는 내게 맡겨 줘. 지혜를 짜내는 일은 모두에게 맡길 테니까……."

류자키는 재치 있게 이야기를 마무리 짓지 않고는 못 배기는 성격이었다. 반드시 어느 부분에선가 웃게 해줘야겠다는 속셈이 보였다.

"이견은 없는 거지? 나 역시 인터넷 판매에 관해 상담도 하고, 홈페이지의 활용법에 관한 지혜도 빌리고 싶어."

사쿠라다가 몸을 내밀면서 류자키 쪽으로 다가갔다.

"사이트 디자인이라면 아주 저렴하게 해줄게."

"뭐? 나한테 돈 받을 생각이야! 큰일이구먼."

"돈이 아냐, 너희 가게에서 그 맛있는 밥을 먹게 해준다면 그걸로 충분하다고."

"그 정도라면 식은 죽 먹기지. 마음껏 먹게 해줄게. 물론 가게가 망하지 않았을 때 이야기지만 말야."

"심각한 이야기는 하지 말고 항상 긍정적으로 생각하자. 긍정적으로 말야. 그건 그렇고, 이 그룹에 이름을 붙여야지. 메일링 리스트에서 사용할 이름을 생각해보자."

"그거 괜찮은 생각인데? 쇼와 잔당회(残当会)는 어때?"

"에이, 기각, 기각. 지틀스는 어때?"

"그게 무슨 뜻이야?"

"비틀스에서 따온 거야."

"그럼 고닌쟈는? 고레인쟈에서 따온 말인데……"

"그러니까 패러디는 안 돼. 드래고는 절대로 패러디에서 못 벗어날 거야?"

"목적을 생각하면 '제2의 인생을 생각하는 모임'이 딱인데……."

"안 돼, 안 돼. 교수는 너무 진지하다니까."

모두가 추억 속의 명칭을 열거하고 있을 때, 아베는 무언가를 메모하고 있었다. 한 사람, 한 사람의 이름을 확인해 가면서 입을 열었다.

"START 클럽이라고 하면 어떨까? 지금부터 각자의 인생을 생각해 보자는 것이 주된 목적이고, 사쿠라다의 S, 도나리의 T, 아베의 A, 류자키의 R, 다치바나의 T, 전부 연결하면 START가 되잖아."

"뭐, 스타트? 오, 그렇구나. ……그거 좋은데? 잘도 생각해냈네. START 클럽……. 음, 맘에 든다! 그런데 한 가지만 주문할게. 두 번째 T는 내 이름의 T, 즉 다치바나의 T로 해줬으면 좋겠어."

"어이, 그건 안 된다고. 두 번째는 내 이름의 T, 도나리의 T로 결정이야. 제안자인 평균도 그렇게 말했으니까."

"제멋대로 바꾸는 건 용서하지 않겠어. 그렇다면 가위, 바위, 보로 승부해 보자."

"좋아, 그 승부를 받아주지."

"가위, 바위, 보!"

다치바나는 주먹, 도나리가 보를 냈다.

"역시 정의는 언제나 승리하는 법. 두 번째 T는 도나리의 T다."

아저씨들은 배를 부여잡고 다시 한 번 웃었다. 야스코가 흐뭇하다는 듯이 이 광경을 지켜보고 있었다.

"좋았어, 모레 회사에 나가자마자 START 클럽으로 메일링 리스트를 만들게. 시험 삼아서 이메일을 보내볼 테니까 반드시 모두가 답장을 보내줄 것. 알겠지?"

류자키가 말하자 모두 고개를 끄덕였다.

"그래서 말인데, 첫 번째 주제는 원숭이의 차입 문제로 하자. 패미, 지금까지의 네 경험을 바탕으로 뭔가 좋은 아이디어가 있으면 계속 의견을 말해줘. 그리고 안심해. 너희 레스토랑에 관한 문제도 제대로 생각하고 있으니까."

다치바나와 야스코는 깊이 고개를 숙였다.

"잘 부탁한다. 역시 어려울 때는 친구밖에 없구나. 하지만 우선 월요일에 농협에 가서 상담부터 해볼게. 조금 전 패미의 아이디어는 꽤 좋은 생각인 것 같아. 농협에 가면 뭔가 가르쳐 줄지 모르니까."

"정말 잘 부탁해요. 이 사람, 열정만큼은 남들 배 이상이지만, 계획성은 절반 이하라니까요. 많이 의지하게 될 테니 잘 부탁합니다. 다음에는 더 맛있는 음식을 준비할게요."

아베는 노트에 관해 모두에게 이야기해 볼까 생각했지만, 그건 아니란 생각에 고개를 흔들며 마음을 억눌렀다. 누군가에게 이야기한다면 그로 인해 그 [아베 레이지]와의 교신이 끝나버릴 것이다. 어쩌면 그것도 iNote의 원리와 마찬가지로 단지 겁을 주는 것뿐일지 모르지만, [아베 레이지]에 관한 한, 무슨 일이 있어도 마지막까지 지켜보고 싶었다. 14년 후의 자신과 이야기를 나눈 사람은 자신 이외에 없을 것이다. 전부 결론이 난 뒤에 이야기해도 늦지 않다. 적어도 지금은 안 된다. 하지만 [아베 레이지]가 낸 키워드만은 물어보자. 그렇게 생각하고 아베는 입을 열었다.

"저기, 메일링 리스트에서는 우리의 미래에 관한 이야기도 했으면 좋겠어. 그래서 말인데, 너희가 앞으로의 인생에서 필요하다고 생각하는 것을 짧은 단어로 말하면 어떤 것들인지 말해 주지 않을래? 지금 생각나는 것도 괜찮아."

사쿠라다가 입을 열었다.
"나는 돈, 즉 머니야. 미약하나마 경제적 안정이 필요하다고 생각해. 그리고 나도 잃어버린 것을 찾으러 갈 생각인데, 일본 각지에 있는 유명 음식점 맛을 우리 가게, 즉 아카바네에서 맛볼 수 있게 하는 게 꿈이야. 어떤 음식이든 아카바네에 전부 다 있는 거지. 자세한 내용은 메일링 리스트로 보낼게."

다치바나가 말을 계속했다.
"나 역시 돈이라고 생각해. 적어도 지금은 말야. 하지만 그것을 제외한다면 오랜 꿈이라고 할 수 있겠지. 충분한 시간을 오직 내 꿈을 위해서만 마음껏 사용하는 거야. 그림을 그리거나 숲 속에서 시선한 공기를 들이마시거나……하면서."

류자키가 의욕이 넘치는 말투로 말했다.
"나는 뜻, 즉 마음이야. 건강한 생각을 하면 무슨 일이든지 할 수 있을 테니."

도나리가 마지막으로 결론을 내렸다.

"나는 두 가지가 필요하다고 생각해. 하나는 건강이야. 정신적인 건강과 육체적인 건강. 그리고 다른 하나는 친구지. 가족을 포함한 넓은 범위의 친구 말야. 이 두 가지가 갖춰지면 좋을 것 같아. 예전에 읽었던 책 중에 《나이를 먹는다는 것의 쇼크는 세 번 온다》라는 책이 있었지. 에미 고우이치라는 경제학자가 85세 때에 쓴 책이야. 이 타이틀은 '오일 쇼크'에서 따왔는데, '오일'과 '나이를 먹는다'는 말의 발음이 같다는 점에 착안한 제목이지(일본어로 '오일'과 '나이를 먹는다'는 단어는 '오이루'로 발음이 같다-역주). 이 경제학자가 꼽은 것은 세 가지 K였어. 즉, 건강, 경제, 마음, 이 세 가지가 노후의 지참금이라고 말하고 있어. '노후는 하루아침에 이뤄지지 않는다'고도 하지. 상당히 함축성이 있는 말이라 할 수 있어. 그러니까 지금 모두가 말한 것은 다 옳다고 생각해. 그런데 평균은 뭐라고 생각하는데?"

"난 말야, 지금 한 이야기까지 포함해서 친구가 중요하다고 생각해. 물론 인생의 파트너인 아내의 존재도 소중하지만, 그와 마찬가지로 친구 역시 중요한 것 같아. 힘든 일이 있을 때 서로 도움을 주고받을 수 있으니까. 하지만 서로 도움을 주고받지 않더라도 내 이야기를 들어주는 것만으로 충분히 큰 힘이 되는 존재가 진정한 친구인 것 같아."

"정말 그런 것 같아. 나도 충분히 공감해. 내 선배 이야기인데 퇴직했을 때 깜짝 놀란 게 있어. 뭐냐 하면, 회사원 시절엔 무척 친한 친구라고 생각했던 사람이 있었어. 그런데 회사라는 간판이 사라지자 상대도 해주지 않았대. 게다가 이런 경우가 꽤 많나 봐. 오히려 지금까지 멀게 느껴지던 사람들과 친해져서, 그 사람과 고민거리를 나누거나 한대. 퇴직할 때가 친분 관계를 확인해 볼 절호의 기회라는 거야. 그러니까 정년 후에는 새로운 관계를 구축해야 해."

"교수는 정말 다양한 사람들과 만나는구나. 굉장하다."
아베는 겉치레가 아닌 도나리의 박식함과 폭넓은 인맥에 진심으로 감탄했다.

"'START 클럽'으로 결정하자. 여러분, 오늘을 새로운 출발을 하는 날로 정하는 게 어때? 그리고 내일부터 우정의 끈도 더욱 공고히 해나갔으면 해. 자 그럼, 벌써 12시가 지났으니 오늘은 이쯤에서 쉬도록 하자. 누군가와 함께 자고 싶을지 모르지만, 우리는 숙박 연습을 해야 하잖아? 그래서 오늘은 각자 1인실에서 잘 수 있도록 잠자리를 마련해뒀어. 2층에 있는 방 네 개를 각각 사용해줘. 그리고 내일 말인데, 예보에 따르면 오전 중은 화창하고 저녁 무렵부터 곳에 따라 비가 내린다고 하니까, 그때까지라면 아마 괜찮겠지. 근처의 절경을 감상할 수 있는 포인트가 있어. 그곳으로 안내해 줄게. 산길을 조금 걸어가야 하지만 그리 힘들지는 않으니 안심하도록. 아침은 9시, 출발은 10시 반이고 절경 포인트에서 점심식사를 한 후, 저녁때까지는 여기로 돌아와서 바비큐를 할 예정이야. 오늘은 정말 고마웠다. 푹 쉬자. 그럼, 다들 낼 보자."

다치바나는 내일 일정을 설명해 준 다음, 가볍게 윙크를 했다.

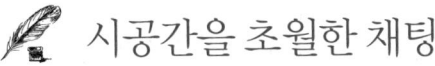 시공간을 초월한 채팅

　각 방은 그리스 신화에서 따온 이름이 붙여져 있었다. 1층은 아테네와 아틀라스, 2층은 아폴론, 크로노스, 바쿠스, 헤르메스라는 식이었다. 사쿠라다는 상업의 신인 헤르메스, 도나리는 예술과 태양의 신인 아폴론, 류자키는 술의 신 바쿠스를 선택했다. 아베는 시간의 신인 크로노스 방에서 자게 되었다. 적당히 선택한 방이지만, 왠지 각자의 성격에 맞는 방을 쓰게 된 것 같았다. 더블 침대가 2개, 소파 침대가 1개 놓여 있었다. 다들 정갈한 방이었다. 조명은 천장의 형광등 외에는 전부 간접 조명이었는데, 형광등을 끄자 차분한 분위기가 연출되었다.

　"크로노스는 시간의 신이구나. 시간을 초월해서 이 세상에 온 아베에게 뭔가 메시지라도 주려나?"

　아베는 혼잣말을 중얼거리며 가방에서 iNote를 꺼냈다. 저번과 마찬가지로, 커버에 붙은 작은 불이 깜빡거렸다.

침대에 앉아 서둘러 iNote를 열어보니, 메시지가 도착해 있었다.

"다치바나가 지은 펜션에는 도착했겠지. 왼쪽 밑의 'K' 마크를 누르면 키보드가 나올 거네. 문장을 입력했으면 'TO'를 누르게. 그러면 이쪽으로 송신이 될 거야. 나는 지금 이쪽 장치 앞에서 자네의 연락을 기다리고 있어. 즉 지금부터 당신과 채팅을 하려는 거지. iNote는 이쪽에서 조작하면 점점 진화할 걸세."

iNote의 지시대로 'K' 마크를 누르자, 키보드가 액정 화면에 나타났다. 시험 삼아 눌러 보니, 알파벳 변환으로 설정되어 있는 듯했다.

아베 레이지: 잘 도착했습니다. 지금 모임이 끝나고 막 방에 들어온 참입니다.
[아베 레이지]: 오, 답장을 받았군. 방에는 혼자 있겠지?
아베 레이지: 네, 혼자입니다.
[아베 레이지]: 뭔가 이상한 점은 없었나?
아베 레이지: 특별히 이상한 점은 없었습니다. 사쿠라다가 술에

취해 작은 소동을 피웠지만, 마지막에는 모두 기분 좋게 헤어졌어요.

[아베 레이지]: 그렇군, 그렇다면 다행이네. 그런데 내일은 무엇을 할 예정인가?

아베 레이지: 내일은 다치바나가 절경을 볼 수 있는 곳으로 데려간다고 합니다. 비가 오지 않았을 때의 이야기이지만 말이에요.

[아베 레이지]: 절경 포인트라면 산은 아니겠지?

아베 레이지: 글쎄요, 구체적으로 듣지는 못했어요.

[아베 레이지]: 그렇군. 자네가 꼭 지켜줬으면 하는 일이 있네. 할 수 있겠나?

아베 레이지: 무슨 일인데요?

[아베 레이지]: 내일은 어떤 행동을 하더라도 다섯 명이 함께 움직여야 하네. 누군가 한 사람이라도 빠지면 안 돼. 할 수 있겠나?

아베 레이지: 왜 그래야 하죠?

[아베 레이지]: 이유는 다음에 설명해 주겠네. 아무튼, 함께 행동해 주게.

아베 레이지: 뭐, 괜찮겠지요. 무슨 일이 있어도 함께 행동하면

됩니까?

(아베 레이지): 맞아, 그렇게 하면 되네. 한 가지만 말하면 이것은 마지막 'F'와 관계가 있어.

아베 레이지: 마지막 'F'는 무엇입니까?

(아베 레이지): Friends, 친구를 말한다네.

아베 레이지: 친구? 대체 무슨 말이죠?

(아베 레이지): 친구는 소중한 존재잖아?

아베 레이지: 물론 소중하지요.

(아베 레이지): 그러니까 Friends라네.

아베 레이지: 의미를 잘 모르겠군요.

(아베 레이지): 이것도 다음에 설명하겠네.

아베 레이지: 이것이 마지막 'F'입니까?

(아베 레이지): 그래, 그것이 마지막이라네.

아베 레이지: 그렇다면 머지않아 당신과 연락이 끊긴다는 말입니까?

(아베 레이지): 꼭 그렇다고는 할 수 없네. 음, 열쇠를 쥐고 있는 게 바로 내일 자네의 행동이야. 다섯 명이 모여 함께 행동하는 것을 자네가 컨트롤 할 수 있느냐에 달려 있네.

> 아베 레이지: 그것 역시 이유를 알고 싶은데요.
>
> 〔아베 레이지〕: 그건 안 되네. 지금은 가르쳐 줄 수 없어.
>
> 아베 레이지: 어쩔 수 없네요. 알겠습니다.
>
> 〔아베 레이지〕: 부탁하네, 정말로 부탁할게. 다섯 명이 함께 행동해주기만 한다면.
>
> 아베 레이지: 함께 행동해주기만 한다면…… 그게 무슨 뜻입니까?
>
> 〔아베 레이지〕: 역시 말할 수 없어. 용서해 주게. 그러면 이것으로 채팅을 끝내겠네. 내일 밤, 다시 한 번 채팅을 하자고. 혼자가 되면 iNote를 열게. 반드시 혼자가 된 다음이어야 해. 그럼 잘 자게.

갑자기 화면이 꺼졌다. 아베는 당혹스러웠다.

'아베 레이지'는 나에게 무슨 말을 하고 싶은 것일까? 마지막 'F'가 친구의 'F'라는 것은 또 무슨 의미일까? 조금 전에 모두와 함께 의논했던 것과 같은 의미일까?

의문이 머릿속에서 소용돌이쳤다. 왠지 채팅이 꺼림칙하다는 생각에 속이 더부룩해졌다. 지금까지 주고받은 대화를 떠올려 보아도, 그가 왜 나를 만나러 왔는지, 무엇을 하려는지 알 수 없었다.

연일 계속된 잔업과 수면부족으로 몸은 피곤한 상태일 텐데, 불을 꺼도 머리는 맑아지기만 했다.

아베가 겨우 잠이 든 것은 밖이 조금씩 밝아지기 시작할 무렵이었다.

 아사마카쿠시 산

문을 두드리는 소리에 눈을 떴다.
"이봐, 평균! 아침이야! 밥 먹어야지! 어서 일어나!"
류자키가 이상한 멜로디에 맞춰 아베를 불렀다.
아베는 졸린 눈을 비비면서 문을 열었다.
"어떻게 된 거야? 네가 마지막이야. 다들 벌써 일어났다고, 어라. 눈이 빨갛네. 잠을 못 잤어?"
"응, 조금. 일에 대해 생각했더니 신경이 쓰여서……."
"아무튼 빨리 준비해. 아래에서 기다릴 테니까."
아베가 급히 서둘러 옷을 갈아입은 다음, 세수를 하고 방에 들어가자, 세 명의 눈이 일제히 아베에게 쏠렸다.
"오늘 기상 시간은 평균 이하인데?"
"미안, 늦잠을 자서."
아베가 비어있는 의자에 앉자, 곧바로 다치바나가 아침 식사를 갖고 왔다.

"좋은 아침이야! 나도 어제 과음을 한 탓에 늦잠을 잤어. 오늘 아침은 조금 대충 만들었지만, 실제로 펜션 운영을 시작하면 조금 더 나은 식사를 준비할 테니까 오늘은 좀 봐줘라."

한 사람, 한 사람에게 돌린 접시에는 미니 샐러드, 햄과 달걀, 두껍게 썬 토스트가 담겨 있다. 야스코가 수프를 들고 나타났다.

"잘들 주무셨나요? 차가운 호박 수프를 준비해 봤어요. 커피는 벽 쪽에 있는 서버에 들어 있으니 마음껏 드세요. 바구니에 든 크루아상 빵은 직접 만든 거예요. 이것도 많이 드세요."

어젯밤의 피로 때문인지, 대화는 그다지 활기를 띠지 못했다. 대신 식욕은 무시무시할 정도여서, 눈 깜짝할 사이에 아침 식사가 끝났다.

"우리의 마음이 전해졌는지 보다시피 참 좋은 날씨다. 일기 예보를 확인한 결과, 저녁 늦게부터 천둥이 치고 비가 오는 곳이 있다고 하니 문제는 없을 거야. 예정대로 절경 포인트로 안내해 줄게. 여기에서 자동차로 조금만 가면 아사마폭포라는 멋진 폭포가 있어. 그곳으로 가본 다음, 다시 자동차로 조금 가면, 아사마카쿠시 산이 나오지. 그 산을 올라가서 정상에서 점심을 먹을 예정이야."

"뭐? 등산이라고? 나는 구두를 신고 와서 등산하기 힘들 것 같은데?"

"이런, 놀러 오면서 구두를 신고 오다니……. 교수는 발 크기가 어떻게 되냐?"

"260인데…"

"오, 마침 잘 됐다. 내 운동화를 빌려줄게."

"등산하면 힘들겠지?"

"아니, 중간까지는 차로 갈 수 있어. 주차장에서 한 시간 반 정도만 걸으면 돼. 가벼운 하이킹 정도라고 생각하면 돼."

"아사마카쿠시 산은 아사마 산이랑은 다른 산이야?"

"다르고말고. 아사마 산을 감추는 산이라고 쓰지. 동쪽에서 보면 아사마 산을 감추고 있는 것처럼 보여서 이런 이름이 붙여졌대. 카와우라후지라는 또 다른 이름도 있어. 1,750미터 정도의 그다지 높지 않은 산으로, 주차장이 표고 1,350미터 부근에 있으니까, 400미터 정도만 올라가면 돼. 작은 산이지만 그래도 일본의 명산 200선에 들어가."

"아사마카쿠시 산이라… '아사마를 감추고 엉덩이는 감추지 않는다'는 말이 되겠군."

"역시, 내 예상대로야. 어제 야스코와 내가 류자키가 그 말을 할 거라고 예상했지. 류자키, 조금도 틀리지 않고 정확한 타이밍이었다. 지금 9시 반이니까 1시간 후에 출발할 거야. 화장실에 갈 사람은 출발하기 전까지 볼일을 다 끝내도록."

"한 시간이나 있을 필요 없잖아. 되도록 빨리 볼일을 끝내고 일찌감치 출발하자고."

"그래. 그렇게 하자."

10시 10분에 전원이 주차장에 모였다.

"저쪽에 보이는 게 아사마 산이야. 표고 2,500미터가 조금 넘으니까, 아사마카쿠시 산보다는 훨씬 높지. 오늘은 이쪽으로 드라이브를 갈 거야. 자, 이제 내 차로 가자."

다치바나가 양손으로 두 개의 산 쪽을 가리키며 설명했다.

랜드크루저의 조수석에 류자키, 뒷자석에는 도나리, 사쿠라다, 아베가 순서대로 올라탔다. 아사마 산 뒤편에는 검은 구름이 드리워져 있었다.

10분 정도 국도를 달리자, 왼쪽으로 비스듬하게 뻗은 비포장도로가 나타났다. '아사마폭포 입구'라 쓰인 간판이 있다. 그 길을 조금 들어가자 역시 포장되지 않은 주차장이 있었다.

"이 안쪽으로 가면 아사마폭포가 나와."

"어, 여기 간판이 세워져 있군. 저쪽이다."

"폭포는 안 보이는데, 여기서 멀어?"

"아니, 5분 정도 걸으면 보일 거야. 그 전에 다른 폭포에 가보자."

다치바나가 손으로 가리키는 곳에 '우오도메폭포'가 있었다.

좁은 급경사 길을 한 줄로 서서 내려가자 바로 왼편에 계단 모양으로 천천히 떨어지는 폭포가 보였다.

"뭐야, 가까운데!"

"이게 우오도메폭포야. 계단처럼 되어 있는 탓에 물고기가 위로 올라가지 못한다고 해서 붙여진 이름이래."

"그렇구나. 그래도 기분은 참 좋다."

"마이너스 이온이 가득 뿜어져 나오는 것 같네."

"이 폭포는 여성적인 것 같아. 바라보고 있으면 마음이 편해져. 다음에 갈 아사마폭포는 어느 쪽이냐 하면 남성적이라고 할 수 있지."

다치바나의 설명은 짧았지만 정확했다.

일단 주차장으로 돌아와 아사마폭포라 쓰인 표지판 쪽의 길을 걷자, 이번에는 15미터 정도 위에서 호쾌한 소리를 내며 떨어지는 폭포가 나타났다. 폭포수가 떨어지는 깊은 웅덩이 하류에는 10미터에 조금 못 미치는 다리가 두 개 걸려 있다. 바로 앞 다리에는 난간이 없었고 '이 다리는 위험하니 건너지 말 것'이란 경고문이 붙어 있었다. 몇 미터 앞에 있는 또 다른 다리에는 제대로 된 난간이 있었다. 안쪽에 있는 다리를 다 건넌 지점이 폭포의 전체 모습을 바라볼 수 있는 포인트인 듯했다.

"이 폭포가 아사마폭포야."

연일 비가 내린 탓인지, 불어난 물이 세차게 떨어지고 있었다. 주변 일대에는 미세한 안개 같은 물방울이 난무했다. 얼굴에 와 닿는 차가운 감촉이 참 좋았다. 아베는 일 때문에 쌓인 피로가 물과 함께 씻겨 내려가는 듯한 상쾌한 기분을 느낄 수 있었다. 다섯 명은 각자 근처에 있는 바위에 걸터앉아서 잠시 생각에 잠겼다.

도심지를 달리는 자동차의 소음은 스트레스만 주는데, 폭포의 요란한 소리는 마음을 편하게 해주었다. 자연은 무엇이든 인간의 생리에 거스르지 않는다.

도나리가 웬일인지 큰 소리로 말했다.

"다들, 웅덩이로 가보자고! 작고 귀여운 무지개가 걸려 있어!"

"정말이다, 정말 오랜만에 보는 무지개네!"

"그렇긴 한데, 정말로 작은 무지개다. 손안에 들어오겠는걸!"

사쿠라다가 이렇게 말하자 다른 네 명은 동시에 눈동자를 크게 했다.

갑자기 류자키가 노래를 부르기 시작했다.

"리슨 투 더 리듬 오브 더 폴링 레인……."

"어이, 그 노래는 비와 관련된 노래잖아. 이건 폭포라고. 어차피 부를 거면 폭포와 관련된 노래를 불러라."

"무식하긴. 이 노래를 부른 사람은 더 캐스케이즈라는 그룹이야. 캐스케이드는 폭포라는 뜻이야? 충분히 관련성이 있다고! 물론 폭포에 관한 노래 따위는 알지도 못하고……."

그러자 다섯 명은 큰 소리로 웃었다.

"자 그럼 이쯤에서 다음 목적지로 가볼까."

다치바나가 재촉하자 다섯 명은 다시 주차장으로 돌아왔다.

차 안에서는 류자키가 아직도 폭포가 아닌 비에 관한 노래를 흥얼거리고 있었다. 그러다 어느샌가 전원이 콧노래로 부르고 있었다.

차는 구불구불 꺾인 산길을 올라간다. 머리핀처럼 각도가 급한 커브를 돌자 다치바나가 입을 열었다.

"여기는 니도아게 고개라고 해. 이제 다 왔어."

길가에 있는 표지판을 보니 '니도아게 고개 표고 1,390미터'라고 쓰여 있었다.

다치바나의 말대로 차는 곧 주차장에 도착했다. 산 쪽으로 이어지는 좁은 길 왼편에 '아사마카쿠시 산 등산로 입구'라 쓰인 나무 팻말이 세워져 있었다.

"자, 여기서부터 등산을 시작한다. 주먹밥은 내가 다 갖고 갈 테니까 물은 너희들이 들고 가."

"어이, 이거 봐, '곰 출몰 주의'라는 팻말이 있어. 정말일까? 왠지 꺼림칙한데……."

"산에 곰이 사는 건 당연한 일이야. 여기서는 곰이 원주민이니까. 그래서 말인데, 여기서는 곰을 쫓아내는 방울을 갖고 다녀야 해."

다치바나는 허리에 찬 커다란 방울을 가리켰다. 어느 틈에 찬 것일까? 움직일 때마다 방울이 큰 소리를 냈다.

다치바나는 모두에게 페트병을 건네고 작은 가방을 들쳐 맸다.

"왠지 구름 움직임이 이상해진 것 같지 않아?"

"응, 서쪽에 검은 구름이 몰려오고 있군."

"비가 내리면 큰일인데. 비옷을 준비하지 않았으니까. 이쯤에서 내려가는 게 좋지 않을까?"

매사에 신중한 도나리가 말했다.

"괜찮아, 괜찮아. 정상까지 한 시간 반 정도면 되잖아? 갔다 돌아올 때까지는 괜찮을 거야. 일기예보에서도 그렇게 말했고."

낙천가인 류자키는 전혀 신경을 쓰지 않았다. 도나리는 팔짱을 끼고 모두를 바라봤다.

"패미, 평균, 너희는 어떻게 생각해?"

"모처럼 여기까지 왔으니까 나는 올라가고 싶어."

사쿠라다는 깊이 생각하지 않고 즉각 대답했다.

"그러면 평균 너는?"

아베는 어젯밤의 채팅을 떠올리고 있었다. '반드시 전원이 함께 행동해 주게.' 류자키, 사쿠라다가 간다고 하면 다수결의 뜻을 따라야 한다고 생각했다.

"나도 가고 싶어. 절경을 보고 싶으니까."

"좋아, 결정됐다. 세 명이 OK라면 등정을 시작하자! 도나리, 괜찮겠지?"

"알았어. 나 혼자 소외되는 건 싫으니까."

다치바나가 선두에 서고, 류자키, 아베, 사쿠라다, 도나리의 순서로 걷기 시작했다. 낙엽송나무 숲에 좁은 등산길이 나있었다.
"역시 오늘은 물이 흐르고 있군."
다치바나가 오른쪽에 있는 작은 계곡을 보면서 말했다.
"평소에는 물이 흐르지 않나봐?"
"응, 오늘이 다섯 번째인데, 물이 흐르는 건 처음 봐. 역시 연일 비가 왔기 때문이겠지."
평소에 운동이 부족한 탓에 아베는 단 5분 정도 걸었을 뿐인데도 숨이 가빠져왔다. 온몸에 땀이 줄줄 흘러 셔츠는 이미 땀범벅이 되었다. 10분 정도 올라가자 전망이 좋은 산등성이가 나타났다. 산등성이를 따라 20분 정도 더 올라간 지점에서 다치바나가 멈춰 섰다.
"저쪽이 아마 산 정상일 거야……. 하지만 화산가스가 짙어서 잘 안 보이네. 마음에 걸리긴 하지만 조금 더 올라가 볼까?"

몇 분 안 가서, '북카루이자와 분기'라는 표지판이 있는 곳에 도착했다.
"원숭이, 방금 뭔가 툭 떨어지지 않았어?"
도나리가 큰 소리로 말했다.
"정말이네. 비가 내리기 시작한다!"

불과 몇 분 사이에 시커먼 먹장구름이 하늘을 뒤덮었고 빗방울은 점차 굵어졌다.

"이쯤에서 그만두자. 등산 중지야! 돌아가자고! 미끄러우니까 조심해. 주차장까지 U턴이다."

빗줄기가 점차 세지기 시작했다. 다섯 사람은 조심조심 최대한 서둘러 산길을 내려갔다. 30분 정도 걸리던 길이었지만, 돌아올 때는 20분 만에 주차장에 도착했다. 모두가 흠뻑 젖어 있었다.

"수건이야. 잘 닦아. 빨리 집으로 돌아가서 옷을 갈아입자. 여분의 옷이 없는 사람은 내 옷을 빌려 줄 테니까 걱정하지 마."

"하지만 왠지 아쉽다. 모처럼 절경을 볼 수 있는 기회를 놓치다니."

"다시 계획을 세우자. 장마철은 역시 안 되겠어. 아침에는 그렇게 날씨가 맑았고 예보에서도 괜찮을 거라고 했는데 말야. 산속 날씨는 정말로 급변하니까 돌아가는 게 옳아. 저렇게 낮은 산이라도 얕보다가는 큰 일이 생길 테니까. 조난당할 수도 있어."

"좋아. 그러면 펜션으로 돌아가서 야스코 씨가 직접 만든 주먹밥이나 먹어볼까? 그리고 아, 그래. 맥주, 맥주도 마셔야지. 안 그래. 원숭아?"

류자키는 변함없이 익살스러웠다.

비가 자동차 창문을 두드리는 통에 밖이 전혀 보이지 않았다. 와이퍼 속도를 빠르게 해도 비의 기세를 도저히 따라갈 수 없었다.

류자키가 또다시 노래를 부르기 시작했다.

"리슨 투 더 리듬 오브 더 폴링 레인……."

사쿠라다가 함께 노래를 부르기 시작했다.

"지금은 이 노래에 불만이 없겠지? 그런데 이 비는 도저히 비가 내리는 리듬이 아니야. 비의 빅뱅이라고!"

류자키는 자포자기한 듯한 목소리로 말했다.

비에 젖은 탓인지, 연일 잠이 부족했던 탓인지, 아베는 맹렬하게 졸음이 쏟아져왔다. 어둠 속으로 빨려 들어가는 듯한 느낌을 필사적으로 견디고 있었다. 하지만 류자키와 사쿠라다의 목소리는 점차 멀어져만 갔다.

'잠들면 안 돼. 자면 안 된다고. 이봐, 일어나. 자면 안 돼!'

어디선가 이런 소리가 들려왔다.

'어이, 일어나. 자면 안 돼! 일어나. 자면 안 돼!'

아베가 눈을 떴을 때는 오른쪽 산 표면이 크게 무너져내리는 것이 보였다.

"앗, 위험해! 멈춰! 멈추라고!"

아베가 있는 힘껏 큰 소리로 외쳤다.

하지만 곧바로 자동차 지붕에 무언가가 떨어졌고, 차는 심하게 기울면서 도로 끝으로 미끄러졌다.

지붕 위로는 커다란 바윗덩어리들이 계속 떨어지고 있었다. 필사적으로 버티던 차도 바위의 기세를 이겨낼 수는 없었다. 결국 가드레일을 벗어나 튕겨나가더니 절벽 밑으로 떨어졌다.

차가 공중에 뜨자 뒷좌석 왼쪽 문이 열렸다. 아베는 공중으로 내팽겨져, 무언가에 호되게 몸을 부딪쳤다.

희미해져 가는 의식 속에서 자동차를 보니, 절벽 아래로 굴러 떨어지고 있었다.

아베의 의식은 그 시점에서 완전히 사라졌다.

5 빼기 4

멀리서 누군가의 목소리가 들렸다.

"누구지?"

아베는 누군가가 자신의 양 볼을 손으로 잡고 있는 듯한 감촉을 느끼며 의식을 찾았다.

"여보, 여보! 정신이 들어요? 다행이다, 정말 다행이에요!"

눈을 뜨자 마리아가 울먹이면서 서 있었다.

"어떻게 된 거지? 여기는 어디야?"

"차가 절벽에서 추락했어요. 여기는 병원이고요. 카루이자와에 있는 병원이오. 당신은 목숨을 건진 거예요. 당신은!"

아베는 온몸에 통증을 느꼈다. 왼쪽 다리와 왼팔에 붕대가 감겨 있었는데, 무언가가 꽉 짓누르는 듯한 느낌이었다. 머리에도 붕대가 감겨 있었다.

"다들 어때? 다른 친구들은 괜찮아?"

마리아는 질문에는 대답하지 않고 아베에게 말을 걸었다.

"왼쪽 팔과 왼쪽 다리는 골절, 게다가 머리는 타박상을 입었대요. 5일간이나 의식이 없어 정말로 많이 걱정했어요. MRI 검사도 했는데 뇌에는 이상이 없대요. 의식만 돌아오면 그렇게 걱정하지 않아도 된다고 의사선생님께서 말씀하셨어요. 다행이네요. 정말 다행이에요."

"카루이자와까지 오게 해서 정말 미안해."

"무슨 말을 하는 거예요. 당연히 와야지요. 다치바나 씨 부인에게 전화를 받고 서둘러서 왔어요. 그러고는 병원에서 계속 머물면서 의식이 돌아오기를 기다렸어요."

"그렇군. 야스코 씨가 연락해 주었군. 그런데 다치바나는 어떻게 됐어?"

"그 이야기는 나중에 해요. 의사선생님을 불러올게요. 의식이 돌아오면 불러달라고 말씀하셨거든요."

마리아는 코를 훌쩍거리면서 종종걸음으로 병실을 나갔다. 아베는 필사적으로 기억의 끈을 더듬어보았다. 바위가 떨어지는 바람에 차가 튕겨져나가 계곡 밑으로 추락한 것이 기억났다. 그리고 자신은 열린 문으로 빠져나왔던 일, 차가 그대로 밑으로 굴러 추락하던 광경이 눈앞에 떠올랐다.

정수리 끝에서 발가락 끝까지 얼음 같은 한기가 스쳐갔다.

문이 열리더니 중년 의사가 싱글벙글 웃으며 들어왔다.

"아베 씨, 정신이 돌아왔군요. 다행이에요. 상처는 별것 아닙니다. 정밀검사를 철저히 했으니까요. 부러진 다리와 팔뼈가 붙고 조금만 재활을 하면 문제없을 거예요. 2, 3일이 지나면 도쿄에 있는 병원으로 옮겨서, 그곳에서 치료와 재활을 하게 될 겁니다. 부인, 병원은 정하셨나요?"

"네, 집 근처의 종합병원에 가서 상담을 했더니, 거기서 받아준다고 했어요. 아이들을 집에 두고 왔기 때문에 집 근처 병원이라서 안심이에요."

"그것 참 잘됐군요. 병원을 옮기는 데 필요한 것은 내일까지 전부 준비해 둘 테니, 모레 이후에는 언제든지 퇴원해도 됩니다."

"정말 감사합니다. 그럼, 모레 퇴원하는 걸로 해주세요."

"도쿄까지는 어떻게 돌아가실 예정이십니까?"

"차를 가져 왔어요. 제가 운전해서 갈 거예요."

"잘 알겠습니다. 많이 걱정되셨죠? 그래도 우선은 큰 고비를 넘겼네요."

의사가 병실을 나가자 아베는 마리아에게 오른손을 내밀었다.

"마리아, 다른 녀석들은 어떻게 된 거야? 말해 줘! 이 병실에 있는 거야? 상처는 어때?"

마리아는 세차게 고개를 옆으로 흔들고는 입을 다물었다. 눈에 눈물이 가득 차오르더니 이윽고 양 볼을 타고 흘러내렸다.

"흐흑!"

마리아는 알아듣기 힘든 소리를 내며 심하게 흐느끼기 시작했다.

"설마! 잘못되기라도 한 거야? 말도 안 돼! 거짓말이지? 마리아!"

마리아는 잠깐 동안 계속 울더니, 크게 숨을 들이마신 후에 아베의 오른손을 꼭 쥐었다.

"여보, 잘 들어요. 이 세상 사람이 아니에요. 다른 분들은 모두 목숨을 잃었다고요. 목숨을 건진 사람은 당신뿐이에요. 당신만 살아남았어요!"

마리아는 말을 마치고 다시 한 번 격렬한 울음을 터뜨렸다.

"야스코 씨는 말이에요. 처음에는 남편이 세상을 떠난 것도, 다른 사람들이 세상을 떠난 것도 말하지 않았어요. 당신이 큰 상처를 입고 카루이자와에 있는 병원에 입원해 있다고만 했지요. 나도 사고 소식을 듣고는 경황이 없어서 다른 사람들의 안부를 묻는 것도 잊은 채, 여기까지 달려왔고요. 병원에 와서야 사고에 관한 이야기를 들을 수 있었어요. 그래서 서둘러 야스코 씨가 있는 곳으로 달려갔지요. 펜션에는 사쿠라다 씨의 부인인 가즈미 씨, 류자키 씨의 부인 유리에 씨, 그리고 도나리 씨의 부인인 레이카 씨가 모두 모여 있더라구요. 병원과 경찰서를 함께 돌면서 신분 확인을 했대요. 나는 무슨 말을 해야 할지 알 수 없어서 모두와 함께 손을 잡고 단지 울고만 있었어요. 우는 일밖에 할 수 없었지요. 그랬더니 야스코 씨가 내 어깨를 안아주면서 아베 씨만이라도 목숨을 건져서 다행이라고, 다섯 명 모두가 잘못됐다면 더 비참했을 거라고 말해 주었어요. 야스코 씨는 참 대단한 사람이에요. 야스코 씨의 말이 얼마나 위안이 됐는지……. 사실은 내가 모두에게 힘을 주지 않으면 안 되는데 말예요."

마리아의 이야기를 들으면서 아베는 울고 있었다. 눈물이 하염없이 흘러나왔다. 다치바나, 도나리, 류자키, 사쿠라다……한 사람 한 사람의 웃는 얼굴이 머릿속에 떠올랐다. 아베는 가슴이 찢어지는 듯한 슬픔을 느끼며 흐느꼈다.

"그 녀석들이 이제는 이 세상이 없다니. 이런 말도 안 되는 일이! 병실 문을 열고 모두가 웃으면서 들어올 거야. 틀림없이 올 거라고!"

울어도, 울어도 눈물이 멈추지 않았다.

마리아도 바닥에 무릎을 꿇고 침대에 머리를 묻은 채 오열하고 있었다.

카루이자와의 병원에서 나오는 날, 아베는 마리아가 운전하는 차로 다치바나네 펜션을 들렀다. 어떤 얼굴로 야스코 씨를 만나야 할지, 어떤 말을 해야 할지, 도무지 알 수 없었지만, 아무튼 야스코 씨를 직접 만나 위로를 해야겠다고 마음 먹었다.

펜션을 나와 아사마카쿠시 산으로 향한 것이 꽤 오래 전에 있었던 일처럼 느껴졌다. 그때의 기억은 머나먼 저편으로 빠르게 흘러가고 있었다. 하지만 펜션에서 즐거운 시간을 함께 보냈던 친구들이 더 이상 세상에 없다는 현실이 아베의 마음을 무겁게 만들었다.

뭐라고 형언하기 어려운 암울한 기분으로 아내의 어깨에 의지해 펜션으로 향했다. 문을 두드리자 야스코 씨가 문을 열어 주었다. 얼굴에는 예상대로 피로가 가득했지만, 따뜻한 눈빛으로 아베 부부를 맞이해 주었다.

"아직 몸이 다 낫지도 않으셨는데, 일부러 여기까지 와주셔서 감사해요. 자, 안으로 들어오세요. ……리쿠스케, 이리 좀 와서 아베 씨를 부축해 드리렴. 아, 아들이 지금 집에 와있어요. 엊그제 조용히 가족장을 마쳤거든요. 어머니께서 몸이 상하셔서 지금 주무시고 계시니 잠깐 실례할게요."

다치바나의 아들인 리쿠스케는 도쿄에 있는 대학에 다니고 있다. 다치바나 부부가 히요시에 있는 집을 팔았을 때부터 대학 근처에서 자취를 시작했다.

아베는 마리아와 리쿠스케의 부축을 받아 1층 주거구역으로 안내되었다. 거실에는 작은 제단이 마련되어 있었고, 액자 안에는 낯

익은 다치바나의 웃는 얼굴이 있었다.

"카루이자와에 있으면서 장례식에도 참석하지 못해 정말 송구스럽습니다.……그보다 저 혼자 살아남아서…….."

선 채로 다치바나의 영정에 향을 올린 아베는 야스코와 리쿠스케를 향해 말을 했다. 하지만 마지막에는 제대로 말을 잇지 못하고 코를 훌쩍거릴 뿐이었다.

"그런 말씀 하지 마세요. 아베 씨가 무사한 것만으로도 저희에게는 큰 기쁨인걸요. 진정으로 저희를 이해해 주시는 분이 있다는 것만으로도 말예요. 자, 다리가 아직 불편하실 테니 이 의자에 앉으세요……."

야스코는 조용히 장례식을 치른 일, 다른 부인들과 상담했던 일을 이야기하기 시작했다. 야스코의 말에 따르면 도나리, 류자키, 사쿠라다 모두 가족들만 모여서 조용히 장례식을 마쳤다고 한다. 그 대신, 7월 하순에 4명이 합동 장례식을 열기로 했다고도 했다. 동창회 총무인 요시무라 히데아키가 앞장서서 고교시절 친구들을 중심으로 연락을 취했다고 한다.

"펜션은 어떻게 하실 생각이십니까? 다치바나가 이런 일을 당해서……."

"여러 가지로 생각해 보았습니다만, 제가 운영할 생각입니다. 펜션 운영은 다치바나와 저, 두 사람의 꿈이었으니까요. 저만이라도 그 꿈을 이어받아 어떻게든 해보려고요. 차입금도 어떻게든 마련해볼 생각입니다. 하지만 예정대로 문을 열기는 조금 힘드니, 당분간 상황을 지켜본 다음, 준비가 끝나면 다시 문을 열 생각입니다. 아베 씨, 마리아 씨, 앞으로도 여러 가지로 상담할 테니, 꼭 부탁드립니다."

야스코는 애써 씩씩하게 웃어 보였다.

아베는 다치바나의 영정에 다시 한 번 절을 한 후 펜션을 나섰다.

히노 시에 있는 병원에 들어서자, 벌써 누군가가 병문안을 와있었다. 고교 동창인 요시무라 히데아키와 가와시마 아키코였다. 두 사람은 아베의 상태를 염려하면서 7월 23일에 장례식이 열린다는 사실을 전해 주었다. 동창회의 네트워크와 고인들의 회사, 중학교, 대학 친구들에게 연락을 취해 코엔지에 있는 절에서 합동 장례식을 치르기로 했다고 한다.

아베의 상처가 완치될지, 어떨지는 조금 모호한 시기였지만, 아베는 합동 장례식만큼은 꼭 참석해야겠다고 생각했다.

병원에서 혼자가 되자, 아베는 iNote를 꺼냈다. 커버에는 불이 들어오지 않았다. 열어 보아도 아무런 변화가 없었다. 'TO' 마크를 몇 번이나 만져 보았지만 마찬가지였다. 일단 닫은 후에 다시 열어 보아도 결과는 똑같았다.

'고장이 난 걸까? 하지만 펜션에 계속 놓아두었으니까 망가질 리가 없는데. [아베 레이지]는 어떻게 된 것일까? 기다리면 다시 기계가 작동할까?'

아베는 포기하고 iNote를 닫았다.

매일 접속을 시도해 보았지만 결과는 마찬가지였다.

7월에 접어들자 장마는 물러갔다.

연일 무더운 날씨가 이어지는 가운데, 아베는 냉방이 잘되는 병원 복도를 계속 왕복하며 재활에 힘썼다.

회사 동료들도 병문안을 와주었지만, 모두가 매우 우울한 얼굴을 하고 있었다. 아무래도 신제품 매출이 생각처럼 늘지 않은 것 같았다.

아베는 열심히 재활할 때를 제외하면 혼이 빠진 듯 보였다. 회사 상황에 대해 들어도 멍해 보였다. 마치 다른 세상 이야기를 듣는 듯한 표정이었다.

합동 장례식 전날, 아베는 무리인 줄 알면서도 주치의에게 부탁해서 퇴원했다.

아직 다리가 완벽히 낫지 않아서 걸으려면 목발이 필요했다. 왼손은 그럭저럭 움직일 수 있었지만, 손의 힘은 아직 다 돌아오지 않았다. 집에서 재활치료를 하러 다니기로 약속하고 퇴원한 것이다.

장례식은 오전 11부터 거행될 예정이었지만, 마리아가 운전하는 차로 한 시간 전에 이미 절에 도착했다. 식장은 준비가 한창이라 어수선했다. 마리아와 목발에 의지해 발걸음을 옮겼다.

먼저 접수 준비를 하는 친구들에게 인사를 했다. 친구들은 저마다 아베를 배려한답시고 네 명의 친구를 잃은 슬픔을 이야기했다. 하지만 아베는 그때마다 더 큰 괴로움을 느꼈다.

식장을 슬쩍 보니, 제단에는 꽃이 한가득 장식되어 있었다. 다치바나, 사쿠라다, 도나리, 류자키의 사진이 1미터 간격으로 늘어서 있었다. 모두가 웃는 모습이었다. 병실에서 몇 번이나 떠올렸던 그 얼굴들이었다. 눈물이 흘러나왔다. 마리아도 울고 있었다.

대기실로 가자 요시무라가 부인들과 장례식에 대해 여러 가지를 상의하고 있었다. 그들은 마리아와 아베가 온 것을 알아차리고는 재빠른 걸음으로 다가왔다.

"야, 평균, 다리는 좀 괜찮아?"

"아베 씨, 마리아 씨, 고마워요. 힘들 텐데 여기까지 와 주어서."

"남편도 정말 기뻐하고 있을 거예요."

"조금 야위신 것 같네요. 너무 무리하지 마세요."

"펜션에서 어떻게 보내셨는지 나중에 들려주세요. 조금이라도 추억을 간직하고 싶으니까요."

슬픔을 억누르며 아베를 위로하려는 다정한 말도 아베의 마음을 더 아프게 했다. 무언가가 가슴 속 깊은 곳을 찌르는 듯한 느낌이었다. 마리아도 그런 느낌이었는지 아베의 팔을 꼭 붙잡고 있었다.

"여러분, 정말로 면목이 없네요. 저만 목숨을 건져서……. 어떻게 사죄해야 할지 모르겠습니다."

"아베 씨. 당신 잘못이 아니에요. 누구도 피할 수 없었던 사고였으니, 어쩔 수 없는 일이에요. 그렇게 자책하지 마세요."

"감사합니다. 하지만 정말로, 저만……. 저만……."

아베는 말을 이을 수 없었다. 떨어지는 눈물만 닦을 뿐이었다.

장례식은 음악장으로 치러졌다. 도나리의 부인인 레이카가 도나리의 CD 수집품 중에서 골라온 장엄한 바로크 음악이 시작부터 끝까지 흐르고 있었다. 500명이 넘는 조문객 한 사람, 한 사람이 헌화를 할뿐인 간소한 장례식이었다. 하지만 그 단순한 연출이 오히려 아베의 슬픔을 배가시키고 있었다.

식장을 뒤로 하는 아베의 마음은 납덩이처럼 무거웠다.

Hint of Starting Note ⑤ **Friends**

친구·지인 등 나의 인맥지도를 그려보자

정년이 되면 많은 것을 잃게 되는데, 인간관계와 정보가 줄어든다는 사실에 새삼 놀라는 사람이 적지 않다. 철도회사의 기술자로 정년을 맞이한 선배가 이런 이야기를 들려주었다.

그는 정년 시에 이사 · 기사장이라는 직함을 갖고 있었기 때문에, 기술자로는 '성공한 사람'이라고 해도 좋을 것이다.

"정년을 맞이하기 전에는, 퇴직을 해도 직장 동료나 부하들과 지금처럼 좋은 관계를 유지할 수 있으리라 생각했어. 회사를 그만두었던 당시에는 매달 술자리나 골프 모임에 참석해 달라는 권유를 받았는데, 반년이 지난 즈음부터 점점 줄어들기 시작하더군. 가끔 다니던 회사에 가보아도 모두가 왠지 모르게 서먹서먹한 느낌이 들고 말야. 그래서 더는 회사에 놀러가지 않게 됐지. 그러던 어느 날, 나는 한 권의 책에서 충격적인 말을 발견했어. '떠난 자는 나날이 귀찮아진다'고 쓰여 있더군. 예전의 상사랍시고 회사에 찾아오는 선배를 비유한 말이지. 다음 해에는 연하장 수가 현저히 줄어들더군. 그때까지는 매년 500장 정도를 받았는데. 퇴직하고 처음 맞이하는 새해였기 때문에, 매년 나에게 연하장을 보내오는 사람에게 연하장을 보냈지. 하지만 설날 아침에 도착한 연하장은 깜짝 놀랄 만큼 적었어. 정말로 마음이 씁쓸하더군."

그는 새삼스럽게 설날 아침에 도착한 연하장과 자신이 연하장을 보내서 답장으로 받은 것으로 구별해 늘어놓은 다음, 분류해 봤다고 한다. '친척', '회사', '동료', '업무 관계', '학창시절 친구', '지역사회의 지인', '취미인 낚시 친구' 등등……. 이렇게 분류해 보니, 첫날 아침에 도착한 연하장에서는 회사 동료, 업무 관계 지인이 보낸 것이 압도적으로 줄었음을 알 수 있었다. 지금까지는 70% 이상이 그쪽 사람들이었다. 퇴직금, 기업연금, 개인연금, 예금과 노후 자금은 생활에 걱정이 없을 정도지만, 인간관계라는 자산이 줄어든 것이 무척 충격이었다고 한다.

정신적으로 풍요로운 제2의 인생을 보내는 사람들은 일 이외의 인간관계가 풍요로운 사람들이다. 이들은 회사생활뿐만이 아니라, 취미활동이나 지역사회 활동도 활발히 해왔던 사람들이다. 회사나 업무 관련자들이 보내온 연하장은 첫머리에 무난한 인사말만 쓰는 경우가 많다. 하지만 취미나 지역사회 활동을 공유하는 사람들은, 대부분 '올해는 ○○합시다!'라는 즐거운 메시지를 덧붙인다. 또한 그들은 많은 '정보'도 제공해 준다. 그러므로 회사나 일을 떠났을 때, 가장 의지할 수 있는 것은 이런 친구들의 존재일 것이다.

이처럼 새해는 친구나 지인과의 관계를 다시 한 번 돌아볼 절호의 기회가 된다. 연하장을 하나하나 바라보면서 '술을 함께 마실 친구', '함께 취미를 즐길 수 있는 친구', '무엇이든 상담할 수 있는 친구', '업무 관련 정보를 제공해줄 친구', '풍부한 인맥을 가진 친구' 등으로 분류해서, 자신만의 '인재 재고조사'를 해두는 것이 좋다. 너무 어렵게 생각하지 말고, 술안주 삼아서 반쯤 재미로 해봐도 된다.

서로 간에 하고 싶은 말을 하고 편하게 어울리는 사람이 친구, 반쯤 사무적인 기분이 남고, 다소 배려하면서 어울리는 사람이 지인이다. 이처럼 분류해 나가면 다른 사람과의 관계가 편해진다. 친구였다면 화를 낼 일도 '단순히 알고 지내는 사람이니까 어쩔 수 없지 뭐……'라며 받아넘길 수 있기 때문이다.

인간관계를 점검해 보면, 인생 시나리오에서 새로운 전환점을 발견할 수도 있을 것이다.

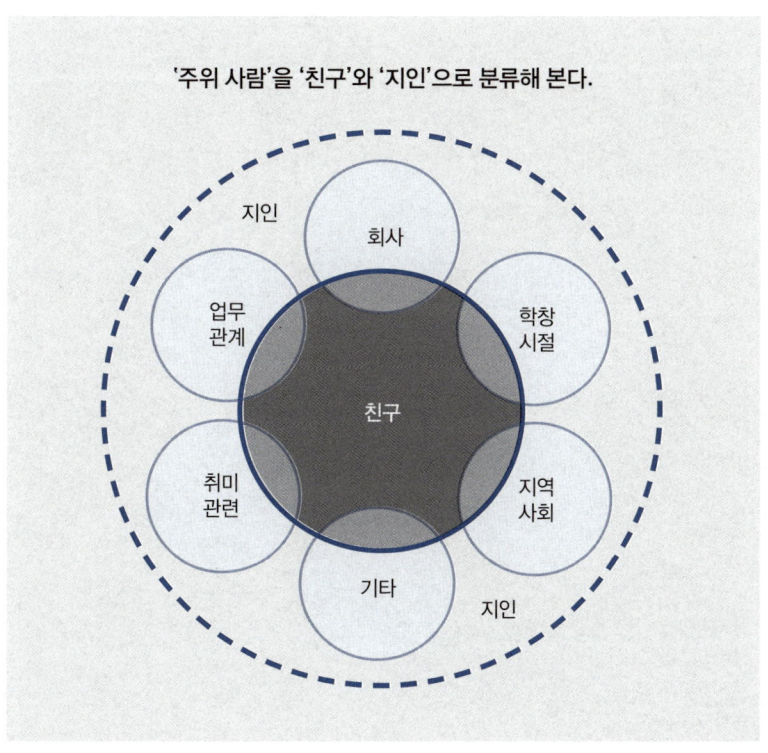

'주위 사람'을 '친구'와 '지인'으로 분류해 본다.

PART 6

재생 가능한
가장 훌륭한 에너지는
'인간력'이다

가구야마 정밀기계

달력이 바뀌어 8월이 되었다. 하지만 7월 말부터 계속된 무더위는 조금도 수그러들 기미가 보이지 않았다.

마리아가 운전하는 차로 히노 역에 도착한 아베는 오랜만에 출근 전철의 승객이 되었다. 아직 다리가 완벽히 낫지 않아 조금이라도 사람이 적은 전철에 타려고, 한 시간이나 일찍 집을 나섰다. 그래도 전철 안은 꽤 혼잡했다. 노약자석에서 겨우 빈자리를 발견한 것이 다행일 정도였다.

사무실에 들어서니 아직 아무도 출근을 하지 않았다. 어쩐지 분위기가 이상했다. 사무실 구조가 달라져 있었기 때문이다. 아베의 책상이 놓여있던 곳에는 다른 누군가의 자료가 산더미처럼 쌓여있었다. 아베는 할 수 없이 벽 쪽에 있는 응접실에 앉아 기다리기로 했다.

업무 시작 30분 전에 하시모토 히토미가 사무실로 들어왔다.

"아베 씨, 좋은 아침이에요. 많이 회복되어서 다행이에요. 이제 마음이 놓이네요. 당분간은 무리하지 마세요."

"하시모토 씨, 걱정을 끼쳐 미안해요. 오늘부터 다시 잘 부탁해요. 그런데 사무실 구조를 바꾼 건가?"

"네? 아무에게도 연락을 못 받으셨나봐요? 꽤 됐는데……. 저는 누군가가 연락한 줄 알았어요. 이번 달부터 대대적인 조직 개혁을 단행한다는 이유로, 지난 주말에 책상을 옮겼어요. 전문 업자를 부르면 비용이 많이 드는 탓에 사원들이 다 옮겼지요. 그 덕분에 주말에는 몸이 아파서 집에서 푹 쉬었답니다.……아베 씨 자리는 저쪽이에요. 당분간은 영업부장 대리라는 직책이래요. 이런 사실도 당연히 모르고 계셨죠? 이상한 회사네. 정말."

하시모토가 가리킨 장소는 영업부장 책상 옆이었다.

"어쩐지 책상 수도 줄어든 것 같은데……."

아베는 약간 의아해하며 책상으로 향했다. 그때 영업부장인 무라카와 료헤이가 들어 왔다.

"이봐, 아베 씨. 퇴원 축하해요. 갑작스럽게 조직이 변경돼서 말야. 오늘부터 당신이 출근할 것이라고 생각해서 연락하지 않았어. 미안하게 됐네. 여기에 가방을 놓고 잠깐 회의실로 와 주게."

회의실에 들어가자 무라카와는 진지한 얼굴로 이야기를 시작했다.

"그 신제품 말야. 설계 단계에서 오류가 발견되어 일단 생산을 중단하기로 했네. 회사는 그 제품에 정말 큰 기대를 걸고 있었는데, 엄청난 타격이 아닐 수 없네. 초봄부터 우리 회사가 재건계획을 추진했다는 건 알고 있지? 그 계획도 이 일 때문에 더 대대적으로 변경할 수밖에 없었어. 병문안을 갔을 때는 일부러 말하지 않았네. 그래서 20%의 인원 감축과 20%의 급여 삭감을 서둘러 결정했지. 오늘이 그 첫날이고. 영업부는 지금까지 3과로 나뉘어 있었지만, 1과와 2과 둘로 재정비되었네. 고객별 담당에서 지역별 담당으로 변경된 거지. 1과장은 변함없이 이소베 씨, 2과장은 전에 3과장이었던 미야시마 씨가 맡기로 했네. 자네는 아직 몸이 완전치 않을 테니, 당분간은 부장부 과장을 맡아 재활에 전념해 주게. 지금과는 다른 관점에서 모두를 바라보고, 나를 도와주었으면 하네. 자, 그럼 앞으로 잘 부탁하네. 오늘은 첫날이니 너무 무리하지는 말게. 일찌감치 퇴근해도 좋아."

무라카와의 설명은 충격적이었다. 하지만 왠지 먼 세계의 일처럼 느껴졌다. 이성적으로는 이런 중요한 일을 사전에 알려주지 않은 것에 대해 화를 내야 한다고 생각했다. 하지만 회사나 자신의 위치가 어떻게 되든 상관없다는 생각도 들었다. 자기 일인데도 남의 일처럼 느껴졌다.

"알겠습니다. 잘 부탁합니다."

아베는 한 마디 툭 하고는 자기 자리라고 일러준 곳에 앉았다.

업무 시작 전, 조회시간에는 동료들에게 휴직에 대한 미안함과 병문안을 와준 것에 대해 고마움을 표시했다. 그리고 인사를 하러 사내를 돌다보니 어느새 오전이 지나가버렸다. 모두가 아베의 건강을 염려해 주었다. 하지만 기분 탓인지 왠지 서먹서먹한 느낌이 들었다. 부하도 없는 과장이라는 모호한 위치에 대해 동정하는 사람도 있었지만, 아베는 그런 모호한 지위를 얻게 된 것이 오히려 좋았다. 사람들과 접촉하지 않아도 된다는 점이 오히려 편하게 생각되었기 때문이다.

무라카와의 제안을 받아들여, 첫날은 3시에 회사를 나왔다. 그 길로 향한 곳은 '로고스'였다. 골목길로 들어간 아베는 깜짝 놀랐다. 가게의 간판도, 문에 걸려 있던 표지판도 없이, 반쯤 찢어진 종이 한 장만 벽에 붙어 있었다.

'오랜 기간 저희 가게를 사랑해 주셔서 감사합니다. 개인적인 사정으로 문을 닫게 되었음을 알려드립니다. 주인 백'

문을 열려고 했지만 잠겨있었다.

"이것으로 실마리가 될 만한 것은 전부 사라졌다. (아베 레이지)와는 연락할 수가 없게 됐어……."

(아베 레이지)와 iNote를 통해 나눈 대화는 지금까지의 인생에서 가장 흥미로운 사건이었다. 14년 후의 자신과 만난다는 신비로운

체험을 계기로, 남이 써주는 시나리오대로 살아왔던 인생에서 벗어나, 자신의 머리로 생각하고 자신의 발로 걷는 인생을 만들어나갈 수 있었다. 하지만 친구들의 죽음이라는 충격적인 사건과 혼자만 살아남았다는 죄책감이 머릿속에서 '목표'라는 말을 흔적도 없이 지워버렸다.

유례없는 늦더위와 본토를 덮친 태풍의 계절이 끝나가고 있는데도 아베의 마음은 무겁고 공허했다. 회사 업무라고 해도 밖으로 돌아다니며 영업을 하는 것은 아니었다. 전화를 받고, 필요한 메모를 남기며, 부장인 무라카와 대신 영업신문을 읽고 중요하다고 생각되는 내용을 알려주는 정도였다. 영업총무인 하시모토 히토미가 하는 일과 거의 다를 바 없었다.

그래도 아베의 생활은 약간 변했다. 집에만 틀어박혀 있던 장남 유스케가 학교에 나가기 시작했다. 그리고 컴퓨터를 배우기 시작한 엄마를 적극 도와주게 되었다. 아베는 재활을 위해 산책을 시작했는데, 유스케는 쉬는 날에는 가끔 아베와 함께 산책하기도 했다.

어느 날, 함께 산책을 나갔던 유스케가 불쑥 말을 꺼냈다.
"아버지, 저 대학에 가고 싶지 않아요……."
"뭐? 뭐라고?"
"하고 싶은 일을 찾았거든요. 아버지가 사고를 당한 후 인터넷에서 재활에 대해 조사했어요. 아버지가 하루라도 빨리 건강해졌으면 해서요. 그러다가 이학요법사라는 재활 지원 전문분야가 있다는 사실을 알게 됐어요. 때마침 친구 아버지 중에 의사가 있어서 그 선생님의 소개로 병원 재활 현장도 견학했고요. 현장을 보고 무척 감동을 받았어요. 나이든 분이나 사고를 당한 사람들이 사회에 복귀할 수 있도록 돕는 것은 훌륭한 일이라고 생각해요. 그래서 어떻게 하면 이학요법사가 될 수 있는지 조사했더니 전문대학이 있더라고요. 4년제 대학에서도 자격증을 딸 수 있지만, 전문대학에서는 3년만 다니면 돼요. 그러면 1년이라도 빨리 자격증을 딸 수 있으니까요. 아버지, 찬성해 주시겠어요?"

유스케의 말을 들으면서, 아베는 오랜만에 인간다운 감정이 마음속에서 되살아나는 느낌을 느꼈다

'기뻤다! 아들에게 이런 말을 듣게 되다니. 표현할 수 없을 만큼 기뻤다. 아들이 이렇게 나를 걱정해 준 적도 처음이있다. 하시만 나는 최근 몇 달간, 아들에게 아무것도 해주지 못했다. 무엇 하나 아버지다움을 보여주지 못했어. 그런데도 이런 말을 듣게 되니 정말로 기뻤다.'

"유스케, 아버지는 대찬성이다. 네가 스스로 결정한 목표에 열정을 갖고 도전한다는 것은 매우 훌륭한 일이다. 아버지도 열심히 노

력하지 않으면 안 되겠구나. 돌아가는 길에 우동이라도 한 사발 먹고 가자. 역 앞에서 파는 우동, 몹시 좋아하잖아?"

"네, 먹고 싶어요. 아버지, 고마워요. 반대할 거라는 생각에 걱정이 돼서 좀처럼 말을 꺼낼 수가 없었어요. 하지만 말하기를 잘 했다는 생각이 들어요. 아버지 고마워요."

아들이 이제는 자신의 다리로 걷기 시작하려 한다. 아베는 조금 용기가 생기는 것 같았다.

10월이 되었다. 책상 위에 있는 전화가 울렸다. 인사부장의 호출이었다.

응접실에는 인사부장인 무로이 가쓰야가 기다리고 있었다. 2대째 사장이 정리해고를 하기 위해 스카우트한 수완가라는 소문의 주인공이다. 아베와 거의 비슷한 나이인데도 친근하게 이야기한 적이 한 번도 없었다.

"아베 씨, 일부러 오시게 해서 미안합니다. 몸은 어떠세요? 많이 회복됐을 테니 슬슬 현장에 복귀하는 게 좋을 것 같아서 불렀어요. 아베 씨도 알다시피 현재 우리 회사가 처해있는 상황은 매우 심각합니다. 인원을 20% 감축한다는 방침이어서 제가 담당하기는 했지만 말입니다. 이 자리는 정말로 손해만 보는 자리에요. 저를 원망하는 사람만 있고 고마워하는 사람은 아무도 없으니까요. 하지만 샐러리맨이니 회사 명령을 따르지 않을 수도 없지요. 그래서 말인데요, 아베 씨. 아베 씨가 자신의 경험을 충분히 살릴 수 있는 부서로 옮겼으면 합니다. 자회사인 가구야마 정밀기계로 말입니다. 가구야마 정밀기계의 영업부장을 맡아주길 부탁합니다."

아베는 뜸들이지 않고 즉시 대답했다.
"알겠습니다. 저에게 맡겨 주십시오."
너무나도 빠른 결론에 무로이의 눈이 휘둥그레졌다.
"에? 가구야마 정밀기계에요. 괜찮으시겠어요?"
"네, 문제없습니다."
"장소는 하마마쓰인데요."
"네, 물론 알고 있습니다."
"파견이 아니에요. 회사를 옮기기를 부탁합니다."
"회사를 옮기는 것 말인가요? 상관없습니다. 하마마쓰의 가구야마 정밀기계로의 이동을 받아들이겠습니다."
"아, 정말 감사합니다. 그러면 10월 17일, 월요일 부로 회사를 옮기는 것으로 서류를 준비하겠습니다. 서류가 준비되면 다시 연락하지요."

무로이는 안도한다는 표정을 지었다. 사적인 일이라곤 해도, 사고로 휴직을 했다가 이제 막 복직한 사람에게 좌천이나 다름없는 이동을 명하는 것은, 결코 쉬운 일이 아님을 각오하고 있었음이 틀림없다.

가구야마 정밀기계는 6년 전에 선대 사장이 장래 가능성을 보고 설립한 회사였다. 일렉트로닉스와 나노 테크놀로지 영역에서 활로를 찾고 싶다는 뜨거운 열정이 담겨 있었다. 본사의 주력 제조부문인 하마마쓰 공장의 개발부를 모체로 하여 독립했지만, 사업 계획이 완성되기 전에 사장이 세상을 떠나는 바람에 애초의 구상은 유명무실해졌다. 우수한 사원은 본사로 다시 돌아왔고 어느 곳에도 배속하기 어려운 잡탕 인재 집합소 같은 회사가 되어 버렸다. 하는 일이라고는 본사 공장의 기계 부품 수리, 보급, 유지가 전부였다. 물론 대외적으로는 자사의 일만 하는 것은 아니었다. 다른 회사의 고객도 적극 개척하기로 되어 있었지만, 현재까지 본사 외에 다른 고객은 없었다. 그래서 영업부장이라고는 해도, 일체 영업할 필요가 없다는 사실을 모두가 잘 알고 있었다.

무로이는 아베가 이 인사를 거부하고 사표를 낼 것으로 생각했음이 틀림없다. 그래서 그것을 전제로 한 답변을 미리 생각하고 있었을 것이다. 무로이의 표정이 무엇보다도 그 사실을 여실히 드러내 주었다.

아베가 이 인사를 즉각 받아들인 것에는 복잡한 사정이 있었다.
'회사 따위는 아무래도 좋다. 밀려나야 한다면 그대로 밀려나

겠다.'

'목표를 점점 잃어가고 있는 자신에게 기합을 넣기 위해서는 새로운 환경에서 생활해 보는 것이 좋을지도 모른다.'

아베는 현재의 자기 자신이 몹시 싫었다. 어떻게든 의욕을 되찾아보겠다며 발버둥을 쳤지만, 아무리 생각해봐도 출구가 보이지 않았다. 그때마다 다치바나, 도나리, 사쿠라다, 류자키의 얼굴이 눈앞에 떠올랐다. 그리고 친구들의 웃는 얼굴이 아베의 가슴을 옥죄고 있었다.

하마마쓰에 가면 엉켜있던 실타래를 푸는 법이 발견될지도 모른다고 생각했다.

즉시 대답한 이유는 거기에 있었다.

집으로 돌아온 아베가 마리아에게 하마마쓰로 발령받은 사실을 말하자, 마리아도 쉽게 받아들였다.

"당분간 맑은 공기나 쐬고 오세요. 하마마쓰는 가까우니까 주말에는 집에 올 수 있잖아요. 저도 놀러 갈게요. 둘이서 시즈오카 현을 한 바퀴 돌아보자고요. 여보, 힘내요!"

마리아는 아베의 어깨를 탁탁 치곤 곧 아베의 뒤로 가더니, 어깨를 주무르기 시작했다.

'하마마쓰, 뉴 월드……'

아베는 마음속으로 생각했다.

가구야마 정밀기계는 엔슈철도 히쿠마 역에서 보도로 15분 정도의 거리에 있었다. 가구야마 전기의 발상지이기도 하다. 흔히들 가구야마 전기는 나라 현에서 창업되었다고 생각한다. 하지만 회사를 세운 사장이 고대사를 너무 좋아해서 그런 명칭을 붙였다고 한다. 가구야마 전기 하마마쓰 공장 한구석에 가구야마 정밀기계의 사무실이 있다. 사장은 본사 사장이 겸하고 있어서, 이사 겸 총무부장인 데라이 요시마사가 실질적인 최고책임자이다. 데라이는 아베보다 8살 연상으로 만 58세라고 한다. 붙임성 있는 미소 띤 얼굴로 아베를 맞이해 주었지만, 특별히 일과 관련된 지시는 않았다.

영업부 사원은 두 명이었는데, 영업은 명목일 뿐 실제 하는 일은 공장과 연락하는 담당자에 지나지 않았다. 사원은 그 외에 기술부 4명, 개발부 3명, 총무부 1명으로 단출한 살림이었다. 아베는 기술부장인 모리야마 데쓰오와 개발부장인 후루타 가즈아키와 오래전부터 알고 지낸 사이였다. 모리야마는 오랫동안 우울증으로 고생하다가 겨우 업무에 복귀한 참이었다. 후루타는 뛰어난 기술자였지만, 사람들과 잘 어울리지 못하는 탓에 말썽이 끊이질 않았다. 영업부 사원들은 대부분 이 지역에서 채용한 젊은이들이었다. 하지만 허수아비 같은 상사들 밑에서 일에 대한 의욕을 짜내기란 불가능하다는 분위기가 회사 안에 충만해 있었다.

 하마마쓰에 가기 전, 이동 준비를 구실로 휴가를 받아 친구들의 묘소에 다녀왔다. 한 사람, 한 사람의 묘지 앞에 절을 하고 단지 홀로 살아남은 것에 대해 사과를 구했다. 펜션에서 나눴던 즐거운 대화를 떠올리자, 또다시 눈물이 흘러나왔다.
 일다운 일도 없이 혼자 책상 앞에 앉아 있으면, 더욱더 친구들이 머릿속에 떠올라 아베의 마음을 아프게 했다.
 하마마쓰에 가면 조금은 생각이 변할 것이라고 생각했지만, 기대와는 달리 아베의 심경은 조금도 변하지 않았다. 허수아비 같은 조직에 허수아비가 또 하나 늘어난 것뿐이었다.

 에디슨들

보름이 지날 무렵, 회사에 편지가 한 통이 도착했다. 보낸 사람은 다치바나 야스코였다.

"다치바나의 부인이구나……."

아베는 봉투를 뜯어 접혀 있는 편지지를 펼쳤다. 단정한 글씨체의 편지였다.

> 전략
>
> 아베 씨, 저희 남편 묘소에 다녀오셨다고 마리아 씨께 들었습니다. 정말 감사해요. 남편도 무척 기뻐할 거예요.
>
> 그런데 마리아 씨의 말로는 아베 씨가 아직도 혼자 살아남은

것에 대한 죄책감 때문에 계속 자책하고 계시다고 들었습니다.

그 말을 듣고, 저는 마음이 무척 괴로웠습니다. 제 마음속에서 남편은 언제나 건강했을 때의 모습 그대로입니다. 남편은 고통스러울 때나 괴로울 때, 언제나 저에게 힘을 주는 존재지요. 사람은 다른 사람의 기억 속에서 영원히 살아있는 것이라 생각합니다. 적어도 저는 그렇다고 제 자신에게 말하고 있지요.

아베 씨의 괴로운 심정은 충분히 이해합니다. 하지만 아베 씨가 고통스러워하는 한, 아베 씨의 마음속에서 남편에 대한 추억은 괴로운 것이라 생각합니다.

남편도 그리고 사쿠라다 씨, 도나리 씨, 듀자키 씨 모두 틀림없이 아베 씨의 마음 속에서 즐겁게 웃으면서 영원히 살고 싶어 할 것입니다. 그러므로 아베 씨가 괴로워한다면 그분들도 마음 편히 잠들 수 없겠지요. 아베 씨를 위해서가 아니라, 세상을 떠난 분들을 위해, 부디 자기 자신을 자책하지는 말아 주세요.

아베 씨, 세상을 떠난 네 사람분의 인생을 살아 주세요. 그러면 갑작스럽게 세상을 떠난 그들의 한도 조금은 누그러지지 않을까요?

하지만 네 사람분의 인생을 짊어진다는 것을 너무 부담스럽게 생각하지 마세요. 아베 씨가 자신답게 인생을 살아가는 것이 가장 중요하니까요.

　새로운 곳에서 지금까지의 괴로웠던 일들을 조금씩 흘려보내세요. 마리아 씨도 틀림없이 그러길 원할 겁니다. 그리고 남은 아내들도 같은 마음이라는 것을 잊지 마세요.

　부디 자신을 자책하지 않길 바랍니다. 이미 잃어버린 것을 다시 찾기란 불가능한 법이니까요. 저는 뒤돌아보지 않고 앞을 향해 걸어갈 생각입니다. 남편도 제가 그렇게 하기를 바라고 있을 거예요.

　저는 마리아 씨와 사쿠라다 가즈미 씨, 류자키 유리에 씨, 도나리 레이카 씨, 모두의 도움으로 살아가고 있습니다. 저는 도움을 받기만 할 게 아니라, 저도 다른 분들께 할 수 있는 모든 일을 해야겠다고 생각해요. 그래서 여자 다섯 명이 이메일로 서신을 교환하면서 여러 가지 정보를 주고받기 시작했답니다. 현재 펜션, 사쿠라다 씨의 레스토랑, 자녀, 그리고 앞으로 저희의 일 등 여러 가지 일들을 서로 상담해 주고 있어요.

　여자들만의 네트워크는 아베 씨를 비롯해 남편들이 준 선물이라고 생각합니다. 지금 여러 가지 계획을 구상 중이니, 조만간 마리아 씨에게 직접 들으실 수 있을 거예요.

　아베 씨, 저도 필사적으로 노력하겠습니다. 그러니 아베 씨도

> 아베 씨다운 생활을 찾길 바랍니다. 주제넘은 참견인지도 모르지만, 친구 아내의 말이니 너무 기분 나쁘게 생각하지는 마세요. 여러 가지 일들에 대해 또다시 이야기를 나눠보고 싶네요.
> 부디 언제나 건강하시기를……
> 그럼, 이만 줄이겠습니다.
>
> 다치바나 야스코

편지를 다 읽은 아베는 뒤통수를 강하게 얻어맞은 듯한 충격을 받았다.

친구를 잃은 자신보다 남편을 먼저 떠나보낸 야스코의 슬픔이 훨씬 더 깊고, 더 큰 마음의 상처를 입었을 것이다. 그런데 그런 야스코가 자신을 격려해 주고 있었다.

자신은 지금까지 슬픔이라는 우산 속에 숨어 슬픔에 빠진 자신을 가장하고 있었던 건 아닐까? 만일 그렇다면 그것은 나약함 이외 아무것도 아니라는 사실을 깨달았다. 목적을 잃고 허깨비 같은 인간이 된 것을 좋아해 줄 사람은 아무도 없을 것이다. 가까운 사람은 그것 때문에 고통스러울 것이고, 거리감이 있는 사람은 쓸쓸해 할 것이다. 몇 개월 동안이나 아무도 기뻐하지 않는 일을 해왔던 어리석은 자신이 너무 부끄러웠다.

"맞아, 야스코 씨의 말대로 분명 그 녀석들이 나의 이런 태도를 가장 안타깝게 생각하겠지. 나는 슬퍼하고, 괴로워하고, 자신을 자책함으로써 현실 세계에서 눈을 돌리고 있었던 거야. 이래서는 안 돼. 변하지 않으면 안 된다고."

아베는 마음속으로 자신을 타이르듯 말했다.

하늘을 올려다보니, 뻥 뚫린 것처럼 파란 하늘이었다. 하마마쓰에 오고 나서 처음으로 하늘을 본 것 같았다. 하늘이 이토록 아름답다는 사실을 지금까지 깨닫지 못한 것은 아마도 계속 아래쪽만을 바라보고 있었기 때문이리라. 아름다운 것을 아름답게 느끼는 마음을 잃어버린 것이었다.

책상으로 눈을 돌렸다. 아베는 조금 전까지 그 동안 모아둔 몇 일분의 신문을 한꺼번에 읽어내려갔다. 그러자 쌓아올려진 신문 다발 밑에서 한 기사가 눈에 들어왔다. 처음 읽을 때는 전혀 머릿속에 들어오지 않았던 것이, 지금 처음으로 활자가 의미를 가진 채 눈에 들어왔다.

「쾌거! 하마마쓰의 엔진 군단
환경 보호성의 환경기술 장려상 수상」

전국 신문의 지방판 박스 기사였다.

환경 보호성은 지난 1일, 금년도 환경기술상을 발표했다. 대상에 선정된 것은 우라시마 과학의 '저공해 엔진'이었다. 장려상에는 하마마쓰 시에 본사를 둔 주식회사 에디슨(笑爺孫)의 '하수도 물의 흐름을 이용한 발전 시스템' 외의 네 개 사가 선정되었다. 에디슨은 만 60세 이상의 기술자 네트워크인데, 독특한 기술을 개발하는 것으로 유명하다. 대표 이사인 사토 다이치로 씨(만 68세)는 "지금까지 힘을 합쳐 노력한 것에 대한 보상을 받았습니다. 작은 회사이지만, 세상에 도움이 되는 기술을 만들어낸 것에 대해 기쁘게 생각합니다"라고 말했다.

기사에는 얼굴에 함박웃음을 띤 사토 씨의 사진이 함께 실려 있었다.

아베는 이 사진에서 눈을 뗄 수가 없었다. 아는 사람이거나 누군가와 닮은 사람도 아니었지만, 어쩐지 마음을 끌어당기는 힘이 있었다. 주식회사 에디슨이란 이름은 들은 적이 없었지만, 홈페이지는 인터넷 검색으로 쉽게 찾을 수 있었다. 홈페이지를 클릭하자, '아이들이 웃는 얼굴로 살아갈 수 있는 세상 만들기에 우리 에디슨이 공헌하겠습니다'라는 메시지가 나타났다. 하지만 '현재 공사 중!'으로 되어 있어 주소 이외의 정보는 전혀 얻을 수 없었다.

아베는 어떤 예감을 느끼고 곧바로 데라이에게 말을 걸었다.

"데라이 씨, 주식회사 에디슨이란 회사를 아세요?"

"아니, 들어본 적이 없는데. 그 회사에 무슨 일이 있나?"

"아니요, 조금 알아보고 싶은 일이 있어서 그러니 잠시 외출하겠습니다. 영업입니다."

"영업? 그렇군. 아베 씨는 영업 책임자였지. 하하하, 다녀오게. 영업이라고, 잘 알겠네."

아베는 데라이의 야유 섞인 웃음소리를 들으며 사무실을 뛰쳐나왔다.

회사 주소를 지도에서 찾으니, 가구야마 정밀기계와 마찬가지로 엔슈 철도 연선이었다. 히쿠마 역에서 시외로 뻗은 몇 개의 역을 지난 곳이었다. 가장 가까운 역에서 내려 10분 정도 걷자, 목적지에 가까운 마을 이름이 나타났다. 아베의 예상을 뒤엎고 완전히 주택가에 있었다. 번지수에 의지해서 걷다가, 작은 골목길로 접어든 곳에서 회사를 발견했다. '사토'라는 문패 밑에 손 글씨로 '주식회사 에디슨'이라 쓰인 종이가 붙어있었다.

"뭐야? 일반 가정집이잖아……."

머뭇머뭇하며 벨을 누르자, 운동복 차림의 남자가 얼굴을 내밀었다. 신문에 사진이 실렸던 사토 씨인 것 같았다.

"갑자기 찾아와서 죄송합니다. 저는 가구야마 정밀기계에 근무하는 아베라고 합니다. 이곳이 주식회사 에디슨인가요?"

"네, 그렇습니다. 자택 겸 사무실이지요. 그저께부터 당신 같은 손님이 많이 찾아와요. 신문을 보고 찾아오셨지요? 자, 안으로 들어오세요."

"전화번호를 알 수가 없어서요. 연락도 없이 불쑥 찾아와 정말 죄송합니다."

"아니에요. 제가 전화번호를 공개하지 않은 게 잘못이지요. 그러니 너무 신경쓰지 마세요. 전화번호를 공개하면 쓸데없는 세일즈 전화가 많이 걸려 와서 공개하지 않은 겁니다."

아베가 안내된 곳은 세 평 정도의 응접실이었다. 테이블 위에는 몇 가지 자료가 어지럽게 펼쳐져 있었다.

"모두 똑같은 질문을 하니 귀찮아서 자료를 계속 꺼내 놓고 있지요. 그러면 무엇부터 설명할까요? 신문에 실린 발전 시스템부터 할까요?"

"그것에 관해서라면 나중에 말씀해 주세요. 우선 여쭙고 싶은 것은 귀사의 비전입니다. 홈페이지에서 귀사의 메시지를 읽고 무척 좋은 콘셉트라고 생각했어요. 더 자세히 듣고 싶습니다."

"이런, 당신처럼 질문한 사람은 처음입니다. 마음에 드는군요. 다른 사람들은 이 사무실을 보고 백이면 백, 모두가 처음에는 의아한 얼굴을 합니다. 그리고 갑자기 기술 장려상을 받은 발전 시스템을 설명해 달라고 재촉하지요. 하지만 아직 반밖에 설명하지 않았는데, 이미 지루하다는 태도를 보이죠. '아, 직접 와봐도 별 거 아니구나!'라는 얼굴을 하고서 말입니다."

사토는 냉장고에서 차가 든 페트병을 꺼내 아베에게 권했다.
"아내가 외출 중이어서 제대로 대접을 못해 미안합니다. ……뭐였죠? 아, 우리 회사의 비전 말이지요? 회사 이름을 보면 금방 아실 겁니다. 할아버지와 손자가 웃으면서 살아갈 수 있는 세상을 우리의 기술력으로 만들고 싶다는 뜻이지요. 사원이라고 할까요? 저 이외에 일곱 명의 공동 출자자가 있는데. 모두 각자 자택이나 주차장, 그리고 정원을 사무소나 공장으로 사용하고 있습니다. 일단 제가 대표를 맡고 있기는 합니다만. 세련된 말로는 스몰 비즈니스 네트워크라고 할까요? 하하하. 또 다른 특징은 모두가 일류 기업의 OB라는 점입니다. 저는 일본제철 출신이고, 다른 멤버들은 스기야마 전기, 일본 자동차, 동일본 가스, 히사모토 화학, 헤이한 인쇄소, 아시아 특수제철 출신입니다."

"굉장하네요! 모두가 '초' 자가 붙는 일류 기업들이잖아요."
"이런, 자랑하려고 말한 게 아닙니다. 모두가 고등학교, 공업 고등학교, 고등 전문대학을 졸업했어요. 대졸자는 아무도 없어요. 그래서 정년퇴직 때까지 근무하기는 했지만, 출세와는 인연이 없었던 사람들입니다. 하지만 직함은 없어도 기술력만큼은 자신할 수 있지요. 저마다 회사에서 여러 가지 특허를 받았어요. 우리는 시의 상공회의소 세미나에서 만났지요. 모두가 가진 기술력을 합친다면 많은 일을 할 수 있을지도 모른다며 흥분했던 것이 회사 창립의 계기가 됐답니다. 하지만 다들 돈이 그다지 많지 않은 탓에 사무실을 내지는 않았어요. 그 대신 일주일에 두 번 이 방에 모여 회의를 합니다. 그 후에는 메일을 주고받으면서 의견을 교환하지요."

"어떤 분야를 연구하고 계신 겁니까?"

"간단히 말하면 도시력의 재활용입니다."

"도시력이요?"

"풍력이라든지 수력이란 말이 있지요. 그것과 마찬가지로 도시가 가진 힘을 에너지로 바꾸려는 것입니다. 도시가 가진 힘이 무엇이라고 생각합니까? 사람이 모이면 어떤 일이 일어날까요? 소음이 발생하겠죠. 쓰레기도 엄청 나오고요. 또한 자동차가 도로를 달리면 진동이 일고요. 그중에서도 도시의 정맥에 해당하는 하수도의 물 흐름을 전기 에너지로 바꾸자는 것이 이번에 수상한 기술입니다."

"도시력 에너지군요. 그것 참 흥미롭네요."

"흥미를 느끼셨나요?"

"네, 신문 기사를 보고 어쩐지 우리 업무와 관계가 있을 것 같다는 예감이 들었어요. 도시력 에너지를 전기 에너지로 바꾸는 일에는 저도 무척 관심이 많습니다. 더 자세히 이야기해 주세요."

"이런, 미안합니다만, 오늘은 지금부터 외출을 해야 합니다. 만일 정말로 관심이 있으시다면 다음주 목요일 2시에 이곳으로 와주세요. 멤버들이 모일 테니까요. 회의를 들으면 금방 이해하실 겁니다. 모두가 진짜 에디슨이니까요. 나이는 많지만 말입니다."

"목요일 2시라고요? 잘 알겠습니다. 갑자기 방문해서 정말 실례했습니다."

"아닙니다. 당신의 눈이 다른 사람들과 전혀 달랐기 때문에 회의에 초대한 것입니다. 아, 맞다! 아베 씨, 일본이 가진 최대의 재생 가능 에너지가 뭔지 아십니까?"

"태양열과 풍력 아닌가요?"

"아닙니다. 인간력이에요. 현장에서 일하는 사람들이 가진 우리 기업들의 기술력은 굉장합니다. 그것을 정년이 됐다고 밖으로 내보내는 것은 정말 아까운 일이지요. 인간이야말로 일본이 자랑하는 최대의 재생 가능 에너지라는 게 우리 회사의 콘셉트입니다. 그럼, 다음 주에 오시기를 기대하고 있겠습니다."

아베는 야스코의 편지와는 또 다른 충격을 받았다. 자세한 이야기는 거의 듣지 못했지만, 사토의 인품, 말투에서 무척 상큼한 충격을 받았다.

또 하나의 문이 열린 듯한 느낌이 들었다.

다음 주부터 아베는 에디슨 사의 회의에 적극 참가했다.

멤버는 사토가 말한 대로 모두 만 60세가 지난 베테랑 기술자였다.

완만한 하수도 물의 흐름을 활용한 효과적인 발전 시스템. 쓰레기 분리를 전혀 하지 않아도 기계가 자동으로 분류해서, 라인이 끝날 때는 각각의 쓰레기가 바로 이용가능한 알맹이가 되어 나오는 재활용 시스템, 오수에서 유효한 성분을 추출해서 재이용한 다음, 남은 물을 용수로 활용하는 물 처리 시스템 등 실로 독창적인 아이디어가 줄줄이 나왔다. 비용대비 효과 면에서는 약간 의문이 들기도 했다. 하지만 대기업 자본이 투입되면 곧바로 실용화될 수 있을 것 같기도 했다.

그중에서도 아베가 주목한 것은 극초마이크로 압전소자를 나노캡슐에 담아, 그것을 도로 표면 포장재에 섞어 사용하는 도로발전 시스템이었다. 도로를 주행하는 자동차의 진동을 발전 소자가 감지해서 전기 에너지로 변환한 다음, 도로 가장자리에 깔려있는 발전기로 보내는 것이다. 그 전기를 휴게소에서 모아 전기 자동차의 에너지원으로 공급한다는 획기적인 아이디어였다. 아직 실험 단계였지만, 전기, 화학, 자동차, 가스, 제철, 인쇄라는, 멤버가 가진 모든 기술과 지식을 집약한 프로젝트였다.

자택에 있는 작은 실험 설비로 시험해 보고 필요한 경우에는 협력 공장에 시험 제작을 의뢰하는 방식이었다. 하지만 꿈이나 다름없는 아이디어를 착착 실현 가능한 것으로 만들기 위해 토론하는 그들의 표정은 무척 진지했다.

충격적인 사건이 계속된 한 해였지만, 그것도 이제 곧 끝나려 하고 있었다.

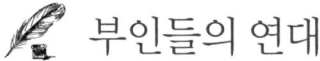 부인들의 연대

밖에는 12월의 찬바람이 불고 있었다. 얼굴에 부딪히는 바람은 차가웠지만, 역 개찰구에서 나오는 아베의 발걸음은 조금 가벼웠다.

에디슨과의 교류덕분에 아베의 마음은 조금씩 충족되고 있었다. 가구야마 정밀기계의 일에도 나름의 목표가 조금씩 보이기 시작했다. 아베는 영업부장으로서 본래의 '영업' 업무를 부하 두 명과 함께 시작해서, 지금은 정력적으로 기업을 방문하고 있다

"나 왔어."
도쿄에 있는 집으로 돌아가 현관문을 열자, 아내 마리아가 웃는 얼굴로 맞아 주었다.
"여보, 1년간 수고했어요. 자, 어서 옷 갈아입어요. 보여주고 싶은 게 있으니까요."
옷을 다 갈아입고 식탁에 앉자, 마리아는 캔 맥주를 꺼내왔다.
"오늘은 컵 없이 마셔요. 건배! 아, 맛있다. 참, 이것 좀 봐 봐요."

마리아는 노트북을 아베 쪽으로 돌렸다. 화면에는 'Muses Net'이라는 귀여운 문자가 춤을 추고 있다.

"이게 뭐야?"

"우리 홈페이지에요."

"우리라니?"

"다치바나 야스코 씨, 사쿠라다 가즈미 씨와 따님 사쿠라다 사쓰키 씨, 류자키 유리에 씨, 도나리 레이카 씨, 그리고 나를 포함해 6명이에요."

"왜 이런 걸 만든 거야?"

"이런 거라니요, 좋은 거라고요. 남자들끼리 START 클럽를 만들려 했다고 했잖아요? 그 말을 듣고 여자들끼리 이메일을 주고받거나, 때때로 사쿠라다 씨의 가게에 모여서 의논을 해서 만들었어요. 당신에겐 비밀로 하고 싶어서 몰래 추진했어요. 이게 '원숭이의 카니발' 페이지, 이것이 사쿠라다 씨의 요리 인터넷 판매 페이지에요. 이게 레이카 씨의 문화 센터 페이지이구요. 그리고 이게 오쿠카루이자와의 산지 직송 채소의 판매 페이지이고, 마지막이 우리의 저녁식사 레시피 페이지에요."

"우와! 굉장하네? 어느 틈에 이런 걸. 아니, 이렇게 멋진 일을 한 거야?"

"뭐, 이야기를 하자면 조금 기니까 천천히 들어요. 다치바나 씨는 남편의 장례식을 마치고 곧바로 대출 상담을 하러 농협에 갔어요. 처음에는 남편이 사망해서 여자 혼자 펜션을 운영하겠다고 하니, 무시했던 모양이에요. 반쯤은 즉흥적으로 떠올린 아이디어라고는 하지만, 막 수확한 채소를 인터넷과 펜션에서 판매하는 것, 도쿄에 사는 주부와 지방에 사는 주부의 교류 이벤트를 펜션에서 실시하는 것, 문화센터의 강사를 펜션에 초대해 출장 강좌를 여는 것 등을 이야기했대요. 그랬더니 농협의 대출 담당자가 흥미를 느꼈는지, 5,000만 원을 융자해 주기로 했대요."

"그렇군. 야스코 씨가 노력을 많이 했군."
"합동 장례식 후에, 바로 야스코 씨에게 전화가 걸려와서 사쿠라다 씨의 가게에서 만나기로 했어요. 야스코 씨의 입에서 나온 얼토당토않지도 않은 아이디어를 듣고 모두 흥분했지 뭐에요. 와인을 마시면서 이야기를 한 탓에 엄청난 아이디어들이 계속해서 튀어나왔어요. 사쿠라다 씨의 남편은 정말로 꼼꼼하게 요리 레시피를 만들었더라구요. 그림까지 넣어서 말예요. 돌아가시기 전에 생각했던 요리의 인터넷 판매 계획에 대해서도 자세하게 쓰여 있었지요. 따님인 사쓰키 양은 그 노트를 보고 감격한 나머지, 가즈미 씨와 함께 레스토랑 운영과 요리 인터넷 판매를 함께 하겠다고 결심했대요."
"파미는 인터넷 판매까지도 생각하고 있었군……."
"보기와는 달리 계획적인 사람이라면서 가즈미 씨가 웃었어요. 그리고 레이카 씨 즉, 도나리 씨의 부인 말예요. 레이카 씨는 보석

디자이너로 문화센터에서 강의를 하고 있어요. 참, 알고 있죠? 문화센터에서는 강사에 따라 교실에서 벗어나 다양한 이벤트를 하기도 한대요. 그래서 다른 강사들을 모아 펜션에서 출장 강의를 해줄 수도 있다고 해요. 거기에 아이디어를 덧붙인 사람이 바로 저랍니다. 수강생만 펜션으로 오는 게 아니라 어차피 강사도 함께 오는 것이니, 그 지방에 사는 주부들도 교실에 참여할 수 있게 하면 좋겠다는 의견을 냈어요. 어때요? 좋은 아이디어지요?"

"자화자찬은 됐고……."

"미안해요. 내가 생각해낸 거지만, 좋은 아이디어라고 생각해요."

"그래서……."

"그날은 거기까지만 이야기했어요. 그리고 그 후에는 이메일을 주고받기로 했지요. 저와 가즈미 씨는 컴퓨터를 못해서, 저는 유스케에게 가르쳐 달라고 부탁했어요. 가즈미 씨는 사쓰키 씨가 하나하나 가르쳐 주었구요. 그 후, 두 번 정도 가즈미 씨의 레스토랑에 모여 의논한 끝에 이 홈페이지가 탄생했지요."

"그래서 당신의 역할은 뭐야?"

"어머, 당신은 제가 예전에 했던 일을 잊어버린 거예요?"

"참, 당신은 여성 잡지의 편집자였지. 요리나 가사를 전문으로 하는."

"뭐에요. 그렇게 무시하는 듯한 말투. 너무 한 거 아니에요?"

"농담이야, 농담."

"저도 농담이니까, 너무 놀라지 마세요."

"홈페이지의 원고나 팸플릿 제작이 제 담당이에요. 말하자면, 홍보담당이 같은 거지요. 류자키 유리에 씨는 경리 담당이고요. 류자키 씨의 아버님은 아직 병간호가 필요해 자주 밖을 나갈 수가 없대요. 그래서 컴퓨터 앞에 계속 앉아서 돈 관리를 하는 거지요. 유리에 씨가 돈에 관해서는 정말 확실히 처리한다니까요. 감탄할 정도예요."

"당신도 조금은 공부가 된 거야?"

"또 내 말에 끼어드는 거예요? 당신 요즘 상태가 조금 좋아진 것 같더니, 오늘은 너무 좋은 거 아니에요? 이야기를 계속할게요?"

"네, 그럼요, 어서 계속하세요."

"중요한 사항을 빠뜨렸어요. 이 일을 하기 위해서는 자금이 필요하잖아요. 그래서 레이카 씨가 선뜻 1억 원을 내놓기로 했어요. 남편 보험금의 일부지만, 이런 일에 쓴다면 남편도 기뻐할 거라고 하더군요. 하지만 이것은 받는 것이 아니라, 세무사가 차입금으로 처리했어요. 사업이 궤도에 오르면 제대로 이자를 더해 갚아야 할 돈이지요. 그리고 사쿠라다 씨의 가게 말인데요. 레스토랑 공간을 고친 후에 남은 공간은 서양식 반찬 판매와 문화 센터의 분실로 사용하기로 했어요."

"이런, 이런. 제대로 알아 뵙지 못해 실례했습니다. 정말 노력을 많이 했군요."

"여자는 그렇게 나약하지 않아요. 누구처럼, 언제까지나 훌쩍거리고 있지만은 않아요. 한 번 이렇게 해야겠다고 결심하면 다음은 목표를 향해 돌진할 뿐이에요. 이것이 바로 뮤즈넷의 방침이지요."

"아, 그렇군. 뮤즈넷이라는 이름이군. 그런데 왜 그런 이름을 붙인 거야?"

"정확하게는 뮤지스넷이에요. 뮤즈는 아름다움과 예술의 여신이잖아요? 우리에게 딱 맞는 것 같지 않아요? 뮤즈는 한 사람이 아니라는 것은 알고 있죠? 처음에는 세 명이었는데 마지막에는 아홉 명으로 늘어났대요. 모닝구 무스메나 AKB(일본의 여성 아이돌 그룹-역주)처럼 말예요. 그러니까 복수형으로 부르는 것이 옳다고 레이카 씨가 가르쳐 주었어요. 하지만 문자로 쓸 때는 복수형으로 쓰고, 부를 때는 그냥 뮤즈넷이라고 불러요."

"교수의 부인도 남편을 닮아서 척척박사군."

"뭐든지 조사하지 않고는 못 배긴대요."

"남편이나, 아내나…… 정말 꼭 빼닮은 부부로군."

"정말 그래요. 우리는 닮지 않은 부부인가?"

"반반 부부라고 전에 말했잖아."

"그래요. 인생의 반은 함께 걷고 나머지 반은 온힘을 다해 각자 노력하자고. 뮤즈넷은 인생의 나머지 반쪽에 들어가요. 당신도 남은 절반의 인생에 온힘을 다하기 바래요."

"그래야지. 실은 야스코 씨께 편지를 받았어. 그래서 조금은 마음이 개운해졌지."

"알고 있어요. 야스코 씨가 곧바로 메일로 말해 줬어요. 야스코 씨가 걱정하더군요. 쓸데없는 말을 한 것은 아닌지 말예요. 나는 우리 남편은 둔감해서 전혀 신경 쓰지 않을 테니 괜찮다고 답장을 보냈지요."

"걱정을 끼쳐서 미안해. 하지만 덕분에 앞을 향해 나아갈 수 있게 됐어. 참, 그 편지를 받은 후에 재미있는 회사를 하나 발견했지."

아베는 에디슨들에 대해 간단히 이야기했다.

"참 재밌네요. 그들도 네트워크를 이용해 일을 하는 셈이군요. 우리처럼 말예요."

"그래, 맞아. 그런 시대가 된 거지. 지금까지 그래 왔던 것처럼, 도쿄에 커다란 본사를 두는 시대는 끝났다고. 연공서열이나 종신고용제가 붕괴됐다고 해도 네트워크형 비즈니스는 진정한 의미에서의 종신고용제라고 할까? 고용 그 자체의 관점을 바꿀 수 있으리라고 생각해. 일할 의사가 있는 한, 누구나 일할 수 있는 시대 말야. 정년이란 말은 언젠가 사라질지도 몰라. 에디슨의 대표 사토 씨도 말했어. 일본이 가진 가장 큰 재생 가능 에너지는 인간력이라고. 그를 보고 있으면 이 사실을 절감하게 되지. 인간력으로 도시력을 재생 가능한 에너지로 바꾼다는 아이디어는 아무리 생각해도 훌륭해."

"도시력이라니, 정말 굉장하네요. 그 사람들도 대단하고. 그럼, 주부력이란 것도 있으면 좋겠네요? 뮤즈넷에서도 차용해야겠군요. 당신의 주부력을 활용하는 주부를 위한 뮤즈넷! 지금 당장 모두에게 이메일을 보내야겠어요."

"그건 그렇고, 펜션은 언제 오픈하는거야?"

"3월 1일이요. 이제 두 달 남았네요. 야스코 씨의 여동생이 당분간 도와준다나 봐요."

"그렇군, 9개월이나 늦게 오픈하는 거군……. 원숭이도 분명 기뻐하겠지."

"그렇고말고요. 1월 3일에 가즈미 씨의 가게에서 신년회 겸 임원회를 열 예정이니 당신도 참석해요. 드디어 당신이 활기를 되찾은 걸 보면 모두 기뻐할 거예요. 정말 많이 걱정했다고요. 당신이 지나치게 자신을 자책하기만 했으니까 말예요."

"진심으로 모두에게 사과해야겠군. 신년회에는 꼭 참석할게."

"그때 에디슨들의 이야기도 들려 줘요. 무척 참고가 될 거예요."

아베는 드디어 지옥 같았던 생활에서 본래의 자신의 모습으로 점점 돌아오고 있었다. 새해가 밝으면, 더욱더 자기답게 살아가 보리라 생각했다.

 뮤즈넷

아베는 마리아와 함께 1월 3일에 열린 뮤즈넷의 신년회에 참석했다. 아베를 제외한 남자는 단 두 명으로, 십여 명의 여자들이 생글거리는 얼굴로 모여 있었다. 사쿠라다의 레스토랑 '구루메'는 개장이 끝나 레스토랑과 점포, 두 공간으로 나뉘어 있었다. 공간을 분류하는 벽은 이동식으로 회장은 예전과 비슷한 크기였다.

인생의 파트너를 잃은 지 아직 반년밖에 지나지 않았는데도 여자들은 훌륭히 다시 일어섰다. 아니, 슬픔을 마음속에 단단히 가둬두고 다시 일어서기 위해 발버둥치는 것뿐일 수도 있다. 하지만 씩씩하게 행동함으로써, 자기 자신에게 용기를 주려 하는 것인지도 모른다. 아베를 바라보는 눈빛은 상냥했고, 그녀들이 건네는 말에서는 온기가 느껴졌다.

마리아도 사쿠라다 가즈미와 자못 즐거운 듯 이야기를 나누고 있었다.

"아베 씨, 저번에는 쓸데없이 참견하는 편지를 보냈지 뭐에요. 나중에 정말 후회했어요. 하지만 얼굴색이 굉장히 많이 좋아지셨네요."

다치바나 야스코가 글라스를 한 손에 든 채로 말을 걸었다.

"저야말로 그 편지 덕분에 용기를 얻었습니다. 정말 고마워요."

"뮤즈넷에 관해서는 마리아 씨께 들으셨지요? 어떻게 생각하세요? 아무래도 여자들만 모인 초보자 집단이니까요. 아베 씨에게 도움을 청해도 될까요? 비즈니스 현장에서 온갖 산전수전을 겪어 온 분께 많은 조언을 듣고 싶어요."

"솔직히 말해 깜짝 놀랐습니다. 일반회사의 어설픈 사업계획보다 훨씬 더 제대로 된 계획이에요. 평범한 주부들의 감각이 밑바탕에 깔렸으니, 탁상공론에만 그치는 것이 아니지요. 그다지 도움이 안 될지 모르지만, 뭔가 도움이 될만한 것이 있으면 마리아에게 말해 두겠습니다."

"자, 여러분. 이쯤에서 인사말을 들어보고자 합니다. 오늘의 요리는 이 레스토랑의 여사장인 사쿠라다 가즈미 씨와 그 따님인 사쓰키 씨의 스페셜 요리입니다. 스피치 도중이라도 사양하지 말고 많이 드세요. 그럼, 우리 뮤즈넷을 대표해 도나리 레이카 씨께서 인사말을 해주시겠습니다.

오늘의 사회를 맡은 류자키 유리에가 마이크를 쥐고 있었다. 도나리 레이카가 중앙으로 나와 마이크를 건네받았다.

"여러분, 새해 복 많이 받으세요. 그리고 오늘은 뮤즈넷 오픈 파티에 참가해 주셔서 감사합니다. 여러분도 아시다시피, 우리의 중심 멤버 다섯 명 중 넷은 작년에 사고로 남편을 잃었습니다. 그때, 홀로 목숨을 건진 남편의 친구, 아베 레이지 씨가 오늘 와주셨어요. 저희가 오늘 이렇게 기쁜 소식을 전하게 된 것도 아베 레이지 씨가 사고 전날 나누었던 남편들의 대화를 들려주었기 때문입니다. 남편들은 각자 앞으로의 인생을 함께 고민해 보자는 취지에서 START 클럽을 결성하기로 했죠. 하지만 아무것도 하지 못한 채, 바로 다음날 사고로 세상을 떠났어요. 아베 씨께 남편들의 꿈, 평소 집에서는 이야기하지 않던 소년 같은 순수한 꿈을 듣게 된 것이 이 모임의 시작입니다. 부인에게는 쑥스러워서 말할 수 없는 것도, 친구들에게는 분명 말할 수 있겠지요.

인생의 파트너를 잃는다는 건 너무 슬프고 두려운 일입니다. 지금도 혼자가 되면 남편이 건강했던 시절을 떠오르면 눈물이 나기도 합니다. 하지만 함께 남편을 잃은 다치바나 야스코 씨, 사쿠라다 가즈미 씨, 류자키 유리에 씨, 그리고 아베 씨의 부인인 아베 마리아 씨, 이 다섯 명이 서로를 위로해 주었지요. 그러는 사이에, 슬퍼하고만 있으면 아무것도 변하지 않는다, 이제부터는 자신의 다리로 씩씩하게 걸어야만 한다는 용기를 얻게 됐지요. 그러고는 이메일을 주고받거나 종종 이 레스토랑에 모여 많은 이야기를 나누었답니다. 여러분, 오늘 모임도 여성이 많이 모였지만, 여자의 힘이란 굉장하다고 생각하지 않으세요? 세상사에 관해 이런저런 대화를 나누는 도중에도 온갖 아이디어가 꼬리에 꼬리를 물고 솟아나니까요. '여자들의 이야기는 회전초밥 같아. 꼬리에 꼬리를 물고 주제가 변하니까'라며 남편이 자주 말하곤 했습니다. 주제가 자주 바뀌는 것은 사실이지만, 아이디어도 그야말로 샘처럼 솟아난답니다. 우리 뮤즈넷은 바로 여자들이 가진 파워를 모은 것이지요."

처음에는 답답하던 분위기가 레이카의 이 한 마디로 순식간에 변해, 회장은 온화한 분위기로 변했다. 레이카는 다시 한 번 중심 멤버의 이름을 말하고는 한 사람씩 소개했다. 마지막에는 사쿠라다 씨의 딸인 사쓰키가 멤버로 들어오게 된 것을 설명했다. 박수소리가 나자, 사쓰키가 주방에서 손을 닦으면서 나타나 쑥스러운 것처럼 가볍게 꾸벅 인사를 했다. 이 순진한 행동으로 회장에서는 큰 박수가 일었다.

"지금 소개한 여자 여섯 명의 파워, 이것을 주부력이라고 합니다. 아, 아직 주부가 되지 않은 아가씨가 한 명 있지만, 그건 그냥 넘어가 주세요. ······주부력이라는 것은 아베 마리아 씨가 만들어 낸 말입니다. 하지만 이 주부력에 남자들의 파워를 더하면 최강의 뮤즈넷이 완성될 것으로 생각됩니다. 현재의 뮤즈, 아, 뮤즈는 미의 여신입니다! 우리 여섯 명을 보면 아시겠지요?"

아베는 갑자기 큰 소리로 웃음을 터뜨렸다. 덩달아 회장도 온통 웃음바다가 되었다.

마리아가 아베를 나무라듯이 손가락으로 옆구리를 쿡 찔렀다. 아베는 작게 혀를 내밀고는 웃음을 멈추었다.

"……물론, 이 말은 농담이에요. 하지만 뮤즈넷은 진지하게 여자의 관점, 주부의 시선에서 운영해 나갈 생각입니다. 이 레스토랑과 다치바나 야스코 씨가 곧 오쿠카루이자와에 오픈하는 펜션을 근거지로 해서, 도쿄와 오쿠카루이자와 주부들의 네트워크를 만들었습니다. 오늘 이 모임에 참석한 저의 문화센터의 동료 강사도 참가할 예정입니다. 강사는 각자 담당하는 교실, 이 레스토랑, 그리고 펜션에서 자신의 전문분야를 지도할 겁니다. 물론 인터넷 사이트에서도 정보를 교환할 수 있습니다. 저쪽에 있는 컴퓨터에 뮤즈넷 페이지를 열어 두었으니, 한 번 들어가 보세요. 지금은 아직 정보가 부족하지만, 여러분의 아이디어나 군마에 사는 주부들의 아이디어를 도입해서, 이용가치가 높은 사이트로 점점 진화해 갈 수 있도록 하겠습니다. 여러분, 부디 앞으로 뮤즈넷에 큰 힘이 되어 주세요. 잘 부탁합니다."

큰 박수 속에서 레이카가 인사를 끝내자, 류자키 유리에가 또다시 마이크를 잡았다.

"여러분, 정말로 잘 부탁합니다. 계속해서 지금 도나리 씨가 이야기했던 문화센터의 강사님들을 대표해서, 이시다 미치히코 선생님의 인사말을 듣겠습니다. 이시다 선생님은 원예 강사로, 여러 문화센터에서 지도를 하고 계십니다. 그럼, 이시다 선생님을 소개합니다!"

유리에의 소개에 초로의 신사가 중앙으로 나왔다.
"에헴, 지금 막 소개를 받은 이시다입니다. 선생님이라고 불리니 약간 쑥스럽군요. 평범한 중년, 아니 이제 노년인가……. 허허허. 이시다 아저씨라고 불러주셔도 됩니다. 저는 쉰 살 때쯤부터 취미로 원예를 시작했습니다. 실은 아내가 먼저 시작했는데, 도와주는 사이에 저도 완전히 원예의 매력에 빠져버렸죠. 그래서 회사를 정년퇴직하자마자 곧바로 문화센터 강사에 응모했어요. 원래 시골에서 태어났기 때문에 어렸을 적부터 흙을 만지는 일에는 익숙하거든요. 땅을 갈고 씨를 뿌린 다음, 물이나 비료를 주면서 꽃이 성장하기를 즐거운 마음으로 기다리는 것은 아이를 기르는 일과 마찬가지입니다. 하지만 식물은 아이와 달리 반항기가 없답니다. …… 성장했을 때의 모습을 상상하면서, 어떻게 하면 더 예쁜 정원이 될지, 배열을 바꿔가며 꽃을 심는 것은 그림을 그릴 때의 즐거움과도 닮았어요. 어쨌든 원예에는 다양한 즐거움이 있습니다. 식물이 잘 자라지 않는 것은 자신의 방법이 잘못됐기 때문이죠. 원예도 자기가 책임을 져야하는 세계랍니다. 음, 이런 즐거운 일을 여러분과 함께 하고 싶다는 바람이 강사를 시작하게 된 동기입니다."

여기까지 말한 이시다는 회장을 쭉 둘러보더니 기쁜 듯이 말을 이었다.

"그러던 중에 도나리 씨로부터 뮤즈넷에서 함께 일해 보지 않겠느냐는 제안을 받았어요. 미녀군단과 함께 일할 수 있어서 좋았고, 오쿠카루이자와에도 교실을 열 수 있다는 말을 듣고는 즉시 참여하기로 했습니다. 왜냐하면, 지방에 살고 계신 분들로부터 더욱더 많은 것들을 흡수할 수 있으리라 생각했기 때문입니다. 원예의 묘미는 돋보이는 꽃을 사용하는 것만이 아닙니다. 채소나 허브도 아름답습니다. 그런 것들을 지방에 사시는 분들께 배워, 저만의 원예에 도전해 볼 생각입니다. 선생님이라 불리는 게 쑥스럽다고 말한 것은 이런 의미도 있습니다. 가르침을 통해 오히려 제가 배우는 것이 더 많으니까요. 뮤즈넷의 아이디어가 훌륭한 점은 말 그대로 네트워크라는 것입니다. 네트워크 안에서 어느 때는 가르치는 쪽, 어느 때는 배우는 쪽으로, 자유롭게 선택할 수 있다는 점이 매력이라고 생각합니다. 여러분과 함께 배우면서 앞으로의 인생을 즐거운 마음으로 살아가고 싶습니다. 올해 1년이 그 출발점이 되는 셈이니 함께 노력해 봅시다!"

이시다의 인사말을 들으면서 아베는 에디슨의 사토를 비롯한 멤버들의 얼굴을 떠올리고 있었다. 나이도 그들과 거의 똑같을 것이다. 무언가 비슷한 느낌을 받았다. 말할 때의 이시다의 움직임은 작았지만, 그가 발산하는 에너지는 크게 느껴졌다. 그 역시 자신만의 인생 시나리오대로 움직이고 있음이 틀림없었다.

인사말이 끝나자 회장 안의 손님들은 몇 가지 그룹으로 나눠졌다. 각 그룹은 활발하게 대화를 나누고 있었다. 아베는 음식 옆에서 손님들과 이야기하는 사쿠라다 가즈미에게 다가가 말을 걸었다.

"가즈미 씨, 음식이 무척 맛있네요. 펜션에서 시식했던 사쿠라다의 요리와 정말 똑같은 맛이었어요. 눈을 감은 채로 맛을 봤더니, 사쿠라다가 그 자리에 있는 것처럼 느껴지더군요. 정말 노력을 많이 하셨네요."

"고마워요. 그 사람이 꼼꼼하게 레시피와 비즈니스 계획을 남겨 둔 것이 도움이 됐어요. 사쓰키도 극단을 그만두고 가게를 돕겠다고 말해 주었고요. 그래서 둘이 맹훈련을 했답니다. 마리아 씨나 다른 부인들을 불러 무리하게 시식을 하게 했지요. 사실 오늘 요리의 80% 정도는 사쓰키가 만든 것이랍니다. 저 아이는 분명 아버지의 재능을 물려받은 것 같아요. 그이가 살아있을 때는 홀에서만 일을 했지, 가게에서나 집에서나 요리는 전혀 하지 않았었는데…….아니, 자식 자랑 같지만, 정말로 깜짝 놀라곤 한답니다."

"그렇습니까? 사쓰키 양은 가즈미 씨와 꼭 닮은 미인인데, 요리

재능만큼은 아버지에게 물려받았군요. 얼굴이 사쿠라다와 닮지 않아서 정말 다행이에요."

"어머, 무슨 그런 말씀을. 그런 얼굴이라도 저는 그 얼굴에 반해 결혼한 걸요. 호호호……."

"저런, 제가 말실수를 했네요. 하하하……. 농담은 그만두고, 이런 모습을 사쿠라다가 보면 기뻐했을 거예요……."

아베는 거기까지 말하고는 다음 말을 잇지 못했다. 친구들의 얼굴이 떠올라 슬픈 기억이 되살아났기 때문이다.

"아베 씨, 언제까지나 친구들 모습을 똑똑히 기억해 주세요. 이 세상을 떠난 것을 슬퍼하지 않아도 괜찮아요. 기억만 해주신다면……. 부탁합니다."

상냥하게 말하는 밝은 가즈미의 모습에 아베는 또 한 번 힘을 얻었다.

'맞아. 그 녀석들을 확실히 기억할 수 있게 하자. 그 녀석들과 START 클럽에서 하려했던 일을 나 혼자서라도 해보자. 스스로 생각하고 자신의 길을 찾아가 보자.'

아베는 마음속으로 이렇게 맹세했다. 친구의 부인들과 이야기를 나누면서 자신이 걸어야 할 길도 조금씩 명확해져 가는 것을 느낄 수 있었다.

신년회가 끝날 때쯤에는 완전히 취해 있었지만 마음만은 가벼웠다. 오랜만에 마리아와 팔짱을 끼고 돌아오는 길에 서로의 눈이 마주치자, 마리아는 기쁜 듯 눈이 가늘어졌다. 그리고는 힘을 꽉 주어 아베의 팔을 껴안았다.

새로운 한 해가 틀림없이 찾아온 것이다.

 신년회

이른 아침에 신칸센을 타고 하마마쓰로 돌아오자 첫눈이 내리고 있었다. 하늘은 회색빛이었지만, 이와는 정반대로 아베의 마음은 활짝 개어 있었다.

역 앞 로터리에 눈이 하늘하늘 떨어져 내리더니, 금세 사르르 녹아 없어졌다. 아무래도 쌓일 것 같지는 않았다. 그때 아베의 휴대전화가 울렸다.

"아베 씨, 에디슨의 사토일세. 좋은 아침…… 아니, 새해 복 많이 받으라는 말이 맞겠군. 벌써 하마마쓰로 돌아왔군 그래. 내일 저녁에 시간 좀 되나? 에디슨의 신년회가 있어서 말야. 꼭 참석해 주었으면 해서 연락했네."

"사토 씨도 새해 복 많이 받으세요. 내일 저녁은 비어 있습니다. 초대해 주신다면 저야 물론 기쁘지요."

"아, 다행이네. 다들 젊은 사람을 불러오라고 어찌나 성화가 심한지."

"젊은 여성이 아닌데 괜찮으시겠어요?"

"오, 올해 들어 처음 듣는 농담이군! 사실은 아베 씨를 불러오라는 명을 받았어. 이메일로 모임 장소를 알려줄 테니, 내일 만나세."

가구야마 정밀기계의 새해 첫날은 가볍게 서로 얼굴을 보는 것으로 끝이 났다. 신년회라고 해봐야 고작 일회용 접시에 담긴 마른 안주에 총무부장인 데라이의 선창에 따라 건배를 한 것뿐이었다.

데라이가 아베 근처로 다가와서 말을 걸었다.

"아베 씨, 당신에게는 정말 감사드려요. 솔직히 당신이 왔을 때는 여느 때와 마찬가지로 성가신 사람이 왔다고 생각했어요. 하지만 점점 당신이 건강을 되찾고, 신규고객을 발굴해 냈을 때는 무척 놀랐어요. '아, 이 회사는 아직 죽지 않았구나!'라는 생각이 들었거든요. 그래서 나도 내가 할 수 있는 일을 열심히 해야겠다고 생각했어요. 보세요, 젊은 사원들의 얼굴이 많이 좋아졌지요? 올해는 어쩐지 굉장한 한 해가 될 것 같은 예감이 듭니다. 우리 모두 더욱더 분발해봅시다!"

"아닙니다, 저야말로 이 마을에 와서 활기를 되찾았습니다. 새로운 환경에 처하게 되면 심적으로 힘든 일도 많지만, 반면에 예전과는 전혀 다른 자신을 발견할 수 있었죠. 데라이 씨, 저야말로 잘 부탁드립니다."

두 사람은 캔 맥주로 건배를 하고는 사원들 속으로 돌아왔다.

에디슨의 신년회는 시내의 작은 주점 독실에서 열렸다. 신선한 생선을 먹을 수 있다는 것으로 평판이 자자한 가게라고 한다. 카운터석 앞에는 각종 생선이 진열되어 있었는데, 손님의 요구에 따라 회, 구이, 찜으로 조리해주는 것 같았다. 아베의 눈에는 생선이 많이 있는 것처럼 보였지만, 아직 새해가 시작된 지 얼마 되지 않은 탓에, 평소의 반 정도밖에 없는 것이라고 한다.

약속 시각 5분 전에 도착했는데, 방에 들어가니 벌써 에디슨 멤버 8명 전원이 모여 있었다.

"자, 아베 씨는 사토 씨의 옆자리예요. 어서 들어오세요."

자동차 제조업체 OB인 시게마쓰 하쓰오가 어서 들어오라는 손짓을 했다. 오늘 모임에서 총무를 맡은 것 같았다.

"자, 여러분. 특별 손님인 아베 씨도 도착했습니다. 다시 한 번 새해를 축하하는 뜻에서 건배합시다."

"건배는 이것으로 벌써 다섯 잔째라고!"

인쇄회사 OB인 사와타리 히로사쿠가 야유를 하자, 모두가 큰 소리로 웃었다.

"그러면, 사토 씨. 인사말을 한 말씀 부탁합니다!"

"여러분, 새해 복 많이 받으세요. 비록 나이는 많지만 올해도 열심히 노력해 봅시다. 무엇보다 한 사람도 이 모임에서 이탈하지 않도록 최소한 건강진단만은 확실히 받기를 바랍니다. 작년은 무척 보람찬 한 해였습니다. 하수도 발전 시스템이 뜻밖에 환경 보호성의 환경기술 장려상을 받게 되어 저도 무척 큰 힘을 얻었습니다. 신문에 보도된 덕분에 세상의 주목도 받게 됐지요. 많은 회사로부터 문의를 받았지만, 아직 계약은 한 건도 성사되지 못했습니다. 하지만 지인들을 통해 외국 기업에 회사소개 메일을 보낸 결과, 미국에서 한 회사, 두바이에서 한 회사, 싱가포르에서는 두 회사로부터 문의를 받았습니다. 어느 회사나 비행기 삯과 호텔비는 그쪽에서 부담할 테니, 꼭 자기네 회사에 와서 설명해 달라고 하더군요. 역시 저비용 재활용 발상은 잘못되지 않았다고 확신하고 있습니다……."

"너무 길다고! 건배, 건배!"

사와타리가 또다시 야유를 보냈다.

"이야기가 너무 길다는 불만의 소리가 나왔으니…… 조금만 더 말하겠습니다……라고 말하고 싶지만……, 그럼, 모두 새해 복 많이 받으세요. 올해도 건강하게 열심히 해봅시다!"

"건배!"

"새해 복 많이 받으세요!"

떠들썩한 신년회의 막이 올랐다. 가구야마 전기에서 근무하던 시절의 신년회, 친구들과 함께 했던 신년회와도 다른 독특한 연회였다. 손자 이야기나 골프 이야기를 하나 싶더니 어떤 말을 계기로 금방 기술 상담으로 변해 버렸다. 한 사람이 무슨 말을 하면 그 말이 끝나기가 무섭게 그 말을 보충하는 아이디어가 계속해서 쏟아져 나왔다. 환갑이 지났다고 생각하기 어려운 유연한 발상이었다. 아베는 한 기업의 이익을 위해서가 아닌 공통의 목적에 관심이 있는데다가, 배경 지식까지 갖춰져 있기 때문에, 자유로운 발상이 가능하다고 생각했다.

"아베 씨, 당신은 가구야마 전기에서 근무했죠? 예전에는 좋은 회사였는데."

전자회사의 OB인 하타 마사노리가 아베에게 맥주를 따라주러 왔다.

"지금은 자회사인 가구야마 정밀기계에서 일하고 있지만, 예전에는 본사에 있었어요."

"선대 사장 때는 말야, 꽤 좋은 아이디어 상품을 만들었었지. 회사의 이념이 잘 반영된 제품이었어. 하지만 사장이 바뀐 뒤로는 그리 좋은 회사라 말할 수 없네. 내가 예전에 근무했던 스기야마 전기의 축소판처럼 되어 버렸으니 말야. 스기야마 전기도 좋은 회사라고 할 순 없지. 어느 회사나 만들 수 있는 똑같은 물건밖에 만들지 못하니까. 같은 하마마쓰 출신인 내가 한 마디 하자면, 가구야마의 선대는 존경할만한 분이었어. 오직 자기 회사만이 만들 수 있는 물건을 만든다는 확실한 신념이 있었지. 그래요. 아베 씨, 나는 이렇게 생각하네. 창업 당시, 회사는 뜨거운 열정과 미래에 대한 확실한 꿈을 갖고 있었을 거야. 바로 그 신념에 동조하는 사원들이 모여, 자기 생각과 꿈을 제품이나 서비스로 만들어 세상에 선보인 것이 아닐까? 그리고 그 생각이나 꿈을 이해한 손님이 그 회사의 팬이 되어준 거지. 그런데, 그런데 말야. 회사가 커지고 경영자가 바뀌면 설립 당시의 생각이나 꿈을 점점 잊게 되지. 회사를 더욱 확장하거나, 이익을 늘리는 일만이 목표가 돼버려 점점 괴물처럼 변해가는 거야. 무엇을 위해 회사를 운영하는지 알 수 없게 돼. 사원들도 자기 일이 이 세상에 어떤 의미가 있는지 생각조차 하지 않게 된다네. 이런 이야기를 들으면 왠지 씁쓸하지?

　사원도 말야. 월급을 받고, 또 받고, 계속 받는 일에서만 일의 의미를 느끼게 되지. 잘난 척 말하고 있지만, 나도 회사에 있을 때는 마찬가지였네. 월급을 받는 일 이외에는 아무것도 생각하지 않았으니까. 하지만 말야. 여기가 중요한 대목이야. 나는 사토 씨를 비롯한 모두와 만나 에디슨 사를 세웠을 때 처음으로, 아까 말했던 회사는 무엇을 위해 존재하는 것인지, 무엇을 위해 일을 하는 것인지를 깨닫게 되었지. 남이 깔아놓은 레일 위가 아니라, 아무것도 없는 곳에 스스로 발을 내디딤으로써, 자신만의 길을 개척하는 것 말야.

회사라는 조직에 있을 때도 스스로 생각하고 행동한다면, 회사 안에서도 훌륭한 길을 만들 수 있어. 하지만 조직 안에 있을 때는 그것이 잘 보이지 않는 법이지…… 미안하네, 나도 모르게 쓸데없는 말을 많이 해버렸어…… 왠지 아베 씨를 보고 있으면 이런저런 것들을 이야기하고 싶어지니 말야. 자, 술이나 한 잔만 더 따라 주게."

그의 말이 아베의 마음에 사무쳤다. 안개가 스르르 걷히고 발밑에 있는 길이 보이는 듯했다.

'〔아베 레이지〕가 말하려 했던 것도 이런 것이 아니었을까? 이것을 나에게 깨닫게 해주려 시간의 벽을 넘어온 것이 아닐까?'

여기까지 생각이 미치자 또 다른 의문이 생겼다. 어째서 그 사고 이후, 〔아베 레이지〕와 연락이 되지 않는 것일까? 신바시에 있는 바 '로고스'는 왜 문을 닫았을까? 재밌게 읽던 추리소설에서 사건의 비밀이 밝혀지는 마지막 부분이 빠져버린 듯한 느낌이었다. 아무리 생각을 해봐도 그 이유를 알 수가 없었다.

에디슨들과 함께 한 흥겨운 신년회는 세 시간 정도 계속되었다. 기분이 좋아진 에디슨들은 삼삼오오 자리에서 일어났다. 가게를 나온 아베에게 누군가가 뒤에서 말을 걸었다. 먼저 돌아간 줄 알았던 사토였다.

"아베 군, 눈송이가 제법 굵어졌어. 오늘은 쌓이지 않을 줄 알았는데……. 아베 군에게 할 말이 있는데, 조금만 시간을 내줄 수 있겠나?"

"집에 가면 자는 일밖에 할 일이 없으니, 괜찮습니다."

사토는 걸으면서 에디슨의 한 사람, 한 사람의 경력이나 성격, 가족 상황 등을 설명하기 시작했다. 세 번째 멤버의 설명이 끝날 무렵, 꼬치구이 집 앞에 도착했다.

"다음 이야기는 이 가게에서…….."

모둠 꼬치구이와 따뜻한 청주를 주문한 후, 네 번째 멤버에 대해 이야기를 계속했다. 전원에 대한 설명이 끝난 시점에서 사토는 아베 쪽을 다시 돌아보며 말했다.

"아베 씨, 에디슨으로 와주지 않겠나? 멤버들은 모두 찬성해 주었네. 그들은 자네의 진지한 성품과 적극적인 행동력에 모두 감탄하고 있어. 자네도 알다시피 우리는 모두 기술자잖아? 물건을 만드는 일에 관해서는 많은 지혜를 갖고 있고, 얼마든지 잘 할 수 있지만, 회사 운영이라든지, 영업 같은 일에는 서투르지. 아까 인사말에서도 언급했듯이 외국에서도 문의가 오고는 있지만, 어떻게 대응해야 할지를 몰라 고민하고 있다네. 자네가 좀 도와줄 수 없겠나? 자네는 처음 우리 집에 왔을 때, 에디슨의 비전에 관해 물었었지. 나는 그 말을 듣고 무척 기뻤다네. 하타 씨가 했던 이런저런 말도 에디슨 사의 모두가 항상 말하는 것이지. 첫째로 비전이 있어야만 그 다음에 제품이나 서비스를 할 수 있다는 사실을 잊어서는 안 돼. 당신은 이런 사실을 제대로 알고 있었어. 월급은 많이 줄 순 없지만, 함께 꿈을 만들어가지 않겠나?"

열정적으로 말하는 사토의 얼굴을 보면서 아베의 마음도 급격히 흔들리고 있었다. 하지만 곧바로 받아들이겠다는 말은 할 수 없었다.

"사토 씨, 저에게 그런 제안을 해주신 점은 정말 감사합니다. 하지만 조금 더 시간을 주지 않겠습니까? 때가 때이니만큼 천천히 생각해 보고 싶습니다."

"시간이라면 얼마든지 주겠네. 시간은 도망가지 않으니까. 충분히 생각하고 대답해 주길 바라네. 그럼, 한 병 더 할까?"

"그거 좋은 생각이네요, 마음껏 마셔 봅시다."

아베도 사토와 함께 마시고 싶은 기분이었다.

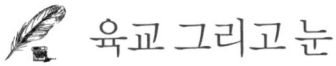 육교 그리고 눈

가게에서 나오니, 눈은 어느새 그쳐 있었다. 그래도 도로 위는 희미하게 눈으로 덮여 있었다.

'한 병만 더' 마신다는 것이 그만 연거푸 술잔을 들이켜서, 정신이 들자 5병째 병이 비어 있었다.

아베와 사토는 완전히 취해, 서로를 지탱하듯이 어깨동무를 하고 걷기 시작했다.

"아베 씨, 오늘은 정말 즐거웠어. 당신과 오랫동안 이야기를 나누게 되어 무척 기쁘네. 아까 한 이야기는 잘 생각해 보게. 서두르지 않아도 되니까."

비틀거리며 걷기 시작하자 발이 죽죽 미끄러졌다.

"말하는 걸 깜빡했는데, 에디슨에 들어온다고 해서 하마마쓰에 상주할 필요는 없네. 기본은 도쿄 자택에서 재택근무야. 업무에 관해서는 대부분 전화나 컴퓨터로 처리할 수 있으니까 말일세. 필요할 때, 이곳에 얼굴을 비춰주기만 하면 되네. 영업활동을 하기에도 도쿄가 편리하고 말야."

"알겠습니다. 그런 사항까지도 고려해서 결정하겠습니다."

말을 마치자마자, 아베의 발이 미끄러졌다.

"사토 씨, 주의하면서 걸어갑시다. 한 발짝씩, 천천히 걸어가요."

"바로 그거야, 아베 씨. 한 발짝씩 천천히, 인생과 눈길에서는 신중하게."

잠시 걷자 교차로가 나왔다.

"아베 씨, 여기부터는 택시로 돌아가겠네. 오늘은 정말로 고마웠어."

"저야말로 감사했습니다."

두 사람은 손을 꽉 쥐고 악수를 했다.

"그런데 저는 어느 쪽에서 택시를 타야 합니까?"

아직 이 마을의 지도가 머릿속에 들어있지 않은 아베가 물었다.

"아, 아베 씨는 저쪽, 반대쪽이야."

"잘 알겠습니다. 그럼, 조심해서 들어가세요."

아베는 사토가 탄 택시의 뒷모습을 눈으로 좇고 있었다. 택시 뒷등이 작아지는 것을 끝까지 확인한 다음에 도로 반대편으로 가려고 했다. 횡단보도의 신호는 빨간불이었다. 아베는 파란불을 기다리지 않고 육교를 건너기로 했다. 왠지 높은 곳에 올라가 보고 싶었다. 육교의 난간을 붙잡고 신중하게 계단을 올라갔다. 난간의 차가운 감촉 때문에 아베는 취기에서 점차 깨어나기 시작했다. 계단을 다 올라가, 육교 가운데서 아래쪽 도로를 내려다보았다. 일정한 간격으로 차들이 빠져나갔다. 육교 아래서 앞을 향해 달려가는 자동차의 빨간 등. 반대쪽에서 이쪽을 향해 오는 헤드라이트의 행렬이 보였다

'저 차들 속에는 각각의 인생이 있는 거구나!'

아베는 찬바람을 맞으면서 〔아베 레이지〕가 제시한 키워드를 떠올렸다.

Finale……최종 목적지는 대체 어디일까? 나에게는 아직 보이지 않는다.

Family……가족과 아내. 반은 나와 함께 하는 인생, 나머지 반은 각자의 것. 나에게는 다른 것과 바꿀 수 없는 소중한 것, 그것이 바로 가족.

Field……내가 앞으로 연기해야 할 무대는 어디일까? 가구야마 정밀기계인가, 에디슨인가, 아니면 이것과는 전혀 다른 무대가 있는 것일까?

Faculty……내가 할 수 있는 일은 무엇일까. 영업사원으로 30년 가까이 일해 왔지만, 다른 일도 할 수 있을까? 영업 외에 내가 할 수 있는 일은 무엇이 있을까?

Finance……돈은 얼마나 있어야 충분한 것일까? 하지만 충분하다는 것은 무엇을 기준으로 충분하다는 것일까? 간신히 생활할 수 있을 정도? 적당히 생활할 수 있을 정도? 적당하다는 것은 대체 어느 정도의 수준을 말하는 것일까?

Friends……정말 마음을 터놓고 이야기할 수 있는 친구는 고교 동창인 그 녀석들이었다. 하지만 모두 손이 닿지 않는 먼 곳으로 가 버렸다.

다치바나 후지요시……사루, 로맨틱한 자연주의 남자.
사쿠라다 가즈토……파미, 생각과 행동이 일치하는 열혈남
류자키 히로카쓰……도라고, 농담과 음악을 좋아하는 쾌활한 기타의 명수
도나리 유……교수, 걸어 다니는 백과사전, 언제나 냉정 침착한 사령탑

'START 클럽'은 스타트를 끊기도 전에 해체되어 버렸다.
나는 이제부터 누구를 친구라고 불러야 할까?

〔아베 레이지〕 덕분에 처음으로 자신의 인생에 대해 진지하게 생각하게 됐다.

하지만 소중한 친구를 잃게 된 것도 〔아베 레이지〕와 접촉했기 때문인 것 같기도 했다.

〔아베 레이지〕의 정체는 과연 무엇일까? 정말로 14년 후의 나 자신일까?

차들은 변함없이 육교 밑을 지나가고 있다. 빨간색 불빛의 행렬과 흰색 불빛의 행렬이다. 간격을 두고 하나 둘씩 지나가고 있었다.

'모스 부호 같군.'

아베는 생각해 보았다. 저 자동차 행렬은 뭔가 의미 있는 메시지를 보내고 있는 것은 아닐까?

지금 올라온 쪽을 보니, 아베가 걸어온 발자국이 선명하게 육교 위에 찍혀 있었다. 반대편에는 눈이 쌓인 새하얗고 아직 아무도 걷지 않은 길이 보였다.

'자신이 걸어온 곳에는 선명하게 그 흔적이 남아. 아직 걷지 않은 곳은 맞아, 아직 걷지 않은 곳은 이제부터 흔적을 새겨야 할 길이지. 자기 자신이 눈을 밟고 걷기 시작하면 또다시 선명한 흔적이 남게 되는 거야.'

아베는 갑자기 류자키의 노랫소리가 들려오는 듯한 느낌에 사로잡혔다.

> 무지개 저편에는 무언가가 있어요.
> 동화 속의 멋진 나라가
> 무지개 저편에는 희망이 있어요.
> 꿈이 이루어진다는 이상한 나라가
> 언젠가 나도 갈 거야. 저 무지개를 건너서
> 눈물을 흘리면 괴로운 일이 전부 사라진다는
> 아무 말도 안 해도 마음과 마음이 통하는
> 친구가 살고 있는 나라로
> 생명이 다할 때까지 우리는
> 꿈과 내일을 만들어 가자.

아아, 드래고가 가사를 붙인 노래였다. '오버 더 레인보우'인가…… 이 녀석들은 지금 어떤 세계에 있는 것일까? 모두 함께 무지개 저편의 세계에서 즐겁게 살고 있는 것일까?

아베는 또다시 걷기 시작했다.

한 발자국씩, 천천히……한 발을 내디딜 때마다 뒤를 돌아보았다. 자신이 남긴 발자국을 확인하고 있었던 것이다.

내려가는 계단에 도착했다. '오버 더 레인보우'는 아직도 머릿속을 흐르고 있었다.

세 번째 계단에 발을 내디뎠을 때, 아베는 그만 죽 미끄러졌다.
'위, 위험해!'
난간을 잡으려고 했지만 간발의 차이로 잡지 못했다.
아베의 몸은 주르륵 미끄러져 내려갔다.
머리를 세게 찧었다.
육교 아래로 떨어지기 전에, 이미 아베는 의식을 잃고 말았다.

Hint of Starting Note ⑥ **Fight & Forget**

> **꿈을 품는 것, 과거를 잊는 것**

    지금까지 제시한 '6개의 F'에 대해 스스로 재고 및 검토를 해보는 것으로, 새로운 인생 시나리오를 쓸 준비가 끝났다. 이 6가지는 전부 중요하지만, 또 한 가지 잊어서는 안 되는 'F'가 있다. 그것은 바로 'Fight'이다. 뜻, 꿈, 의욕이라 말해도 좋다. 물론 건강한 신체도 이에 포함된다. 'Fight'의 양이 왼쪽 도표에서 7가지 'F'에 의해 묘사된 '7'이란 글자의 크기를 정한다. 'Fight'가 많으면 인생 시나리오의 선택지도 많아지므로, 충실감 또한 분명 커질 것이다. 건강에 불안감을 느낀다면 먼저 건강을 되찾는 일이 최우선 과제가 된다. 오직 건강한 육체에 건강한 정신이 깃드는 법이기 때문이다.

    제2의 인생을 순조롭게 시작하기 위한 조건에 또 하나의 'F'를 추가해 두자. 그것은 'Forget', 즉 '잊어버리는 것'이다. 조직에 속해 있을 때는 대개 '수직' 관계에서 움직인다. 그리고 상사와 부하라는 조직 안에서의 상하관계가 일상생활까지도 지배하는 경우가 많다. 대부분의 사람들은 정년 직전, 회사원 인생에서 가장 높은 지위에 올라있을 것이다. '사장님', '전무님' 등으로 불려서, 그것에 익숙해져 있으면 조직 안에서 통용되는 직함이 온전히 자기 자신의 가치라고 오해하게 된다.

하지만 정년을 맞이했을 때, 우리를 기다리는 것은 '수직사회'가 아니라, 누구나 평등한 '수평사회'이다. 대기업의 임원이었던 사람이든, 대학교수였던 사람이든, 누구나 예외 없이 지역사회의 '신인'으로 시작하게 된다. 따라서 이 시작이 원활하려면 조직에 속해 있던 시절의 직함, 수입, 가치관 등의 모든 것을 일단 잊어버려야만 한다.

그런 후에 10년 후의 자신의 생활, 20년 후의 삶의 방식에 대해 생각해 봐야 한다. 그리고 미래의 자기 시나리오를 만드는 데에 필요한 '과거의 자산'이 있을 경우, 그것을 다시 추가하면 된다. '앞으로의 미래'를 즐겁고 충실하게 보내기 위해서는 제2의 인생을 과거의 연장선상에서 생각하기보다 미래에서부터 거꾸로 생각해야 한다.

정년 직전에 정년 후의 일을 생각하면 현재에 미련이 남기 쉽다. 아무리 해도 '잊어버리는 일'은 불가능하다. 잊어버리지 못하면 조직에 몸담고 있던 시절과의 격차를 깨닫게 되므로 실망감과 불안감이 생겨난다. 이래서는 'Fight'도 끓어오르지 않는다.

될 수 있는 한 이른 시기, 등장인물들과 같은 50세 정도라면 정년까지는 10년(혹은 그 이상)이라는 넉넉한 시간이 있다. 이 기간에 시행착오를 반복하면서 필요한 준비를 해둔다면 정신적으로 풍요로운 제2의 인생을 맞이할 수 있을 것이다.

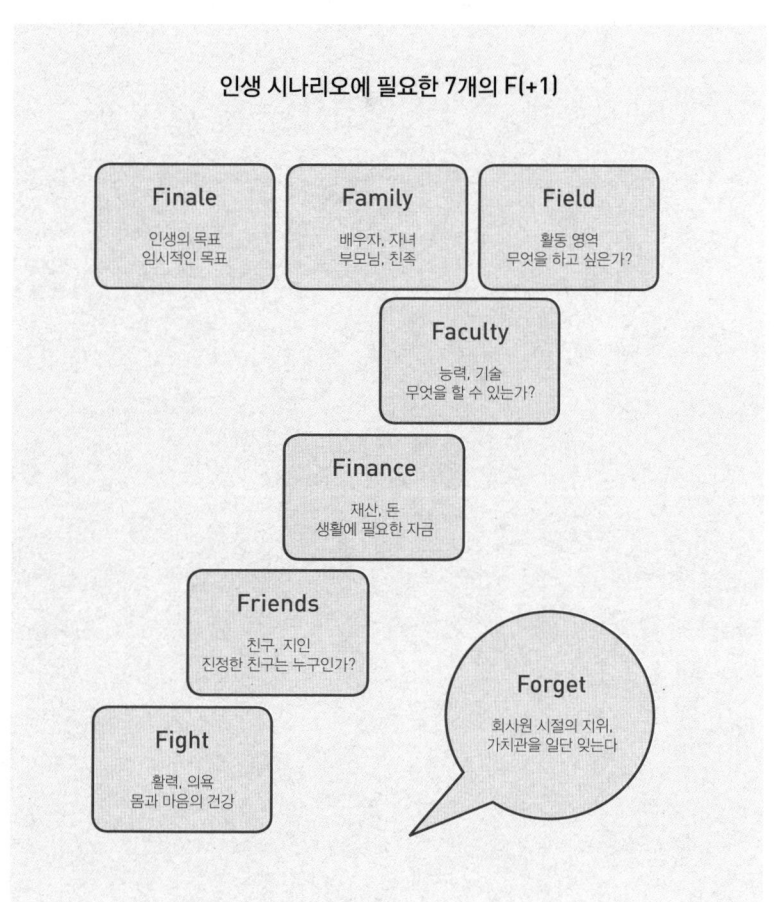

PART 7

마음먹은 때가
시작할 때다

 귀환

누군가의 말소리가 들려온다. 익숙한 목소리였다. ……드래고?
그럴 리가 없다. 어라? 이번엔 교수? ……그리고 패미?
살며시 눈을 뜨자, 파란색 천장이 보인다. 여기가 어디지?

얼굴을 옆으로 돌리자, 접이식 의자에 앉아 생글생글 웃으며 이야기하는 사쿠라다 가즈토의 모습이 보였다.
"에엣!?"
아베는 자신도 모르게 큰 소리를 냈다.
"오, 드디어 눈을 떴군, 평균."
도나리가 말을 건다.
"너무 늦었다고, 평균."
드래고가 웃으면서 말했다.
"이 녀석, 걱정이나 끼치고 말야."

패미가 오른손으로 때리는 시늉을 하면서 윙크를 했다.

아베는 어안이 벙벙했지만, 곧 눈물이 흘러넘쳤다. 끊임없이 눈물이 흘러내려 뺨을 적셨다.

"드래고!, 교수!, 패미!……, 너희들, 어째서, 어째서……."

"뭐야, 어째서라니? 그건 내가 할 말이다. 왜 우는 거야? 뭐가 잘못되기라도 했어!"

아베는 침대에서 벌떡 일어나 세 명의 어깨를 안고 소리 높여 울기 시작했다.

"대체 왜 그러는 거야! 기분이 나빠지려 해."

"너는 술도 안 마셨는데 왜 울고 그래?"

"진정해, 진정하라고……. 착한 아이는 울지 않는다."

3명은 의아한 얼굴을 하면서도 흐느껴 우는 아베를 위로했다.

"여보세요? 평균, 아니 아베가 드디어 깨어났어!"

다치바나가 휴대전화를 향해 큰 소리로 말을 하고 있다. 아무래도 펜션에 보고하는 것 같았다.

침대 옆으로 악동 네 명이 다가왔다.

네 명의 얼굴을 순서대로 바라보며 '응, 응'하고 고개를 끄덕이면서도 아베는 아직 울음을 멈추지 않았다. 딸꾹질까지 하면서 고통스러운 듯 세 번 정도 기침을 했다.

"평균, 물 마셔. 조금씩 마시면 돼."

도나리가 컵을 건네자 아베는 한 번에 물을 다 들이키더니, '후우' 하고 크게 한숨을 내쉬었다. 류자키는 열심히 아베의 등을 문지르고 있다.

조금 안정을 되찾은 아베는 모두의 얼굴을 한 명, 한 명 확인하면서 물었다.
"여기가 어디야? 원숭이네 펜션인가?"
"아니, 여기는 병원이야."
도나리의 대답에 아베는 고개를 갸웃했다.
"뭐라고? 병원……? 왜 병원 같은 데 있는 거야? 누가 다치기라도 한 거야?"
"아무도 다치지 않았어, 우리가 병원에 있는 건 너 때문이야."
류자키가 설명하자, 아베는 당황스러운 표정을 지었다.
"나 때문이라고? 아무 데도 아프지 않은데? 이것 봐, 팔다리도 이렇게 잘 움직인다고."
아베는 양팔을 빙글빙글 돌리고, 다리도 부지런히 움직이면서 말을 계속했다.
"너희들, 다리는 제대로 있는 거지? 유령은 아닌 거지?"
"이 바보 녀석! 누구보고 유령이라는 거야? 왜 그런 이상한 말을 하는 거냐고……평균."
"뭐가 어떻게 된 건지 잘 모르겠어. 내 손 좀 꼬집어 줘."

아베의 부탁에 류자키가 아베의 왼손 손등을 있는 힘껏 꼬집었다.

"아야! 아프잖아! 드래고, 정도껏 해야지……아, 그렇구나. 나는 꿈을 꾸고 있던 걸까? 꿈을 꾸고 있던 거구나. 틀림없어……. 그건 꿈이었구나……."

아베는 류자키를 향해 갑자기 화를 내더니, 누구에게 말하는 것도 아닌, 단지 밑을 행한 채로 중얼거렸다.

"그렇구나. 잠꼬대한 거였군. 그래서 아무리 불러도 일어나지 않았던 거구나. 하하하!"

류자키가 아베의 어깨를 두드리며 웃었다.

"무슨 일이 있었던 거냐? 난 어떻게 된 거야?"

"그렇군, 기억하지 못하는구나."

다치바나가 설명하기 시작했다.

"아까 산에 갔었지? 아사마카쿠시 산 말야. 그런데 갑자기 큰비가 내려 하산했잖아. 이건 기억이 나?"

"응, 기억하고 있어."

"그래서 서둘러 차에 올라탄 후, 산을 내려갔지. 엄청난 빗줄기 때문에 앞에 보이지 않을 정도였어."

"응, 굉장했지."

"그때, 네가 갑자기 위험하다며 큰 소리를 지른 거야."

"소리를 질렀을지도 몰라."

"나는 너무나 큰 소리에 깜짝 놀란 나머지, 급브레이크를 밟고 말았어. 차는 크게 회전한 다음에 멈췄고 말야."

"뭐? 그랬나? 그건 몰랐어."

"그랬더니, 불과 몇 미터 앞에 커다란 바위가 세 개 정도 떨어져서 그대로 절벽 아래로 굴러갔지. 그야말로 일촉즉발의 상황이었다고."

"차에는 떨어지지 않았어?"

"차에 맞았다면 이렇게 모두 무사할 리 없잖아. 네 목소리 덕분에 목숨을 건진 거야. 네가 소리를 지르지 않았다면 바위는 차를 직격했을 테니까."

다치바나의 말에 모두가 고개를 끄덕였다.

"그래서 평균, 네 덕분이라 생각하고 너를 봤더니, 네가 의식을 잃은 거야. 큰 소리로 불러도, 뺨을 때려 봐도 아무 반응이 없었어. 급브레이크를 밟아 차가 멈췄을 때, 머리를 어딘가에 부딪친 것이란 생각에 바로 병원에 데리고 왔지. 그리고 선생님께 진찰을 받고 몸 전체를 검사했어. 노파심에 뇌파와 MRI까지 찍어 봤다고. 그랬더니 놀랄만한 결과가 나왔지 뭐야."

"난 어떤 상태였던 거야?"

"선생님께서 심각한 얼굴을 하고는 말야, 단 한 마디, '이상은 없습니다. 단지, 잠이 든 것 같습니다. 뇌파의 파형과 안구가 빠르게 움직이는 것으로 보아, 꿈을 꾸고 있는 건지도 모르겠습니다'라고 말하지 뭐냐. 이 말을 듣고 모두 맥이 탁 풀렸다고. '아마도 시간이

지나면 저절로 눈을 뜰 테니 별로 걱정하지 않아도 될 것 같지만, 얼마간 병원에서 상태를 지켜봅시다'라고 하셔서, 모두 여기서 네가 눈뜨기만을 기다리고 있던 참이야."

교수가 이상하리만치 묘한 얼굴로 설명했다.

"엣? 그런 일이 있었구나. 그런데, 나는 대체 얼마나 잔거야?"

도나리가 손목시계를 보며 대답했다.

"바위가 떨어진 것이 정확히 12시쯤이었어. 지금이 5시니까 약 5시간 정도 잠을 잔셈이네."

"겨우 5시간밖에 안 됐다니……아, 그렇게 된 거구나. 그렇구나."

"'겨우' 가 아니라고! 5시간이나 여기서 기다린 우리 입장이 돼 봐.……그런데 평균, 정말로 아무렇지도 않은 거야? 어디 이상한 데는 없어?"

"응, 괜찮은 것 같아."

아베는 다시 한 번, 고개를 흔들기도 하고, 양팔을 움직이기도 하면서 대답했다.

"……그런데 배가 조금 고프긴 하다."

아베의 이 한 마디에 모두가 큰 소리로 웃었다.

"참, 그리고 보니 너는 아직 점심을 먹지 않았구나. 우리는 네가 병원에서 검사를 받는 사이에 주먹밥을 먹었어. 미안, 네 몫까지 내가 먹어버렸다."

류자키가 아베의 어깨를 탁탁 두드리면서 말했다.

모두 함께 펜션으로 돌아가 현관문을 열자, 아베의 허기진 배를 강하게 자극하는 맛있는 냄새가 퍼져 나왔다.

"아베 씨, 정말 다행이네요. 큰일이 아니어서……. 이제 곧 저녁 준비가 끝나요. 날씨가 좋으면 테라스에서 바비큐를 할 생각이었는데, 이렇게 큰비가 내리니 어쩔 수 없네요. 그래서 재료는 전부 저희가 조리할 테니, 실컷 드세요. 점심에 못 드신 것까지 말예요. 후후후."

야스코가 안도한 듯한 표정으로 말했다.

"그건 그렇고 평균, 대체 무슨 꿈을 꾼 거야?"

류자키가 질문했다.

"대단한 꿈을 꾼 건 아니야. 모두의 비웃음을 살 게 분명하니까 말 안 할래."

"실컷 웃어줄 테니까 어서 말해."

"싫어, 말하고 싶지 않아. 신기한 꿈이었다고만 말해 둘게."

"어차피 대단한 꿈도 아니잖아? 비싼척 하기는……. 됐다, 됐어. 이제 듣고 싶지 않아. 네가 말해도 귀를 막고 듣지 않을 거라고."

"말하지 않는다고 말한 이상, 말하지 않을 거야!"

"너희는 초등학생도 아니고……."

도나리가 두 사람의 어깨에 손을 올려놓으면서 웃었다.

"자, 자, 여러분. 디너 타임입니다."

다치바나의 한 마디에 모두 우르르 주방으로 향했다.

테이블 위에는 큰 접시 여러 개가 놓여 있었다. 여러 가지 종류의 소시지, 불고기, 야채 볶음……각 접시에서는 김이 나고 있다. 큰 접시 외에는 맥주, 와인, 소주, 병에 든 청주가 관목처럼 늘어서 있었다.

"집에 있는 술이란 술은 다 꺼내왔어. 쉬지 말고 마시라고. 소시지와 고기는 나중에 다시 따뜻한 것을 가지고 올 테니, 우선은 지금 있는 걸 먹어. 오늘은 평균이 위기 상황에서 우리를 구해준 것을 축하하는 자리야. 그러니 오늘을 우리의 기념일로 하면 어떨까? 이름 하여 평균 폭풍 수면기념일!"

다치바나의 말에 모두 다시 한 번, 큰 소리로 웃음을 터뜨리며 저녁 식사를 시작했다.

"평균, 네가 자는 사이에 여러 가지 아이디어가 떠올랐어. 펜션 경영에 관한 것은 물론, 패미의 레스토랑에 관한 것, 그리고 앞으로의 인생을 우리 서로 최대한 도우며 살아가자는 것까지 말야. 아름다운 우정에 관한 이야기가 아닐 수 없지."

류자키는 진지하게 말하는 건지, 농담으로 말하는 건지 알 수 없는 말투로 말했다.

"나도 생각했어. 펜션에 관한 것과 파미의 가게에 관해서……. 저기, 다시 한 번 모두 부부 동반으로 만나지 않을래? 남자들뿐 아니라, 이제부터는 주부들의 의견도 들어볼 필요가 있다고 생각해. 주부력은 버리기 아까우니까 말야."

"녀석, 자면서도 생각하고 있었던 거냐? 재주가 좋은걸? 하지만 찬성이야. 펜션을 정식으로 오픈하면 부부동반으로 여기에 한 번 모이자. START 클럽에 부인부가 있어도 안 될 건 없으니까."

류자키의 말에 모두 동의했다.
아베는 꿈속 뮤즈넷에 대해, 그리고 에디슨들에 대해서 은밀히 생각하고 있었다. 조금씩, 조금씩 꺼내 START 클럽의 거름으로 써야겠다고. 하지만 지금은 꿈 이야기를 하지 않겠다. 아니, 이 꿈 이야기는 단 한 사람〔아베 레이지〕를 제외하고는 그 누구에게도 말하지 않겠다고 결심했다.

배를 채우고 난 후에는 류자키의 기타 연주를 반주로 가라오케 타임을 가졌다.
"이것은 가라오케라고 할 수 없습니다아~. 류자키의 기타 반주니까, 기타오케라고 불러 주세요오~. 그럼, 쇼 타임!"
류자키가 기타 줄을 튕기기 시작했다.
보내는 말, 세라복과 기관총, 북국의 봄, 러브 이즈 오버 그리고 만화 주제가······. 청춘시절을 수놓았던 수많은 멜로디들······.
아베가 틈을 봐서 류자키에게 물었다.
"저기, 내가 눈 뜨기 전에 노래 불렀었어?"
"그럼, 노래 불렀었지. 오버 더 레인보우를 말야. 그게 뭐?"

"아니, 아무것도 아니야."

12시가 지나자, 거의 모두 술에 취해 모임이 끝났다. 사쿠라다는 심지어 완전히 술에 곯아떨어져 있었다. 하지만 아베는 정신을 차리고 있었다. 신기한 꿈 속 시간대의 기억과 〔아베 레이지〕와 반드시 연락을 취해야 한다는 마음이 아베를 각성하게 했다.

그건 꿈이었을까? 아니면 꿈이 아닌 다른 것이었을까? 사고가 알코올을 제어하고 있었다.

아베는 방으로 돌아오자마자, 가방에서 iNote를 꺼냈다.

커버에 붙은 작은 불빛이 깜빡거리고 있었다. 침대에 앉아 서둘러 펼치자 메시지가 떠 있었다.

[아베 레이지]: 아무 일도 일어나지 않았나? 모두 무사한가?

아베 레이지: 위험했지만, 모두 무사합니다.

[아베 레이지]: 그렇군, 정말 다행이야.

아베 레이지: 뭐가 다행이라는 겁니까?

[아베 레이지]: 무사해서 다행이라는 걸세.

아베 레이지: 그게 무슨 뜻입니까?

[아베 레이지]: 아무튼 무사하다니 다행이네. 내일 다시 이야기하지.

[아베 레이지]: 내일 말입니까?

아베 레이지: 그래. 내일은 몇 시쯤에 도쿄에 도착하나?

[아베 레이지]: 4시쯤에는 도착하는데요.

아베 레이지: 그렇군. 미안하지만 신바시까지 나와 주지 않겠나? 7시에 바로 그 '로고스'에서 만나도록 하지.

[아베 레이지]: 시간은 괜찮은데, 일요일에 가게를 열까요?

아베 레이지: 괜찮네. 아무튼, 거기서 만나지. 자세한 것은 그때 이야기하겠네. 그럼 이만.

이번에도 교신은 갑자기 끝났다.

 재회

다음 날 아침도 안개 같은 비가 내리고 있다. 아침 식사를 끝낸 손님들은 돌아갈 채비를 하고 있었다.

"아, 정말 즐거운 시간이었다. 이 멤버는 참 마음에 든다니까."

"작은 사건도 있었고 말야."

"맞아, 평균 폭풍수면 사건도 있었고."

"그러게."

"가까운 시일 내에 또 만나자. 부부 동반 계획을 꼭 실천하자고."

"그래, 그렇게 하자. 드래고, 메일링 리스트 좀 꼭 부탁해."

"알고 있어. 최대한 빨리할게. 식은 죽 먹기지. 메일링 리스트를 만들 테니 모두 적극적으로 글을 써서 보내라고. 대개 이런 건 처음에는 열심히 쓰지만, 시간이 지나면 흐지부지되는 법이니까 말야."

"그 말이 맞아. 서로 자극을 주고받지 않으면 안 돼. 우리를 진지하게 생각하게 해주는 화제가 있으면 오래갈 텐데."

"'여러분은 앞으로의 인생을 어떤 식으로 살아갈 생각입니까', 같은 것 말이야?"

류자키가 누구를 흉내 내는 것인지, 짐작조차 가지 않는 굵은 목소리를 내자, 모두 쓴웃음을 지었다."

"넌 대체 누구냐?"

"글쎄요, 소인도 잘 모르겠사옵니다.······자, 분위기도 썰렁해졌으니, 여러분 이제 갈까요?"

도나리의 차에는 사쿠라다, 아베의 차에는 올 때와 마찬가지로 류자키가 탔다.

다치바나네 가족이 모두 나와 배웅해 주었다. 백미러 너머로 모퉁이를 돌 때까지, 생글생글 웃으면서 손을 흔들어 주는 게 보였다.

돌아가는 길에는 우스이카루이자와 인터체인지를 경유했다. 인터체인지에 접어들자, 어느새 잠이 든 류자키가 숨소리를 내기 시작했다. 어젯밤 과하게 마신 술이 아직 덜 깬 것 같다.

운전을 하면서 아베는 〔아베 레이지〕에 대해서 생각하고 있었다. 그가 대체 무슨 이야기를 해줄 것인지, 여러 가지로 생각해 봤지만, 알 수 있을 리가 없었다.

도중에 휴식을 취하지 않고 계속 달려, 오이즈미 인터체인지를 빠져 나왔을 무렵, 류자키에게 말을 걸었다.

"어이, 드래고, 이제 슬슬 도착할 거야. 좀 일어나라고."

"으, 으응. 뭐? 벌써 도착했어? 정말 빠른데!"

"그렇게 일찍 도착한 것도 아냐. 네가 곯아떨어진 것뿐이지. 보통 이렇게 걸려."
"그렇군, 이번엔 나의 폭풍 수면 사건인가? 하하하."
류자키는 잠에서 막 깨어났을 때조차 쾌활하다.

아베는 류자키를 집 앞에 내려주고 집으로 향했다. 약속 시각까지는 아직 시간이 충분해 집에서 옷을 갈아입고 잠시 휴식을 취할 수도 있을 것 같다. '로고스'에서 만나기로 했으니, 당연히 술을 마실 것이다. 아베는 전철을 타고 가기로 했다.

집에 돌아와 옷을 갈아입고, 마리아에게는 신제품에 관한 일로 급한 용무가 생겨서 회사에 간다고 말하고는 전철을 타고 신바시로 향했다. 일요일이어서 그런지 도쿄 방면으로 가는 전철은 텅텅 비어 있었다. 아베는 자리에 앉자마자 곧 잠이 들어버렸다.

꿈속에서는 문을 닫았던 '로고스'가, 오늘은 간판에 불이 들어와 있었다. 아베는 어쩐지 마음이 편해지는 것을 느끼며 문을 열었다. 가게 안은 마스터 이외에 아무도 없다. [아베 레이지]는 아직 도착하지 않은 것 같았다. 평상시와 다름없이 구석에서 두 번째 의자에 앉았다.
"마스터, 잘 지내셨어요? 일요일에 오는 건 처음인데, 늘 문을 열나요?"

"아니요, 특별한 날에만 문을 엽니다."

"그럼, 오늘은 특별한 날입니까?"

"네, 그런 셈이지요."

"그건 그렇고, 그는 아직 안 왔나요?"

"아닙니다, 저쪽에……."

마스터가 손가락으로 가리키는 곳을 보니, 카운터 맨 끝에 〔아베 레이지〕가 미소 띤 얼굴로 앉아 이쪽을 보고 있었다.

'어느 틈에 온 거지? 문이 열린 흔적 같은 건 없는데…….'

아베가 의아하게 생각하고 있자, 〔아베 레이지〕가 옆자리에 앉았다.

"이거 정말 오랜만이군. 마스터, 우리 둘이 항상 마시던 걸로 부탁해요."

"네, 포어 로제스 온더록스 더블이지요?"

각자의 앞에 글라스가 놓이자, 〔아베 레이지〕는 글라스를 아베 앞으로 내밀었다.

"아무튼, 모두 무사해서 다행이네. 건배!"

"무사라니요? 무슨 걱정거리라도 있었습니까?"

"이런, 그렇게 조급해하지 말게. 순서대로 설명해 줄 테니까."

위스키를 한 모금 마신 다음, 〔아베 레이지〕는 천천히 이야기하기 시작했다.

"저번에 이 가게에서 건네주었던 iNote의 내용을 기억하고 있지? 맨 처음 메시지 말일세."

"네, 물론이지요."

"그때 당신과 만난 이유를 설명했었지. 그때 이야기했던 내용 절반은 사실이고, 절반은 거짓말이었어. 사실은 내가 어떤 재단의 사람과 만난 일, 즉 꿈을 단 한 가지만 들어주겠다는 제의를 받아들인 일이야. 그리고 내가 부탁한 꿈은 '14년 전의 자신과 만나, 인생 시나리오에 대해 신중히 생각하라'고 충고하는 것이었다고 설명했었지. 그 이유가 거짓말일세. 내가 자네와 만나길 원했던 것은 사실이네. 하지만 충고를 하기 위해서가 아니라, 자신의 인생을 바꾸기 위해서였다네."

"당신의 인생이라고요?"

"그래, 나의 인생. 그리고 당신의 인생을 말야. 자세히 설명하기 전에 펜션에서 있었던 일을 이야기해주지 않겠나?"

〔아베 레이지〕가 묻는 대로 아베는 펜션에서 일어났던 사건을 설명했다.

아베가 꿈속 이야기를 하자, 〔아베 레이지〕는 몸을 앞으로 쭉 내밀었다. 꿈속에서 친구 네 명이 사고로 죽었던 일, 아베가 자회사로 좌천됐던 일, 에디슨과 만나 스카우트 제의를 받았던 일, 그리고 아내들이 만든 뮤즈넷에 관해서 자세히 설명했다.

〔아베 레이지〕는 고개를 끄덕이면서 듣고 있었다. 이야기가 다

끝나자 '후'하고 한숨을 내쉬었다.

"내가 생각하던 대로였군. 다행이야, 역시 모두 무사했어. 자네와 만난 것은 정말 행운이었네. 내 생각이 틀리지 않았어."

"대체 어떻게 된 일입니까?"

"나는 사실, 악성 림프종에 걸려서 앞으로 여명 6개월이라는 선고를 받았지. 그 병원에서 돌아오는 길에 이 가게에서, 어느 재단 사람이 내게 말을 걸었어. 그때 내 머릿속은 새하얀 상태였지. 그래서 꿈을 실현해 주겠다는 말을 듣고는, 그렇다면 내 병을 고쳐 달라, 그 이외에 바라는 것은 없다고 말했네. 하지만 생사와 돈벌이와 관계된 일은 들어줄 수 없단 말을 듣고 골똘히 생각했어. 지금까지의 내 인생에 관해 생각한 거지. 자신의 인생에서 가장 후회스러운 일이 무엇인지에 대해서 말야. 약속했던 일주일 동안 심사숙고한 끝에 결론을 내렸어. 단 하나의, 그리고 가장 큰 후회가 무엇인지……"

"가장 후회스러웠던 일은 무엇입니까?"

"내가 살고 있는 세계에서는 말야. 펜션에 모인 사람은 나를 제외한 네 명이었네. 나는 신제품 설명회 준비가 끝나지 않아서 도저히 참석할 수 없었지."

"엣? 그렇습니까?"

"그렇다네. 그랬더니 그 녀석들, 그 녀석들은……"

〔아베 레이지〕는 갑자기 눈물을 참고 말을 잇지 못했다. 그리고

심호흡을 한 다음 이야기를 계속했다.

"사고를 당한 거야. 산사태에 휩쓸려서 모두 목숨을 잃었네."

"그, 그것은 나의 꿈…….."

"자네의 꿈 이야기를 듣고 깜짝 놀랐네. 내가 함께 타고 있었는지, 그렇지 않았는지의 차이밖에 없었으니까. 실제로 나는 함께 타고 있지 않았기 때문에, 나중에 사고에 관해 듣고 깜짝 놀랐어. 자네와 마찬가지로 나도 허깨비처럼 되었지. 자네처럼 나 홀로 살아남았다는 자책감에 시달린 것은 아니었지만 말야. 친구를 한꺼번에 넷이나 잃게 된 일이 그저 충격이었어. 당분간 충격에서 헤어 나올 수가 없었네. 소원을 들어준다는 말을 듣고 나는 그때 내가 함께 갔었더라면 모두 목숨을 건졌을지도 모른단 생각을 했어. 그래서 자네를 만나 펜션에 갈 것을 끈질기게 권유한 거지. 자네가 무슨 일이 있어도 그 녀석들과 함께 행동해 줬으면 했던 거야."

"그런 이유가 있었습니까. ……하지만 저도 함께 죽을 거라는 생각은 하지 않으셨나요?"

"물론 그것도 생각했지. 하지만 그런 일은 없을 거라 확신했어. 이(異)차원 세계에서는 말야, 다른 이차원 세계에 사는 자신과의 접촉이 원칙적으로 금지되어 있어. 만나게 되면 변형이 일어나 서로의 인생이 크게 바뀌기 때문이지. 하지만 재단 사람에게 상담했더니, 나 같은 경우에는 긍정적으로 변할 확률이 높기 때문에 이번만은 접촉을 허락해 주겠다고 했어. 최악의 결과가 되면 내 소망이 실현된 것이 아닌 셈이 되니까."

"……이해가 되는 것 같기도 하고 안 되는 것 같기도 하고……."

"뭐, 다행이라고밖에 표현할 수 없지. 미안하게 됐네. 내 소원이라고는 해도 자네에게 쓰라린 경험을 하게 한 것은 사과하겠네. 나 때문이야."

〔아베 레이지〕는 깊숙이 머리를 숙였다.

"당신이 저를 만나러 온 이유가 친구들의 추락사를 막기 위해서였다는 것은 알겠습니다. 하지만 iNote로 보낸 키워드나, 인생 시나리오를 만들라는 이야기에는 대체 무슨 의미가 있습니까?"

"확실히 그런 의문이 들기도 하겠지. 가장 큰 목적은 자네를 만나 사고를 방지하는 거였어. 하지만 iNote 또한 내가 자네에게 보내는 메시지였네. '그때, 이렇게 했더라면…….'이란 후회는 가능한 한 하지 않는 편이 행복하지. 나나 자네나 평균적인 인생을 보내고 있었지만, 평균은 절대 목표가 될 수 없다고 생각하네. 나는 진지하고 깊게 생각하기를 게을리하고 단지 편하게 살려고만 한단 사실을 깨달았지. 그래서 나는 자네만큼은 지금 자네의 나이인 50세부터 적어도 향후 20년 후의 일을 생각해봤으면 했어. 그래서 키워드를 조금씩 알려줌으로써, 자네가 iNote와 나에게 흥미를 느끼도록 한 거지. 어떻게 해서든지 자네를 원숭이의 펜션에 가게 만들어야 했으니까."

"그런 뜻이 있었군요……. 맨 처음에는 뭐가 뭔지 이해를 할 수 없었지요. 하지만 키워드가 나올 때마다 그것에 관해서 생각하거나 다른 사람들과 만남을 통해 iNote에 점점 더 많은 흥미를 느끼게 됐습니다. 그와 동시에 무슨 일이 있어도 원숭이의 펜션에 가야겠다는 생각이 들더군요. 그래서 신제품 설명회 준비를 미리 앞당겨서 서둘러 했지요. 뭐, 그 때문에 수면 부족으로 그 사건 직후에 깊은 잠에 빠져버렸지만 말예요. 하지만 그 꿈속에서 경험한 반년은 무척 충격적이었습니다. 지금까지 제가 살아왔던 삶을 크게 바꾸지 않을 수 없는 경험이었지요. 당신이 말한 것처럼, 확실히 평균을 목표로 한 삶은 상황에 몸을 맡기고 있는 것뿐으로, 자신의 삶을 사는 것이 아니란 사실을 깨달았습니다. 저는 꿈속에서 여자들의 뮤즈넷이나 에디슨의 멤버들과 만나 이 사실을 뼈저리게 느꼈지요."

"자네가 아까 꾼 꿈 말인데……. 그것은 정말로 꿈이었을까? 어쩌면 자네가 있는 이 세계와 내가 있는 세계의 그 어느 쪽도 아닌, 또 하나의 이차원 세계일지도 몰라. 나는 뭐라 말할 수 없지만 말야. 사실을 말하면 아내들의 뮤즈넷은 나의 세계에서도 만들어졌지. 하지만 내 아내인 마리아는 뮤즈넷에 들어가지 못했어. 그녀들과는 의식적으로 벽이 있었기 때문이지. 자네의 꿈속 세계에서는 자네 역시 동시에 사고 피해자였네. 자네 혼자 살아남았다고는 해도 세상을 떠난 친구들과 똑같은 경험을 공유한 거지. 각자의 아내들 또한 마찬가지로 정신적인 유대감을 갖고 있었던 것 같아. 하지만 나의 세계에서 나는 친구들의 사고 소식을 듣고 충격을 받은 친구 한 사람에 지나지 않았지……. 그래서 마리아도 그녀들과 함께 행동할 수 없었던 것 같네. ……또 한 가지, 가구야마 전기에서의 내 경력도 다 거짓말이야. 정년 때까지 그곳에서 근무하지 않았어. 이것은 자네의 그 꿈같은 경험과 정말 똑같은데, 가구야마 정밀기계로 좌천되어 에디슨의 사토 씨를 만났지. 그리고 나도 에디슨으로부터 스카우트 제의를 받아 이직했네. 지금은 이런 상황이야."

〔아베 레이지〕가 내민 명함에는 '주식회사 에디슨 전무이사 영업부장'이라는 직함이 쓰여 있었다.

"뭐라고요! 에디슨으로 이직하셨습니까? 회사 주소는 하마마쓰쵸? 하마마쓰는 아니잖아요?"

"하하하, 이것은 사토 씨의 장난 같은 것이라네. 처음에는 히노에 있는 자택에서 일을 했는데, 두바이와 싱가포르에서 일에 관한 의뢰가 들어와 에디슨도 사람을 늘렸지. 숙련된 기술자도 늘었고, 젊은 영업 사원도 늘었어. 늘었다고는 해도 세 명뿐이지만 말일세. 그래서 사토 씨가 도쿄에 사무실을 마련해 주었네. 장소를 선택할 때, 하마마쓰쵸를 고집한 이유는 하마마쓰쵸라는 이름의 유래가 에도시대에 하마마쓰 출신의 뛰어난 장인이 있었기 때문이라고 해. 기왕이면 테크놀로지의 고장, 하마마쓰와 깊은 관련이 있는 장소를 선택하자고 해서 말야."

"사토 씨답네요."

"그리고 자네에게 나의 경력에 대해 털어놓은 것은 나와 자네가 만나면 서로의 인생이 커다랗게 변하기 때문이라네. 그러니 앞으로 당신은 내가 걸어왔던 길과는 다른 길을 걷게 될 거야. 자회사로 좌천될지도 모르고, 에디슨으로 옮기게 될지도 몰라. 하지만 자네가 자신의 인생을 똑바로 바라보고 자신의 목표를 향해 걸어간다면 그것이 바로 최선의 삶이네. 이제 오늘 이후부터 자네와 만날 일은 없어. 그것만은 단언할 수 있네."

"엣? 이제 만날 수 없나요?"

"그래, 시간이 다 끝났네. 이제부터는 이쪽 세계에 아베 레이지는 자네 혼자뿐이야."

"그렇습니까……. 헤어지기 전에 한 가지 질문을 해도 될까요? 이 가게는 대체 어떻게 된 겁니까?"

〔아베 레이지〕는 마스터에게 눈길을 주었다. 마스터는 "응." 하며 머리를 숙였다.

"이 가게는 말야, 시간의 문, 타임 게이트야. 마스터는 게이트 왓쳐라고 하는데, 다시 말해 파수꾼이지. 이쪽 세계에 온 인간을 감시하는 역, 컨트롤러이기도 하고. iNote의 조작 방법이나 기능이 자주 바뀌지? 그것도 마스터의 소행이었어. 이 이야기를 절대로 다른 사람에게 말해서는 안 되네. 죽을 때까지 누구에게도 말해서는 안 돼. 하긴 이 가게도 오늘을 마지막으로 문을 닫으니, 다시 오고 싶어도 올 수 없겠지만…….”

"그랬군요…….”

아베는 마스터에게 힐끗 눈길을 주었다.

"또 한 가지 물어도 될까요? 몸은 괜찮으십니까? 여명 6개월이라고 말씀하셨잖아요? 그 후로 벌써 두 달이 지났는데요.”

"아, 덕분에 아직 괜찮네. 자네와의 만남으로 내 인생도 호전된 것 같아. 검사는 빠지지 않고 계속 받아왔는데, 그때마다 면역력이 상승했다는 말을 들었지. 이것은 내게 있어 굉장한 일이라네.”

"다행이네요. 당신의 몸에 일어나는 일은 저에게도 남의 일이 아니니까요.”

"그렇지. 하지만 아까도 말했지 않나? 둘이 만났기 때문에 우리의 인생이 크게 변할 것이라고. 그러니 자네가 이 병에 걸릴 확률은 극히 낮아졌어. 하지만 다른 병에 걸릴 수도 있으니, 건강 검진을 받고 건강을 유지하는 일만은 우리 둘 다 잊어서는 안 되네. 그리고 건강, 체력도 중요하지만, 기력도 중요하지. Fight도 키워드 'F' 중의 하나야. 우리 함께 열정과 뜻을 가지고 살아가세.”

"알겠습니다. 서로 건강에 주의하면서 최대한 열심히 살아갑시다.”

"그래, 그래야지.……마지막으로 한마디만 더 하겠네. 다치바나, 사쿠라다, 류자키, 도나리와 사이좋게 잘 지내게. 그 녀석들이 이쪽 세계에서 건강하게 잘살고 있다고 생각하면 내 면역력이 훨씬 높아질 것 같으니까. 정말로 잘됐어. 아베 군에게는 정말 고마운 마음

뿐이네. 아니, 평균이라 불러야 하나…….”
"저야말로 자신의 인생에 대해 생각해볼 계기를 마련해 주신 아베 씨께 감사할 따름입니다. 정말 감사합니다, 아베 씨. 아니, 평균…… 씨."
두 명의 아베 레이지는 서로의 눈을 똑똑히 바라보면서 힘껏 악수를 했다.

이윽고 〔아베 레이지〕의 모습이 점차 흐려지더니, 벽에 걸린 샤갈의 그림 속으로 들여다보였다. ……그리고……사라졌다.

〔아베 레이지〕가 사라진 가게 안에서 아베는 '후'하고 한숨을 내쉰 뒤, 일어섰다.

마스터가 아베를 향해 경례 자세를 취하고 있다.
'잘 가요, 마스터'

아베는 문을 열고 밤의 휘장이 내려진 신바시의 거리로 발을 내디뎠다.

 예감

다시 한주가 시작되어, 아베는 평상시처럼 역으로 향하고 있었다. 하지만 똑같은 길을 똑같이 걷고는 있어도 마음은 지난주까지와 비교했을 때, 완전히 달라져 있었다. 지금까지는 일이 있으니 회사에 간다는 것에 지나지 않았다. 통근길은 회사에 가기 위한 동선에 지나지 않았던 것이다.

하지만 아베는 꿈속 저 육교 위에서 보았던 자기 발자국처럼 자신이 지금 있는 장소를 확실히 끝까지 지켜보는 게 얼마나 중요한 일인지를 이해하고 있었다. 따라서 통근길을 걷는 행위 조차에도 어떤 큰 의미가 느껴졌다. 자신이 달성해야 할 일을 하러 회사에 간다는 마음이 제대로, 그리고 강하게 자각됐던 것이다.

회사에는 업무 시작 15분 전에 도착했다. 아베의 책상은 평상시와 다름없는 자리에 있었다. 아베는 히죽 웃으면서 의자에 앉았다.

금요일, 아베가 휴가를 떠난 사이에 부하가 준비해 둔 신제품 설명회에 대한 자료가 책상 위에 놓여있다. 아베는 잠시 이 자료를 훑어보며 설명회를 어떤 식으로 진행할 것인지를 머릿속으로 그려보았다. 자료를 휙휙 넘기던 아베의 손은 사양 설명 부분에서 멈췄다.

'앗, 이것은 확인해보지 않으면 안 돼!'

아베는 바로 아래층에 있는 설계과로 향했다.

설계과장인 요코이 신타로도 이미 출근해 있었다.

"요코이 씨, 좋은 아침이에요."

"아, 아베 씨, 좋은 아침입니다. 드디어 모레네요. 상품을 설명하는 아베 씨의 실력에 모든 것이 달린 셈이니, 잘 부탁합니다."

"네, 온힘을 다하겠습니다. 그런데 요코이 씨, 설명서를 다시 확인하다가 이해가 잘 안 되는 부분이 있어서 찾아왔어요."

"어떤 부분입니까?"

아베는 꿈속에서 본 신제품 설계 오류 부분을 지적했다.

"네? 테스트 단계의 결과로는 문제가 없을 텐데요."

"하지만 반복해서 사용할 때의 강도 열화 계수는 확실합니까? 정말 미안한데, 다시 한 번만 확인해 주세요. 쓸데없는 걱정이라면 좋겠지만, 전에 비슷한 결함이 발생했던 게 생각나서요. 전문가도 아니면서 설계에 끼어들어 미안하지만, 혹시 모르니 부탁합니다."

"그럴 필요 없잖아요. 영업이 참견할 일이 아니에요!"

요코이는 무척 화가 난 듯했다.

"쓸데없는 말이라고 생각한다면 어쩔 수 없지만, 이번 한 번만 부탁해요. 어떻게든 다시 계산해 주세요."

요코이는 아베의 기세에 눌리고 말았다.

"알겠습니다. 실수가 없으리라 생각하지만, 다시 한 번 강도계산을 해보겠습니다. 조금만 시간을 주세요."

한 시간 후, 요코이가 아베의 자리로 급히 달려왔다.

"아베 씨, 아베 씨의 지적대로였어요. 강도 열화 계수를 잘못 입력했어요. 만약 이대로 갔다면 몇 달 후에 고장이 속출할 뻔했어요. 정말 감사합니다. 그건 그렇고 용케 발견해 내셨네요."

"아니, 아니에요. 단순한 노파심입니다. 쓸데없이 걱정이 많은 것뿐이에요. 지금 단계에서 발견해 다행이네요. 제조 현장 스케줄은 문제없지요?"

"문제없습니다. 재료의 배합 비율을 바꾸는 것뿐이니, 시간적 손실은 없을 겁니다."

아베는 요코이의 설명을 들으면서 [아베 레이지]에게 감사하고 있었다. 그 꿈이 없었더라면 회사의 운명을 건 신제품이 실패로 끝나, 모든 일이 나쁜 쪽으로만 흘러갔을 게 분명했다. 하지만 여기서 설계 오류를 수정했다고 해도 신제품이 성공하리란 보장은 전혀 없다. 성공으로 이끌기 위해서는 이 일에 관련된 사원들의 노력이 꼭 필요하다.

신제품 설명회에서는 상당히 긍정적인 반응을 감지했다. 다음은 이 주 후에 있을 출시일을 기다리는 것뿐이었다. 아베를 비롯한 영업부는 다음날부터 시작될 사전 영업에 대비해, 그날은 회의실에서 맥주와 마른안주만으로 간단한 뒤풀이를 끝내고 일찌감치 귀가했다.

일곱 시에 집에 도착하니, 어쩐 일인지 가족 전원이 모여 있었다. 딸 리카와 아들 유스케의 얼굴을 함께 보는 건 정말로 오래간만의 일이었다.

"엄마, 컴퓨터 배워보는 게 어때?"

"뭐라고, 컴퓨터? 워드 프로세서라면 예전에 일로 사용한 적이 있지만, 이제 구식이 되었고……. 메일이나 인터넷은 해 보았지만, 나도 할 수 있을까? 내가 기계에 영 소질이 없어서 말야."

"유스케, 네가 엄마 좀 가르쳐 줘라. 넌 컴퓨터 잘하잖아."

"컴퓨터에 잘하고 못하고가 어디 있다고. 하면 되는 거지. 간단하다고요. 하지만 엄마는 금방 화를 내서 문제야. 화를 내지 않겠다고 약속한다면 가르쳐 줄 수도 있는데……."

"얘가 무슨 말을 그렇게 하니! 엄마가 화를 내는 일은 어쩌다 한 번이잖아. 화를 내는 건 너희가 엄마 말을 안 들었을 때라고! 사람을 툭하면 화내는 사람 취급을 하다니."

"이거 봐, 엄마 화내고 있다!"

리카가 즐거운 듯이 마리아를 놀렸다.

"얼마 전에 다치바나의 펜션에 다녀왔잖아? 그랬더니 다치바나의 아내, 야스코 씨가 펜션의 홈페이지를 만든다지 뭐야. 그래서 당신의 업무 경험에서 우러나온 지혜를 빌리고 싶다고 말했어. 잡지 편집자였던 당신에게 여러 가지를 배우고 싶다며 메일을 보내겠다고 했지. 그래서 내가 우리 와이프는 아직 컴퓨터 미경험자라고 말했더니, '아베 씨, 당신이 책임을 지고 부인께 컴퓨터를 가르쳐 주세요'라고 명령을 하지 뭐야. 그러니 주말에 당신 전용 컴퓨터를 사러 가자고. 유스케, 네가 함께 가주지 않겠니? 저렴하고 엄마가 쓸 수 있을 만한 것으로 골라야 한다."

"함께 가주는 건 좋지만, 뭔가 그에 대한 상이 없으면……."

"이 녀석, 모자지간에 상이라니. 고분고분히 '알겠습니다'라고 말할 수는 없냐?"

"헤헤, 상이라고 해도 대단한 것을 바라는 게 아니에요. 아빠, 엄마와 함께 컴퓨터를 사고 돌아오는 길에 역 앞 라멘가게에서 라멘을 사주시면 돼요."

"오, 그렇군. 그 정도쯤이야 쉽지. 라멘은 곱빼기로 사줄게. 돼지고기가 들어간 라멘이라도 괜찮다. 달걀도 추가해줄까?"

"토요일이라면 나도 비어 있는데……."

"리카도 함께 갈까? 오랜만에 가족 모두가 모여 외식 한 번 하자고."

"너희들, 이 엄마에게 제대로 가르쳐 줘야 한다. 제대로 가르쳐 주겠다고 약속해 준다면 외식비는 전부 엄마가 낼게."

"어이, 이봐. 전부 내가 번 돈이잖아."

"당신, 하프 & 하프잖아요. 반은 내 것이라고요."

"엄마, 그게 뭐야? 하프 & 하프라니?"

"후후, 비밀이야, 비밀."

"어휴, 나이도 먹을 만큼 먹어서 닭살이라니까." 아베 일가의 식탁은 웃음소리에 휩싸였다.

토요일 밤, 노트북을 사고 즐거운 저녁 식사까지 마치고 돌아온 다음, 아베는 자신의 컴퓨터를 켰다. 류자키와 사쿠라다에게서 메일이 와 있었다.

[START 클럽 000001 메일링리스트를 만들었습니다]

어이, 여러분. 저번주는 즐거웠어. 친구는 많아도 고등학교 동창이 가장 허물없이 지낼 수 있어서 좋아. 최고라고! 그래서 말인데, 그때 약속했던 메일링 리스트를 만들었어. 이 메일에 '답장'을 하기만 하면, 모두에게 메시지가 갈 거야. 모두 바쁘겠지만, 열심히 활용해 주길 바란다. 첫 번째 테마는 '원숭이와 패미 살리기 작전'이야. 당장 내 아이디어를 쓰고 싶지만, 솔직히 말해 아직 좋은 생각이 떠오르지 않아서……. 좋은 생각이 있는 녀석부터 메일 많이 보내줘!"

〔START 클럽 000002 대출 달인의 신탁〕

드래고, 빨리 만들어줘서 고마워.

그건 그렇고, 원숭이에게 보내는 메시지다. 대출에 왕도는 없어. 성의와 열의를 가지고 말을 하도록. 이것이 기본이니까 말야. 대출에 성공하는 비결은 빌려줄 때까지 포기하지 않는 거야. 농협에 관한 것인데, 너희 펜션이 얼마나 그 지방에 공헌할 수 있는지를 생각하고 그것을 간단한 기획서로 정리해 보면 좋을 것 같아. 지방에 공헌한다는 아이디어는 누군가가 보충해 주기를 바란다.

그리고 우리 가게 '구루메'의 부활에 관한 아이디어도 기대하고 있을게. 모두 다 내가 책임지고 하려 했지만, 너희에게만은 응석을 부리기로 했다. 하지만 돈은 절대로 빌리지 않을 거야! 그

> 대신에 지혜만은 넘치도록 얻어갈 작정이다.
>
> 가게에도 놀러 와. 매일 음식 맛을 개선하고 있으니 모니터를 해주었으면 한다.

아베는 두 사람의 메일을 읽고 무척 기뻤다. 꿈속에서 아내들이 하려고 했던 것이 'START 클럽'으로 시작된 게 기뻤던 것이다.

부엌에서는 마리아와 리카, 그리고 유스케가 컴퓨터 포장을 풀고 세팅을 하면서 왁자지껄 즐거운 듯이 떠들고 있었다.

아베는 뮤즈넷의 기획을 그대로 쓰기로 했다. '원숭이의 카니발'과 '구루메'를 문화의 거점으로 할 것. 특히 펜션은 그 지역 주부들과의 교류 거점이라는 느낌을 강하게 어필할 것. 그러기 위해서 도나리 레이카 씨의 문화센터 강사 네트워크를 활용할 수는 없을까, 사이트에 주부들의 아이디어 레시피 란을 마련해 그 페이지와 '구루메'의 통신판매 메뉴를 합쳐서 홍보에 사용할 수는 없을까 등, 꿈에서 본 것과 그 후에 생각한 것들을 글로 썼다.

메일 송신을 끝낸 후, 이번에는 검색 엔진에 '에디슨'이라고 입력해 보았다. 에디슨이란 이름을 가진 사이트는 단 한 개밖에 없었다.

클릭해 보니,

'아이들이 웃는 얼굴로 살아갈 수 있는 세상 만들기에 우리 에디슨이 공헌하겠습니다'라는 사토 다이치로의 메시지가 나타났다. 하지만 '지금 공사 중!'으로 되어 있어, 하마마쓰의 주소 이외의 정보는 일체 얻을 수 없었다.

'하마마쓰까지 한 번 가볼까…….'

아베는 홈페이지를 바라보면서 생각했다.

'꿈속에서와 똑같은 일이 펼쳐지는 걸까? 나는 [아베 레이지]가 걸었던 길을 따라가게 될 것인가? 아니면 전혀 다른 길을 발견하게 될 것인가. 재미있을 것 같다.……모든 것은 여기서부터 시작이다. 아무튼, 스타트를 끊고 앞으로의 생활을 생각해보자.'

아베는 평균이란 별명을 반납해야겠다고 생각했다. 다른 사람의 안색을 살피며 적당한 곳에 소속되어 있는 애버리지가 아니라 온리 원이 될 수 있도록 자신의 인생 시나리오를 써 보자. 그리고 자신이 만들어 낸 길을 걸어가자고 가슴속으로 굳게 맹세했다.

 아베 레이지에게 쓰는 편지

아베 레이지 군.

인생에서 가끔은 천천히 자기 자신을 객관적으로 보는 것도 좋지.

그렇게 하면 자신이 지금 서 있는 '장소'와 이제부터 걸어가야만 한다며 착각하고 있는 '길', 그럼에도 불구하고 마음 속 깊은 곳에 내재되어 있지만 사실은 그 길을 목표로 하고 싶다는 '방향'이 선명하게, 또는 어슴푸레하게 보이게 되네.

그리고 지금 나아가지 않으면 안 된다고 생각하는 '길'은 어찌할 도리가 없는 것이 아닌, 약간은 변경을 해도 좋은 것이라며 마음이 변하게 되네. 그뿐 아니라, 과감하게 '길'에서 뛰쳐나가고 싶어질지도 모르지.

하지만 대부분 사람의 경우, 일상은 '어쨌든 하지 않으면 안 되는' 너무나도 많은 것들로 가득 차 있어서 자신의 인생에 대해 천천히 생각해 볼 여유가 없네. 그래서 다른 선택지를 떠올리지도 못한 채, 맹목적으로 '길'을 향해 돌진해 나가고 있는 거야.

그런 점에서 아베 레이지 군은 운이 좋다고 할 수 있어.

샐러리맨 인생에 있어서 마지막 큰 고비가 되는 50세에 〔아베 레이지〕 씨에 의해 본의 아니게 자신을 외부에서 바라보게 됐으니 말일세.

50세라는 나이에 새로운 인생의 출발선에 섰을 때, 대체 '무엇이', '어떤 식으로' 필요한 것일까?라는 과제는 뜬구름을 잡는 것처럼 막연하네. 하지만 자네는 〔아베 레이지〕 씨가 제시한 '6개의 F'라는 마치 〈소년탐정〉에나 나올 법한 키워드를 사용해서 그것에 대해 생각하기로 했지.

> Finale (최종도착목표)
> Family (가족)
> Field (활약할 장소)
> Faculty (자신의 힘)
> Finance (경제생활)
> Friends (친구)

이것은 상당히 훌륭한 키워드이네. 어느 것을 선택한다고 해도 인생에서 중요한 '키 = 열쇠'가 될 것이 틀림없어. 이것들을 체크하기 위한 '테스트'나 '도표', '예정표', '계획표' 등이 여기저기에 제시되어 있어 나도 조금 해보았지. 하지만 유감스럽게도 나의 'Finance(경제생활)'은 그야말로 상당히 심각한 상태였어.

벤츠를 타고 돌아다니는 교수, 도나리 유 군과는 큰 차이지. 글을 쓰는 나에게는 그가 가진 반석같이 튼튼한 경제기반 같은 것이 없어. 그렇다고 해서 아내와 아이들의 도움을 받으면서 아슬아슬한 적자조업을 하고 있는 레스토랑 경영자, 사쿠라다 가즈토 군과도 다르지. START 클럽의 어느 멤버와도 겹치는 부분이 없어.

'Family'(가족)에 관해서도 역시 똑같은 말을 할 수 있네. 어느 멤버와 비교해 보아도 가족구성은 물론이거니와, 부부와 자녀 각자가 서 있는 위치, 관계성이 다 다르지.

물론 나뿐만 아니라, 이들 '6개의 F'는 기입자의 수만큼 다양한 내용이 되는 것이지. 이것이 표준적인 'Finale(최종도착목표)'라든지, 이것이 바람직한 'Family(가족)'이라는 것은 없어. 사람마다 각각 다를 뿐이라네.

이 사실은 자네들도 '정답 같은 것은 없다'며 이미 확인했지만, 한 사람, 한 사람이 다르기 때문에 중요하다는 역설이 바로 여기서 표면에 드러나게 돼. 즉, 이들 자료가 묘사해 내는 것은 모두에게 더할 나위 없이 소중한 '자신의 인생'인 셈이지.

나는 이런 당연한 사실을 자네와 아베 레이지 씨의 술책에 의해 새삼스럽게 깨닫게 되었네.

체크 자료의 항목을 메워가며 또 한 가지 깨닫게 된 점은 어느 키워드에 관해서도 아무리 자세히 예측해보려 해도 할 수 없는 부분이 많다는 점이었어.

예를 들면 'Family(가족)' 같은 것은 가장 예측해보기 쉬운 항목일 거야. 하지만 그렇다고는 해도 나이 든 부모의 건강 상태가 언제, 어떻게 변해 어떤 식의 병간호가 시작될지 모르고, 자녀가 갑자기 속도위반 결혼을 할지도 모르는 등, 전부 예측할 수 있을 리가 없네.

정치인이 말하는 '한 치 앞은 어둠' 정도는 아니라고 해도, 현대 50대 회사원의 3년 후는 상당히 불분명해. 10년 후가 되면 더욱 불확실하지. 그러므로 미래 계획표에 좀처럼 정확하게 나타낼 수 없어.

그렇다고 해서 계획표를 만드는 일이 무의미한가 하면, 물론 그렇지 않아.

한 예로, 나는 소설을 쓸 때, 단편이든, 장편이든 대략적인 구상을 세운 후에 쓰기 시작하지. 하지만 실제로 문장을 쓰기 시작해 등장인물과 함께 모니터 상에서 살아가다 보면 반드시 구상에서 벗어나게 돼. 그때, 구상을 내던지는 것이 아니라, 다시 그 자리에서 구상을 다시 고쳐 세우는 것이지. 마지막까지 몇 번이나 이 일을 반복하는 거야.

이렇게 말하면 아베 레이지군 역시 이와 똑같은 경험을 했다는 게 떠오르겠지? 어떤 프로젝트를 추진해 나갈 때, 때때로 그것은 처음의 계획표에서 점점 벗어나게 되지. 그럴 때마다 계획표를 수정했을 거야.

인생은 그 주인공에게 있어서 어떤 장편 소설보다도 혹은, 광대한 사막을 녹색으로 바꾸는 초대형 프로젝트보다도 훨씬 큰 프로젝트인 것이지.

중장기적으로 구상하고 그 방향을 향해 발을 내디뎌 매일 구체적으로 현장을 디디어 본 다음, 구상에서 벗어난 부분에서 다시 구상을 수정하고 새롭게 발을 내딛는 것……, 조금이라도 더 좋은 성과를 올리기 위해서는 어디까지나 이 작업을 해야만 해.

바쁜 일상이나 타성에 젖어 인생 프로젝트 계획표의 수정을 게을리한 탓에, 더 좋은 성과를 올리지 못했다면 한 번뿐인 인생이 너무나도 아깝지 않을까?

자네들의 '6개의 F' 덕분에 나는 이런 것에 대해 생각하게 되었어.

그런데 아베 레이지 군과 〔아베 레이지〕 씨의 흔적을 따라가는 사이에, 문득 모두에게 공통된 키워드가 단 한 가지 있을 것 같다는 생각을 했네. 그것이 마지막 순간, 자네들의 대화 속에 나와서 무척 기뻤어.

'7번째 F' 즉, 'Fight'의 F라네. 이것을 자네들은 '기력'이라고 말하고 '열정'이라고도, '뜻'이라고도 바꿔 말하고 있지.

하지만 사실 자네와 동료들은 이 '7번째 F'에 관해 열의 넘치는 격렬한 토론을 이미 이전에 하고 있었다네. 생각이 나지?

이 'Fight = 기력 = 열정 = 뜻'에 관해서는 예측할 수 없어. 그렇다기보다 예측할 필요가 없지.

'Finance(경제생활)'이나 'Family(가족)' 등과 달라서, 오랜 세월에 걸쳐 부지런히 쌓아올릴 수 있는 게 아냐. 밑천 없이 완전히 제로에서 '이얍!'하고 기합을 넣음으로써, 부글부글 끓어오르게 할 수 있는 거지.

또한 이 '7번째 F'는 밑천이 들지 않는 것은 물론, 다른 'F'를 지탱하는 것이네. 게다가 사람에 따라서는 '3,000만 원의 수입'과 '3억 원의 수입'을 똑같다고 여기거나 오히려 돈의 개념이 역전되어 있는 경우도 있는데, 그 비밀 또한 '7번째 F'가 쥐고 있어.

다른 'F'가 어떤 우여곡절을 겪게 되더라도 이 'F'만 잃어버리지 않으면, 사람은 살아있는 한 청춘이라고 할 수 있지.

……부끄럽게도, 나는 연장자인 〔아베 레이지〕 씨와 동기이지만, 때때로 이러한 것들에 대해 생각해보기도 한다네.

뭐? 살아있는 한 청춘이라니, 조금은 불쾌하다고? 자네들은 무슨 말은 하는 것인가. 언젠가는 나와 똑같은 처지에 놓이게 될 거야. 그때가 되면 '7번째 F'의 중요성, 고마움을 반드시 깨닫게 될 것이네.

에필로그

이 책은 '스타팅 노트'라는 타이틀에서 출발했다. 필자는 2005년에 조직을 벗어나 독립한 뒤, 프리랜서 작가로서 일을 시작했는데, 한 신문 칼럼에 당시 화제를 모았던 '엔딩 노트'에 관해 집필할 기회가 있었다. '엔딩노트'란 간소한 유언장 즉, 인생을 마무리할 때에 필요한 것들을 적어두기 위한 것인데, 몇 군데 출판사의 책이 시중에 나와 있었다. 필자의 관심을 끌었던 것은 '엔딩 노트'라는 이름이었다. 이것은 누구에게나 반드시 찾아오는 인생의 마지막을 위한 것이지만, 나는 '처음의 계획' 즉, '스타팅 노트'를 마련한 사람은 얼마나 될지가 궁금했다. 왜냐하면 끝이 있다면 반드시 시작이 있는 법이기 때문이다.

일부 기업가들은 20대에 '장차 사장이 되겠다'고 결심하고 그를 위해 필요한 계획을 세웠다고 한다. 하지만 보통 사람들은 아무 생각 없이 회사나 조직에 들어가, 정년을 맞이할 때쯤이 되어서야 겨우 미래에 대해 생각하는 사람이 많을 것이다.

물론 도중에 퇴직해서 사업을 시작한 사람들은 틀림없이 그 전에 면밀한 계획을 세웠을 것이다. 이처럼 사람이 앞으로의 계획을 세워야겠다고 결심하게 되는 것은 '조직에서 탈피'했을 때이다. 조직에 속해 있을 때는 '조직의 이념', '조직의 의사'가 거기에 속한 멤버들의 행동이나 의사를 결정하는 일이 많다. 따라서 멤버는 무의식 속에서 자기 자신이라는 '개인의 의사'보다, '조직의 의사'를 상위 개념으로 인식하게 된다. 그렇게 인식해야만 조직 생활이 더 편하다는 사실을 몸소 느끼기 때문이다.

조직이나 집단에서 이탈하는 것은 사고방식이나 행동의 주체를 개인이 '되찾는' 행위이다. 따라서 이때 처음으로 자기 자신이 인생을 설계하지 않으면 안 된다고 절감하게 될 것이다. 나는 '스타팅 노트'가 이 시점에서 필요해지리라 생각했다.

필자가 조직사회에서 이탈한 것은 만 59세의 생일을 맞이하기 조금 전이었다. 하지만 그때까지 자신의 시나리오라는 것을 전혀 써본 적이 없었다. 프리랜서로서 일을 계속하면서 '이미 10년 전에 그만두었더라면 아니, 10년 전에 인생 시나리오를 만들어 두었더라면, 현재의 일과 생활이 더욱 충실해졌을 것'이란 사실을 절감했다.

그러던 중, 이 이야기를 고교 동창인 두 친구에게 얘기할 기회가 있었다. 이미 작가로서 많은 작품을 이 세상에 선보인 에바토 데쓰오(江波戶哲夫)와 금속 제조업체에 장기간 근무하다가 필자가 독립하기 몇 년 전에 이미 조직에서 이탈한 다케야 마사히로(竹谷仁宏)가 그들이다. 에바토는 대학을 졸업한 후에 금융기관에 취직했지만, 곧 그곳을 그만두고 중견 출판사에 편집자로 이직한 경력이 있었다. 한편 다케야는 제조업체를 조기 퇴직한 후, 리스크 매니지먼트 전문가로서 몇 군데 대학에서 강의를 했으며, 리스크 매니지먼트에 관한 책도 출간했다. 필자가 회사를 그만뒀을 때, 다케야가 '셋에서 프리랜서 모임을 만들자'는 말을 꺼냈다. 자기 책임으로 일하지 않을 수 없는 시니어 프리랜서 세 명이라는 이유로, '3F 클럽'이라는 이름을 붙였다. 일 년에 몇 차례 술을 마시면서 정치, 경제 등의 학술적인 이야기에서 소설, 음악 등의 문화에 관한 이야기, 그리고 고교 시절의 하찮은 추억이야기에 이르기까지 무작위로 주제를 정해 이야기하는 모임이었다.

이 '3F 클럽'에서 '스타팅 노트'에 관한 이야기를 했더니, 두 친구 모두 눈을 반짝이면서 이야기에 적극 동참해 주었다. 환갑이 지난 우리 세대가 한 세대 다음세대에게 '인생 시나리오에 대해서 최대한 빨리 생각해보는 편이 좋다'는 메시지를 보내자는 쪽으로 의견이 모아졌다. 마침 이 화제를 꺼내기 전에 '인간관계는 화학 반응'이라는 이야기로 활발한 토론이 이루어졌던 터라, '화학 반응'을 일어나게 하면서, 한 권의 책으로 정리해보자는 데까지 이야기가 진행되었다. 그렇다고는 해도 어디까지나 술자리에서의 농담 같은 결정이었는데…….

　운 좋게도 그 직후에 중학교 동창회와 두 친구와 함께 졸업한 고등학교의 동창회가 잇달아 열렸다. 거기에서 만난 옛 친구들로부터 여러 가지 이야깃거리를 얻을 수 있었다.

　그 후, 몇 번인가 이 주제로 모임을 가졌고 짬짬이 이메일을 주고받으며 논의를 심화해 나갔다. 그 후의 전개는 그야말로 화학반응의 연속이었다. 마치 말 전달 게임처럼 화학 반응이 새로운 화학 반응을 불러 실용서적을 만들기 위해 시작한 작업이 어느 사이에 '아저씨들의 청춘 소설'을 쓰기 위한 것이 되었다.

　개인의 인생 시나리오는 정형화할 수 있는 것이 전혀 없다. 모든 것이 그 사람만의 오리지널인 것이다. 또한, 이 책의 등장인물들은 모두가 50세이지만, 하루라도 빨리 인생 시나리오를 쓴다면 당연히 이보다 더 좋은 일은 없을 것이다. 그런 의미에서 타이틀을 '40대부터 시작하는 인생 스타팅 노트'로 정했다. 이 '노트'라는 단어에는 '깨달음'이라는 의미도 있다. 인생 시나리오는 사람에 따라 천차만별이겠지만, 어떤 시나리오를 쓴다고 하더라도 '깨달음'에서 시작된다는 사실은 틀림없다. 필자는 이 이야기 속에 필자가 만난 많은 사람들의 깨달음을 담고자 했던 것이다.

　예전에 두 친구와 함께 일한 경험이 있는데, 그때 필자는 비즈니스 잡지의 편집자였고 두 친구는 필자의 관계에 있었다. 이번에 처음으로 세 명이 동등하게 하나의 작품을 완성해가는 작업에 부푼 가슴을 안고 착수하기 시작했다. 하지만 어느 사이엔가 필자 혼자 독주를 계속해, 원고를 집필하게 되었다. 필자 안에서 커다란 화학반응이 일어나 신비한 이야기로 돌진하는 결과가 되어버렸던 것이다. 그 계기는 에바토의 한 마디였다. '미래에서 온 나이가 든 자기 자신이 등장인물들 앞에 나타나, 인생에 대해서 여러 가지 지도를 해준다'는 그의 아이디어가 원래 SF소설이 싫지 않았던 나를 자극했다. 그 결과 엉터리 SF소설, 우화소설 비슷한 것으로 탈바꿈해 버렸다.

물론 이야기 속에 등장하는 몇 가지 이야기는 두 친구의 지혜에서 빌려 온 것도 많다. 특히 연금에 관한 지식은 다케야의 박식함과 조사력 덕분인데, 실수나 위화감을 느끼는 부분이 있다면 그것은 모두 필자의 책임이다. 그렇다고는 해도 이 책이 '3F 클럽'이 공동기획한 산물이란 사실에는 변함이 없다. 에바토, 다케야 두 친구의 존재와 지식이 없었다면 분명 필자의 글쓰기 작업도 원활히 진행되지 못했을 것이다.

우리가 학창시절부터 사랑해 마지않는 음악은 아메리칸 포크송, 모던 포크송이라 불리는 장르이다. 18~19세기에 걸쳐 많은 이민자들이 구대륙에서 꿈을 찾아 새로운 세계인 아메리카 대륙으로 이주했다. 이때 그들이 가져간 것 중에는 그들 고향의 음악(민요)이 있었는데, 이것을 올드 포크송이라고 부른다. 한편 20세기에 접어들어 이 곡들을 현대식으로 편곡한 음악이 유행했는데, 이것이 바로 모던 포크송이다. 기타나 밴조 등을 연주하면서 노래를 부르는 스타일은 1960년대부터 대학 캠퍼스를 중심으로 퍼져 나갔다. 킹스턴 트리오, 브라더스 포, 피터 폴 앤 마리 등이 대표적인 그룹으로 일본에서도 그 카피 밴드가 다수 등장했는데, 우리 밴드도 그중 하나였다.

이 음악신(Scene)의 연장선에 등장한 것이 사이먼 앤드 가펑클(폴 사이먼, 아트 가펑클)이라는 남성 듀오로, 이 그룹은 1968년에 공개된 더스틴 호프만 주연의 영화 〈졸업〉을 수놓은 '사운드 오브 사일런스', '스카보로 페어', '미세스 로빈슨' 등의 명곡을 불렀다. 그들이 부른 '오래된 친구(Old Friends)'라는 명곡은 그야말로 내 음악 동료들, 그리고 이 책에 등장하는 '악동 5인조'를 말해주는 키워드라고도 할 수 있다.

이 책의 집필 작업 과정 중에도 사이먼 앤드 가펑클의 곡이 BGM으로 사용되었는데, 이미지의 확대 및 화학반응 촉진에 큰 공헌을 해주었다. 또한, 나는 이번에 음악은 이런 신기한 힘도 가지고 있다는 사실을 절감했는데, 바로 사이몬 후미(만화가이자 수필가로 많은 작품이 트렌디 드라마의 원작으로 사용됐다-역주) 씨가 표지 일러스트를 그려주기로 한 것이다. 이런 영광스러운 일에 나는 무척 감격하고 있다. 물론 '이름이 비슷하다는' 장난스러운 이유 때문이 아니다. 사이몬 씨는 중학생 때부터 폴 사이먼의 열광적 팬으로 펜네임도 사이먼의 이름에서 따왔다고 한다(사이먼을 일본에서는 사이몬이라고 발음한다-역주). 사이몬 씨가 '도쿄 러브스토리', '아스나로 백작' 등에서 묘사한 청춘 군상은 '악동 5인조'의 우정과도 공통된 부분이 있다고 내 멋대로 생각하고 있다.

참고로 음악 용어에서 말하는 '스타팅 노트'는 '최초의 음표'라는 의미이다. '최초의 음표'가 없으면 어떤 음악도 시작되지 않는다. 즉 '최초의 음표'가 연주하는 음이 앞으로 곡이 어떻게 전개될지를 좌우하는 것이다.

이것은 인생의 '스타팅 노트'와 전적으로 똑같다는 생각이 든다. 그러므로 우선은 인생 시나리오의 가장 첫 음표를 그려 넣어야 할 것이다.

세키 신지

40대에 다시 쓰는
인생 스타팅노트

초판 1쇄 2013년 4월 5일

지은이 세키 신지 **감역자** 박상준
펴낸이 성철환 **담당PD** 이윤경 **펴낸곳** 매경출판㈜
등 록 2003년 4월 24일(No. 2-3759)
주 소 우)100-728 서울 중구 필동1가 30번지 매경미디어센터 9층
홈페이지 www.mkbook.co.kr
전 화 02)2000-2633(사업팀) 02)2000-2636(마케팅팀)
팩 스 02)2000-2609 **이메일** cacao@mk.co.kr
인쇄 · 제본 ㈜M-print 031)8071-0961

ISBN 978-89-7442-908-9(03320)

값 15,000원